KB118693

이렇게 해야 바로 쓴다

이렇게 해야
바로 쓴다

증보판

한효석 지음

한겨레출판

머리말

 이제 세상이 바뀌어 한쪽에서 정보를 받던 시대에서 내 뜻을 말이나 글로 표현하는 시대가 되었다. 민주주의가 우리 사회에 뿌리를 내릴수록 이런 풍토를 더욱 요구할 것이다. 민주주의는 자신의 뜻을 서로 원활하게 교환하여, '언로'가 막히지 않아야 그 열매가 탐스럽기 때문이다. 더구나 이 말하기 · 글쓰기는 청소년들의 창조력을 키우는 데 아주 좋다고 한다. 그래서 오늘날 많은 사람이 말하기 · 글쓰기의 중요성을 강조하고 있다. 96학년도부터 적용할 고교 새 교육 과정에 '화법(말하기)' · '작문(글쓰기)' 과목을 넣은 것도 이러한 시대적 흐름을 반영한 것으로 보인다.

 이렇게 중요성을 강조하는 우리말이 현대사에서는 부끄러운 과거만 지니고 있을 뿐이다. 광복과 민족 갈등의 역사 속에서 '절대 생존'에 가려 오랫동안 우리 말글살이(언어 생활)는 허술하게 다루어졌다. 〈독립신문〉 이후 또 해방 이후 수십 년이 지나 오늘에야 한글만 쓰는 〈한겨레 신문〉을 갖게 되었으니 더 말할 필요도 없다.

 다행히 요즈음에 와서 우리말에 대하여 사람들의 애정이 커지고 있다. 이런 변화를 바로 반영한 곳이 '입학 시험'이었다. 과거에도 대학 입시에 '논술글 쓰기'가 있었으나, 그때에 주로 문학적 방식을 요구했다면 지금은 이성을 확인할 수 있는 논리적 방식을 원하고 있다. 어떤 의미로 '입시'는 우리네 언어 풍토나 '글쓰기' 풍토를 아주 빠르게 바꾸어 놓았다.

그러나 '국어' 교사로 작문 과목을 가르치며, 나는 뭔가 잘못되었다는 생각에 답답했다. 학교에서 학생들과 함께 '글쓰기'를 다룰수록 여러 가지 불만이 쌓였다. 학생들은 우리말에 대해 목말라 하는데 어른들이 이루어 놓은 우리말 바로 쓰기 연구 성과가 적어서 우리말이 지닌 아름다움을 알려 주기가 힘들었다. 학생들과 함께 수많은 작문 지침서를 들추어 보았으나 지침서에는 원론만 있고 각론이 없었다. 거의 모든 책이 서양 문장론의 틀에 맞추어 어떻게 쓰는 것이 좋다고 한다. 그러나 구체적으로 어떤 문장이 좋은 것인지, 어떻게 효과적으로 표현할 수 있는지를 알려 주지 않는다. 서양 지침서로 우리말을 설명할 수 없었던 까닭이리라.

어떤 이는 '많이 생각하고, 많이 읽고, 많이 쓰라'고 대답하기도 하고, '신문 사설을 주제대로 많이 모아 보라'고도 한다. 우리는 그 '많이'의 기준이 어디까지인지 알 수 없었다. 글에 대해 언제 '득도'해서 '하산'할 수 있는지 아무도 모른다. '시간이 흐르면 언젠가 다 알게 된다'고 하니 그저 그런 경지가 빨리 오기만 마냥 기다릴 뿐이었다.

때로 우리말을 아끼는 많은 분이 이것저것 지적하기도 했지만, 지적한 것을 모아 **뼈대**를 갖추고 사람들에게 확실하게 그 기준을 그어 준 책은 없는 듯했다. 그래서 나는 늘 '다듬어야 할 문장'을 체계적으로 모아 기준을 마련해 보고 싶었다. 다행히 내 주변에는 글을 잘 써 보려는 학생이 많아서 이 문제로 함께 이야기할 기회가 많았다.

이 책은 그렇게 해서 얻은 결실이다. 이런 종류의 책으로는 처음일 것 같다. 이 책이 '득도하는 지름길'을 구체적으로 일러줄 것이다. 논술글 쓰기 시험을 치를 학생에게 구체적으로 큰 도움이 되리라 자신한다. 입사 시험을 치르는 사람이나 논술고사 '글쓰기'를 어떻게 가르칠까 고민하던 많은 분께도 큰 도움이 될 것이다. 유난히 더운 여름에 이 책을 내는 데 큰 도움을 주신 여러 선생님이며 학생들, 우리 가족들에게 고맙다는 말씀을 드린다.

1994. 8.

한효석

증보판을 내면서

어느 미래학자는 인류사에서 혁명이라 할 인터넷이 등장하면서 앞으로 지구에서 살아 남을 언어가 얼마 되지 않을 것으로 예측하였다. 그래서 지금 우리가 한글을 더 잘 챙기고 더 잘 아껴 쓰지 않으면 오늘날 한글로 만든 자산이 채 꽃을 피우기도 전에 사라질지도 모른다.

고맙게도 올 여름 이 책 증보 작업을 하면서 지난 몇 년간 우리말이 어떤 쪽으로 변하였는지를 비교해 볼 수 있었다. 다행히 오늘날 젊은이들은 새 환경에 잘 적응하여 자기 생각을 논리면 논리로, 상징이면 상징으로 한글로 잘 드러내고 있었다. 심지어 젊은이들은 컴퓨터 자판이라는 한계를 뛰어넘으려고 그림 문자(?)까지 만들어, 휴대 전화와 컴퓨터 통신에서 이용하고 있었다.

오히려 기성 세대와 기존 언론이 이런 변화를 어떻게 받아들여야 할지 몰라 당황해 하는 것 같았다. 변하는 것을 두려워하며 과거 낡은 유산으로 돌아가려고 하였다. 그 좋은 예로, 한자를 다시 섞어 쓰자고 주장하는 것, 국적을 알 수 없는 외래어를 만들어 퍼뜨리며 젊은이와 사이를 두고 있는 것을 들 수 있다.

오르지 못할 산 같았던 남북한 갈등이 조금씩 풀리면서, '이산 가족 상봉'이 천둥소리를 내고 우리 가슴을 파고들던 해에 이 책을 마무리할 수 있어 좋았다. 6년 전 이 책을 내고 깜짝 놀랄 만큼 책이 많이 팔려 머리를 늘 짓누르던 부담에서 조금이나마 벗어날 것 같다. 이 작업을 꾸준히 기다려 준 한겨레 신문사에 그 고마움을 전한다.

2000년 11월
한효석

일 · 러 · 두 · 기

이 책은 대학 입시 준비 학생, 입사 · 승진 시험을 치러야 하는 사람, 언론사 기자와 편집자, 조리 있게 글을 써야 하는 직업인, 글쓰기 지도 교사에게 도움이 됩니다.

•

크게 3장으로 나누어 1장에서는 「단어 바로 쓰기」, 2장에서는 「문장 바로 쓰기」, 3장에서는 「논술글 쓰기」를 다룹니다. 아무 곳이나 먼저 시작해도 괜찮습니다.

•

이 책은 주로 논술글 쓰기를 목표로 하되 200자 원고지 열 장 안팎을 기준으로 하여 설명합니다. 느끼고 생각한 글, 설명하는 글, 주장하는 글을 중심으로 하였습니다. 아무나 쉽게 볼 수 있도록 전문 용어를 거의 쓰지 않고 설명했습니다.

•

예로 든 문장은 신문에서 많이 뽑았고 고등학생들이 쓴 원고에서도 골랐습니다. 예문이 있던 곳은 밝히지 않았습니다. 신문 기사를 주재료로 한 까닭은 논술글이 기사문처럼 객관적이고 간결하며 요점을 잘 정리해야 하는 글이기 때문입니다.

•

이 책은 우리말이 지닌 자연스러움과 아름다움을 살리려고 합니다. 그러나 잘 안 쓰는 말을 넣지 않았으며, 무리하게 새로운 글틀을 만들지 않았습니다.

・

1・2장 각 절에서 앞에 있는 '다듬어야 할 문장'과 '도움말'을 보고 '다듬은 문장'을 읽어 보십시오. 그리고 그 밑에 있는 '연습하기' 문장을 고쳐 보고 책 뒤에 있는 '모범답과 해설'과 비교하여 제대로 고쳤는지 확인하십시오. 3장에서는 시험장에서 지시에 따라 논술글 한 편을 쓰는 것에 중점을 두고 설명합니다.

・

'다듬은 문장'과 '모범답과 해설'에서 밑줄을 긋고 뒤에 괄호를 붙인 것은 밑줄 그은 부분을 빼고 괄호 안에 있는 말로 넣어도 좋다는 뜻입니다. 괄호로만 표시한 부분은 괄호 안을 빼도 좋습니다.

・

본문에 있는 '우리말'은 '우리 민족이 오랫동안 우리 나라에서 써 온 말'이라는 뜻으로 썼습니다.

・

이 책에서 설명한 글쓰기 기준 중에 못마땅한 것이 있으면 저에게 알려 주시기 바랍니다. 그리고 묻고 싶은 것이 있거나 손보아야 할 곳이 있으면 인터넷 한효석 홈페이지(www.pipls.co.kr)로 오셔서 일러주십시오.

차 례

2장 「문장 바로 쓰기」

3장 「논술글 쓰기」

1장

「단어 바로 쓰기」

1 홀로 쓸 수 없는 말

1. 보다 안정된 사회로 가야 한다.
2. 뿐만 아니라 더 심각한 일도 많았다.
3. 나름대로 열심히 살더군.
4. 때문에 사람들이 열심히 산다.
5. 마찬가지로 나도 기분이 좋았어.

　우리 말 단어는 성격에 따라 쓰임새가 다르다. 예를 들어 조사는 홀로 쓰지 못하고 다른 말에 기대어 써야 한다. 그리고 '비슷하다, 싸우다'와 같이 목적어가 두 개 있어야 하는 용언(대칭 용언)은 두 목적어를 다 써 주어야 의미가 뚜렷해진다.

　1에서 '보다'는 체언 뒤에 붙여 두 사물을 서로 비교할 때 쓰는 부사격 조사이다.(예 영희가 철수보다 착하다.) 일부 국어 사전에서 '부사'로 쓰인다고 설명하였으나, 오늘날 언어 현실을 설명했을 뿐이다.

　영어 'than'이 비교급 형용사와 부사 뒤에서 '~보다'라는 뜻으로 쓰이는데, 우리말 '보다'와 쓰임이 아주 비슷하다. 그래서 영어 원문을 '영희가 철수보다 착하다'라고 번역할 때, '보다'를 '더, 아주' 따위의 부사어로 착각한다. '착하다'라는 서술어를 강조하려면 '아주, 더욱, 몹시, 매우, 무척, 굉장히'와 같은 부사어를 써야 한다. '보다'를 쓰려면

20

비교할 대상을 넣어야 한다.

　2에 있는 '뿐'은 명사나 조사로 쓰인다. 명사로 쓸 때는 다른 용언 밑에서 띄워 쓰되 '어찌할 따름'이라는 뜻을 지닌다.(⑩ 갔을 뿐이다.) 조사로 쓸 때는 앞말에 붙여 쓰고 '더 없다'라는 뜻을 지닌다.(⑩ 나는 너뿐이다.) 그러므로 '뿐'을 접속 부사어로 써서는 안 된다.

　3~4에서 '나름, 때문'은 의존 명사이다. 즉, 이 말은 다른 말에 기대어 써야 하는 말이다. 5에 있는 '마찬가지'는 '마치 한 가지'라는 뜻을 지닌 명사로서 '-다'를 붙여 서술어로 쓰되, 서로 비교할 대상이 두 개 있어야 한다.

┤┠ 다듬은 문장 ┠├

1. 더욱 안정된 사회로 가야 한다.
   지금보다 안정된 사회로 가야 한다.
2. 그뿐만 아니라 더 심각한 일도 많았다.
3. 제 나름대로 열심히 살더군.
4. 그래서 사람들이 열심히 산다. 그것 때문에 사람들이 열심히 산다.
5. 너와 마찬가지로 나도 기분이 좋았어.

연습하기　다음에서 홀로 쓰인 말을 찾아 바로 잡아 보시오.

1. 딴에는 열심히 하는 것 같다.

2. 학생들은 보다 본질적으로 보아야 한다.

3. 밤낮없이 일했다. 그대로 참된 삶이었다.

4. 이제는 보다 힘껏 도와주어야 합니다.

5. 마찬가지로 이 사람도 뛰어난 점이 많았다.

6. 나름에는 사람이 할 나름이라고는 말하지만

7. 사업에 실패했다. 때문에 고통이 크다.

8. 뿐만 아니라 즐거운 일도 많았습니다.

9. 대신 투명한 절차를 밟으려고 한다.

10. 아무도 도와주지 않았다. 탓에 실패했다.

11. 생활을 보다 규칙적이며 보다 반복적으로

12. 사회가 보다 도덕적인 방향으로

13. 국가를 보다 발전한 나라로 만들려면

14. 보다 상업적인 문화를 일본에서 받아들이고 있다.

15. 문과생들이 보다 뛰어난 사고를 한다고 단정할 수 없다.

16. 보다 신비로운 것을 감추고 있다.

17. 이 책은 일제가 저지른 보다 직접적인 가해 행위를 고발하는 책이다.

18. 다른 나라와 보다 끈끈한 관계를 유지해야 한다.

19. 우리 회사는 보다 뛰어나고, 보다 값싼 제품을 만들고 있습니다.

20. 국가와 국민이 보다 밀접한 관계를 유지하자.

2 지시어 줄이기

1. 그것은 후자보다 이 부분에서 더 인정받는다.
2. 그는 그가 그녀를 사랑한다는 사실에 놀랐다.
3. 한국의 조선 산업이 일본의 그것에 비해 경쟁력이 강하다.
4. 공자, 그는 인류의 스승이었다.
5. 생수는 특별한 행사 때나 쓰는 그런 물이었다.
6. 기념할 만한 업적도 있었다. 92년과 94년의 평양 방문이 그것이다.
7. 그런 경우에 놓인다면 나는 후자보다 전자를 선택할 것이다.

　글 하나에 동일한 사물이나 시간, 장소가 나오면 앞에서 나온 것을 뒤에서 다른 말로 대신하기도 한다. 이 대신하는 말을 '지시어'라고 한다. 우리말에서 대표적인 지시어로는 '이, 그, 저'가 있다. '이것(대명사)이 이러저러해서(형용사) 그리로(부사) 옮길까 했는데 이(관형사) 사람이 말리는 바람에……'처럼 여러 형태로 쓰인다. 물론 지시어에도 멀고 가까움이 있어, 가깝지 않은 일은 '아까 그 일, 어저께 그 일, 공원 거기에서'처럼 다른 단어를 덧보태어 지시 내용을 분명히 한다.

　말하는 이가 "그것이 좀 거시기하네요."같이 지시어를 모호하게 붙여도, 말에서는 듣는 이가 앞뒤 상황을 안다. 말하는 이와 듣는 이가 함께 있어서 억양이나 분위기로 이야기 흐름을 짐작할 수 있기 때문이

다. 그러나 글에 지시어를 섞어 놓으면 그 지시어가 어떤 것을 가리키
는지 그 글에서 찾아야 하기 때문에 시간이 걸린다.

그러므로 가리키는 대상이 분명하지 않을 때는 지시어를 쓰지 않는
것이 낫다. 예를 들어 여러 사람이 등장할 때 '그 사람'이라고 하면,
'그 사람'이 누구를 가리키는지 쉬 알 수 없다. 그럴 때는 지시어 대신
가리키는 내용을 다시 한 번 써주면 지시 대상이 분명해진다.

1처럼, 진술하는 대상이 현재·현장에서 멀어진 채 지시어를 자주
쓰면 가리키는 내용이 모호해진다. 2에서 사람을 가리키는 '그녀, 그'
는 구한말 지식인들이 만든 말이다. 우리말에는 영어 'she, he'에 해당
하는 대명사가 없다. 그 대신 우리말에서는 지시어 '이, 그, 저' 다음에
사람을 뜻하는 단어를 붙였다. 예를 들어 '이 사람, 이 분, 이 어른, 이
양반'처럼 쓴다. 그것말고도 '사나이, 서방님, 총각, 학생, 아저씨, 할아
버지, 영감'과 같이 사람을 가리키는 말이 많다. 또, 한 문장이 아니더
라도 글 여기저기에 '그, 그녀'를 여러 번 넣으면 이 지시어가 누구를
가리키는지 구별하기 힘들다.

3은 '완벽한' 영어식이다. 지시어를 빼야 한다. 이렇게 지시어로 대
신하지 않아도 우리말에서는 앞뒤 흐름으로 충분히 알 수 있다. 4와 5
처럼 앞에 있는 단어나 문장을 대신하여 그 단어와 문장을 강조하려고
지시어를 넣기도 하는데, 이것도 감탄을 절제하지 못할 때, 문장 중간
을 끊고 쉬려고 할 때 나오는 글버릇이다.

6 같은 형태는 신문 문장에서 특히 심하다. 이런 문장은 명사문으로,
우리가 즐겨 쓰는 글틀이 아니다. 우리가 즐겨 쓰는 글틀로는 동사문
과 형용사문이 있다. 명사문은 우리 문장의 '서술성'을 죽이기 때문에
쓰지 않는 것이 좋다.(2장 6절에서 설명한다.) 1과 7에 있는 '전자(the
former), 후자(the latter)'는 영어식 표현법이다.

╟ 다듬은 문장 ╟

1. 퍼지 이론은 전기 공학보다 물리학에서 더 인정받는다.
2. 지수는 현우가 미영이를 사랑한다는 사실에 놀랐다.
3. 한국의 조선 산업이 일본에 비해 경쟁력이 강하다.(△)
   한국은 조선 산업에서 일본에 비해 경쟁력이 강하다.(○)
4. 공자는 인류의 스승이었다.
5. 생수는 특별한 행사 때나 쓰는 물이었다.
6. 기념할 만한 업적도 있었다. 92년과 94년에 평양을 방문하였다.
7. 진로를 선택할 수 있다면 나는 진학보다 취업을 선택할 것이다.

(연습하기) 다음에서 '지시어'를 잘 살펴 문장을 다듬어 보시오.

1. 인간성을 무시하는, 그런 사회가 되었다.

2. 한국의 기후는 남극의 그것보다 따뜻하다.

3. 우리 역사책이 외국의 그것보다 딱딱하고 재미없다고 한다.

4. 한자가 섞인 「춘향전」을 읽으나 한글만의 그것을 읽으나 효과는 같다.

5. 공조직이 움직이지 않는다. 대구, 경주, 영월에서 그것이 확인되었다.

6. 우리가 할 수 있는 일, 그것은 바로 가까운 곳에 있다.

7. 조건에 알맞은 그런 꿈을 세우고 그것을 위해 꾸준히 노력했다.

8. 할아버지가 돌아가시고, 곧 할머니마저 돌아가셨다. 그와 그녀가 결혼한 것이 50년이 넘었다.

9. 공간을 만들어 가는 과정은 신중해야 한다. 많은 시민들을 대상으로 할 때는 더욱더 그러하다.

10. 어떤 일이든 확고한 신념을 가지고 살겠다는 그런 정신이 있어야 한다.

11. 이상하다고 생각하였다. 내가 그런 생각을 갖게 된 까닭은 이렇다.

12. 우리 나라의 그것과 비슷한 러시아 대학 학생회에선 자치 시작에 따른 기대를 찾아볼 수 없었다.

13. 미국 실업자의 절반 가량은 실직 뒤 한 달 안에 새 직업을 찾는다. 그러나 유럽 실업자들은 단지 5%만이 그럴 수 있다.

14. 대학은 사람을 뽑는 과정보다 뽑은 사람을 가르치는 과정에 진력하고, 그에 의해 평가되어야 한다.

15. 과학 기술 발전에도 문제가 많다. 공업화에 따른 환경 오염이나 과학 기술을 고도로 이용한 대량 살상 무기 등이 그것이다.

16. 미국과 1년을 끈 무역 협상 줄다리기에서 '완봉승'을 거둔 것과 최고위층의 잇따른 방문 외교가 그것이다.

17. 즐겨 찾는 전자 오락실, 이곳에서도 우리는 즐거움을 모른다.

18. 처음에는 이리로 가야 하나 그리로 가야 하나 망설였다.

19. 도시 교통 문제는 세 가지 난으로 표현되고 있는데 소통난, 승차난, 주차난이 바로 그것이다.

20. 레제가 그린 그림에는 도시의 활력이 담겨 있다. 특히 이런 특징은 그의 〈도시〉란 작품에서 아주 쉽게 찾아볼 수 있다. 이 작품은 주로 원근법적인 표현 방식을 이용하여 그렸다.

21. 서울은 원래 70~80만 명 정도가 거주하기에 적당한, 그런 공간이 었다.

22. 그런 상황에서 일을 잘 마무리하기는 어려웠다.

23. 이 다리를 놓는 데 도와주신 공로가 많으시므로 이에 이 감사패를 드립니다.

3 말버릇을 글로 쓰지 않기

1. 이런 사실은 뭐랄까, 상식적으로 이해하기 힘들다.
2. 어쩔 때는 우리에게 닥치는 어려움을 피하려고
3. 근데 상황이 나쁘다고 자신을 넘 일찍 포기한다.
4. 콜라는 마실수록이 갈증이 더 난다.
5. 내일까지 지켜봐야만이 자세한 내막을 알 수 있다.
6. 부정부패가 아직도 근절이 되지 않았다.
7. 지금은 그렇지가 않습니다요.

　사람들은 언어를 경제적으로 표현하려고 한다. 그래서 말할 때 힘을 덜 들이려고 발음하기 쉽게 음운을 바꾸거나, 음절을 줄인다. 그리고 '에~, 저~, 음~, ~말이야, 그러니까, 있잖아요, 저기요, 글쎄요' 따위로 이야기 중간을 끊고 한 호흡 쉬면서, 전달하려는 문장에 마디를 만들어 의미를 강조하기도 한다.

　이런 영향 때문에 글에서도 음절을 합치거나 없애기도 하고 큰 의미 없이 '은/는, 이/가, 을/를' 따위를 덧붙여 문장 중간에서 한 호흡 쉬려고 한다.('을/를'을 붙이는 버릇은 1장 8절에서 따로 설명한다.)

　말버릇을 글로 적는 것은 방송에서 받은 영향이 크다. 텔레비전 '성공시대', '병원 24시' 같은 프로그램에서 해설자가 들려주는 대사가

'말하듯이 읽는 글'이다. 심지어 듣는 이에게 가깝고 부드럽게 느끼라고 '휴~, 아휴, 쩝쩝, 그 뭐냐하면' 같은 사소한 말버릇을 그대로 적기도 한다.

그러나 논리를 담은 글에 말버릇을 담아서는 안 된다. '언문일치'라고 하지만 말을 글로 쓰면 분위기가 아주 달라진다. 즉, 말버릇대로 글을 쓰면 문맥이 부드러워지나, 가벼워 보인다. 자기 의견을 내세우는 글은 분위기가 힘차기 때문에 말버릇으로 쓰는 단어와 잘 어울리지 않는다.

'와/과'라는 뜻을 가진 '-하고, -(에)다, -(이)며, -(이)랑, -(이)나' 따위가 말버릇으로 쓰이는 조사이니, 이 말도 '공식적인 글'에서는 쓰지 말아야 한다.

1에 쓴 '뭐랄까'는 '말'에서 말하는 이와 듣는 이에게 다음 내용을 생각해 볼 여유를 주는 군말이다. 2에 있는 '어쩔'은 어린이들이 쓰는 말이며, '어찌할'을 줄인 말이 아니다.(예 어쩔 도리가 없었다.) 3에 있는 '근데, 님'은 컴퓨터 통신에서 많이 쓰는 말이다. 이밖에 '방가, 마니, 넘님, 어솨요, 섬, 즐통, 고딩' 같은 말도 맞춤법에서 공식으로 인정한 말이 아니므로 쓰지 말아야 한다. 4와 5에서는 '-이'를 붙여 말하는 이가 그 단어를 강조하고 한 박자 쉬었다. 한 문장을 두 문장으로 가른 셈이다. 6처럼 합성된 말을 쪼개어 한 박자 쉬거나, 7처럼 본용언과 보조용언 사이에서 한 박자 쉬는 것도 모두 말에서 나온 버릇이다.

║ 다듬은 문장 ║

1. 이런 사실은 상식적으로 이해하기 힘들다.
2. 어떤 때는 우리에게 닥치는 어려움을 피하려고
3. 그런데 상황이 나쁘다고 자신을 너무 일찍 포기한다.
4. 콜라는 마실수록 갈증이 더 난다.
5. 내일까지 지켜봐야 자세한 내막을 알 수 있다.

6. 부정부패가 아직도 근절되지 않았다.

7. 지금은 그렇지 않습니다.

연습하기 다음에서 말버릇으로 쓴 단어를 빼고 문장을 다듬어 보시오.

1. 그 사람더러 하라고 했지 널보고 하라고 했니?

2. 사업이 잘 안 되고 그래요.

3. 그런 거 있지? 왜 그런 거 있잖습니까?

4. 느낌으로다가 말해 보면 그 사람이 인간적으로다가 나에게 너무 한다.

5. 좋습니다요. 목표를 달성하게끔 힘쓰겠습니다요.

6. 먹기보담은 가져가는 게 좋다고 학교에서 배웠걸랑요.

7. 떠나기 전에도 말조심하라고 황 대사에게 그렇게 타일렀는데

8. 그래도 암튼 우리가 그런 처지에서 뭔가 할 수 있는 일도 많다.

9. 마, 그래서 사람들은 많이 배워야 하며, 에또, 많이 겪어봐야 한다.

10. 저번보다 어쩜 요번이 기회가 좋으니깐두루 맘을 고쳐먹는 것이 낫겠다.

11. 한반도란 곳에 살면서 좌불안석이란 말처럼

12. 나를 위해 사용되었건 남을 위해서이건 상관없다.

13. 민주화란 입만으로는 되는 게 아니다.

14. 이것도 계속 가입자가 증가해야지 수지 타산이 맞아떨어진다.

15. 사람이 많이 오니까는, 거시기 뭐시냐, 되게 많이 없어진다.

16. 열심히 해 가지구서 오늘 시합에 나가니까는 넘넘 기분이 좋다.

17. 새벽에 일어나기란 괴롭다. 더군다나 보람을 찾기란 쉽지가 않다.

18. 그래 가지고 말씀인데요, 이 부분을 다듬어 올려 주심 합니다.

19. 바닷속이 그렇게 아름다울 수가 없다.

20. 자기 소임을 다함으로써만이 권리를 주장할 수 있다.

21. 야외로 나오니까 이렇게 기분이 좋을 수가 없다.

22. 나를 보자마자 막 우는 거 있지.

23. 상을 받아 너무 기쁜 것 같아요.

24. 공부를 잘 해 가지고 대학에 입학해 가지고, 결국 좋은 직장에 들어 갔습니다.

25. 산 너머 남촌에는 누가 살길래

26. 정신없게시리 날뛰지 말고 강가엘랑은 아예 가지 마라.

27. 남북 적십자 회담이 재개가 되었다.

28. 그 영향이 다른 회사까지 확대가 되었다.

29. 결승전이 진행이 되고 있습니다.

30. 잠을 세 시간뿐이 못 잤다.

31. 돈이 천 원뿐이 안 남았다.

32. 그 사람은 원래 변변치가 못하였다.

33. 아무래도 예사롭지가 않아 마음을 놓지 못했다.

34. 너무 기분 좋은 거 있지. 이러면 안 되는데 말야.

35. 동수한테 빵이랑 과자랑 줄거야.

36. 나의 대책이라는 것이 도대체 요령부득이니 말이다.

37. 그렇게 할런지도 모른다. 그러나 하던지 말던지 나는 몰른다.

38. 공부할려면 똑바로 앉아라. 개똥도 약에 쓸려면 없다.

4 복수접미사 '-들' 바로 쓰기

> 1. 신도시에 가게들이 늘어서 있다.
> 2. 사랑, 행복 들은 많은 사람들이 추구하는 삶의 목표라 할 수 있다.
> 3. 김수용 작품들에는 비판 정신들이 담겨 있다.
> 4. 쏟아지는 눈들을 모아 눈사람을 만들어야지.
> 5. 정부는 이들 시민 단체가 하는 일에 간섭해서는 안 된다.

'-들'은 사물을 복수로 만들 때 붙이는 복수 접미사이다. 우리말에서는 '-들'을 안 붙여도 앞뒤 흐름으로 보아 복수를 짐작할 수 있거나, 문장 속에 있는 다른 어휘로 복수를 알 수 있다. 물론 '꼬마들의 연기가 좋았다.'처럼 '-들'을 붙일 때도 있지만, 복수라고 무조건 붙이는 것은 영어식이다.

1에서는 '늘어서다'라는 서술어로 복수라는 것을 알 수 있다. 상가 하나로는 늘어설 수 없다. 2에서 앞에 있는 '들'은 복수 접미사가 아니고 '의존 명사'이다. '비슷한 종류가 더 있음을 뜻하는 말'이므로 띄어 쓴다. 뒤에 있는 '-들'이 복수 접미사인데, '많은'이라는 단어가 있으므로 구태여 '-들'을 붙이지 않아도 된다. (*의존 명사 '들'과 비슷하게 쓰이는 것으로 '등(等), 따위'가 있다.)

3과 4에 있는 '정신, 비, 눈, 사랑, 행복, 물, 공기' 따위는 셀 수 없는 명사(질량 명사)이다. 복수 접미사는 셀 수 있는 명사(가산 명사)에만 붙인다. 5처럼 관형사 '이'에 복수 접미사를 붙일 수 없다. (＊'어서들 먹어라.'에 있는 '들'은 부사 '어서'를 복수로 만든 것이 아니라, '너희들 어서 먹어라.'를 줄인 것으로 본다.)

─┤┃ **다듬은 문장** ┃├──────────────

1. 신도시에 가게가 늘어서 있다.
2. 사랑, 행복 따위는 많은 사람이 추구하는 삶의 목표라 할 수 있다.
3. 김수용 작품에는 비판 정신이 담겨 있다.
4. 쏟아지는 눈을 모아 눈사람을 만들어야지.
5. 정부는 이 시민 단체들이 하는 일에 간섭해서는 안 된다.

───────────────────────────

연습하기 다음에서 '들'의 쓰임을 바로 잡으시오.

1. 이웃 여러 나라들을 위협했다.

2. 인간들이 지닌 욕망들이 큰 일들을 그르친다.

3. 텔레비전에는 수많은 프로그램들이 있다.

4. 많은 사건들 속에 한 해가 저물어 간다.

5. 정치가의 여러 행위들은 도덕적으로 검증된다.

6. 천재들은 남보다 더 열심히 노력들을 하는 사람이다.

7. 박쥐, 도롱뇽 등이 우리들 주변에서 점점 사라지고 있다.

8. 열심히 사는 것들이 성공으로 가는 지름길이다.

9. 제품들 속에 유해 물질들이 쌓여 있다.

10. 여자라는 이유만으로 태어나기도 전에 어린 생명들을 살해한다.

11. 실업자들의 절반쯤은 실직 뒤 한 달 안에 새 직업들을 찾는다.

12. 지금도 신문들의 상업적 기회주의들은 여전하다.

13. 우리 신문들에서 정치 보도의 판단 기준들이 모호하다.

14. 사회 전체보다 개인들에게 도움을 주는 정보들을 제공하는

15. 나랏일들은 첩첩이 쌓이는데 정치 상황들은 더욱 나빠지고

16. 그 사람이 지은 시들은 어떤 싸움의 기록이다. 그 사람은 그 싸움
    에서 생긴 상처들로 만든 누더기 옷을 걸치고 있다.

17. 우리 사회 곳곳에 고여 있는 문제들에 대해 다양한

18. 오늘날 이들 지역의 투표율이 승부를 가를 것으로 보인다.

19. 이들 부부는 남몰래 수많은 사람들을 돕고 있었다.

20. 모두들 그 사람을 바라보았다.

21. 많은 사람들이 지금 정말 행복들 할까?

5 숫자 바로 쓰기

1. 날마다 11시 30분 뉴스를 들으며, 6월과 10월에 만날 2차례 기회를 기다린다.
2. 이 사과를 6사람이 4알씩 먹거나 8인이 3개씩 먹으면 모두 없어진다.
3. 한 잔의 커피(a cup of coffee), 하나의 민족
4. 1나, 5섯, 6섯, 7곱, 8덟, 9훕, 2틀, 3흘, 6새
5. 1천5백3십2시간이 지나고 모두 100,011,500만 원을 모았다.
6. 장판 종이 3장과 쌀 3가마를 3~4달쯤 지나 3인에게 나눠주겠다.
7. 시 예산 5,400천 원과 정부 예산 80,000천 원을 들여 건물을 짓는다.

  우리말은 입으로 말하는 것과 글로 쓰는 것이 같다고 '언문이 일치하는 언어'라고 한다. 즉, 말하는 것을 그대로 쓰면 된다. 그러나 아라비아 숫자를 글로 쓰고 입으로 읽을 때는 글과 말이 따로 논다. 예를 들어 '3'을 '삼'으로 배우지만, 관례에 따라 '삼, 서, 세, 석' 따위로 새겨 읽어야 한다. 그리고 '17명'은 '십칠 명, 열일곱 명'으로 읽을 수 있는데, '17살'은 '열일곱 살'로 읽어야지 '십칠 살'로 읽을 수 없다.
  그러므로 남들이 숫자를 정확하게 읽기를 바라면 쓰는 이는 숫자를 아예 한글로 적는 것이 좋다. 즉, '엽전 15냥'보다 '엽전 열닷 냥'이 낫

다. 큰 숫자는 숫자에 한글을 섞어야 한눈에 보기가 좋다. 예를 들어 '1,200,000명에게 1,290,000,000원을 지급하다'보다 '120만 명에게 12억 9000만 원을 지급하다'가 훨씬 빨리 한눈에 들어온다.

1에서 아라비아 숫자로 쓴 시각을 '시'는 '뜻'으로 읽고 '분, 초'는 '음'으로 읽는다. 달을 읽을 때는 6월과 10월만 관례에 따라 읽고, 나머지 달은 우리 한자음대로 읽는다. 2처럼 아라비아 숫자와 우리말이 함께 섞여 있어도 순수 우리말로 읽을 때와 한자음으로 읽을 때가 있다.

3은 영어식 표현법이다. 우리말에서는 목적어 앞에 숫자를 놓지 않는다. '셀' 대상이 나오지도 않았는데 '세기'부터 할 수는 없기 때문이다. 즉, 먼저 말하는 대상('무엇을')부터 일러주고 숫자('얼마나')가 나오며, 끝에 행동('어떻게')이 나온다(커피를 → 한 잔 → 마실래). 어떤 사람은 의미를 강조하려고 숫자를 일부러 앞에 놓는다고 하지만, 의미를 섬세하게 표현하면서 우리말답게 쓰려면 '오직, 겨우, 뿐, 만, 무려, 더, -이나, -밖에' 따위를 보태야 한다. 예를 들어 '석 잔의 커피를 마셨다'는 '커피를 석 잔이나 마셨다.'로 바꾸면 된다.

4 같은 표기는 마음이 조급하여 아라비아 숫자를 '뜻'으로 읽고 착각하여 우리말도 덧붙인 것이다. 5에 있는 숫자는 둘 다 읽기가 쉽지 않다. 또, 6에 있는 것처럼 단순한 숫자를 비롯하여 날짜, 연령, 연대 같은 숫자가 문장 중간에 끼어 있으면 읽는 속도가 상당히 떨어진다고 한다. 7은 주로 관공서 문서에 많이 등장하는 표기 방식으로, 영어식 표현법이다.

║ 다듬은 문장 ║

1. 날마다 열한 시 삼십 분 뉴스를 들으며, 유월과 시월에 만날 두 차례 기회를 기다린다.

2. 이 사과를 여섯 사람이 네 알씩 먹거나 <u>8인</u>(여덟 사람)이 세 개씩 먹

으면 모두 없어진다.

3. 커피 한 잔, 한 민족

4. 하나, 다섯, 여섯, 일곱, 여덟, 아홉, 이틀, 사흘, 엿새

5. 1,532시간이 지나고 모두 1조 1억 1,500만 원을 모았다.

6. 장판 종이 석 장과 쌀 세 가마를 서너 달쯤 지나 <u>3인</u>(세 사람)에게 나눠주겠다.

7. 시 예산 540만 원과 정부 예산 8,000만 원을 들여 건물을 짓는다.

*천진법과 만진법

아라비아 숫자는 숫자 끝에서 세 자리마다 반점(,)을 찍는다. 아라비아 숫자는 동양과 서양이 모두 왼쪽에서 오른쪽으로 써나간다. 세 자리마다 반점을 찍는 것은 서양식인데, '천진법'이라고 한다. 서양 사람들은 자기네 말에 따라 숫자를 왼쪽에서 오른쪽으로 써나가되, 앞에서부터 천 단위마다 반점(,)을 찍어 나간다. '1만(10 thousand)'은 '10천'이기 때문에 10을 쓴 뒤 반점을 찍고 0을 세 개 붙인다(10,000). 또 '1백만(1 million)'은 '1000천'이므로 1을 쓴 뒤 반점을 찍고, 0을 세 개 붙이고 반점을 찍고, 다시 0을 세 개 붙인다(1,000,000).

우리는 전통적으로 숫자를 '만' 단위로 끊는다. 그러므로 우리말답게 숫자를 표기하려면 서양과는 달리 '만진법'에 맞추어, 앞에서부터 만 단위(네 자리)마다 반점을 찍어야 한다. 예를 들어 '123,456,789원'을 '1,2345,6789원'으로 표시하면 1억 원이 넘는다는 것을 금방 알 수 있다. 물론 우리 나라에서 이렇게 쓰자고 약속한 적은 없다. 단, 한글로 쓸 때는 만 단위로 잘라 만, 억, 조를 기본 단위로 하여 띄어 쓰자고 정하였다.

연습하기 다음에 있는 숫자를 한눈에 보기 쉽도록 바꾸시오.

1. 5살 먹은 어린아이가 1달 동안 잡혀 있었다.

2. 2천5백 년 동안 침묵하며 살았다.

3. 1천5백만 인구가 굶주림 속에

4. 30마리의 소가 4일이나 굶었다.

5. 예산 33,200,345,734원이 통과되었다.

6. 겨우 얼마의 돈으로 신발 10켤레를 샀다.

7. 1세대 4인을 기준으로 환산하면

8. 한 잔의 술을 마시고 두 개의 바가지를 차고

9. 쌀 1되, 나무 2그루, 비단 3필

10. 하나의 고개를 넘으면 또 다른 고개가 있다.

11. 지난 6일로 출범 6달째인 정부가 성과를 강조한다.

12. 85년 444천 톤에서 94년에는 1,380천 톤으로 증가하였다.

13. 수송비 792, 포장비 258이 들었다. (단위 10억)

14. 영업용 승용차 143629, 자가용 승용차 315910, 철도 53661, 항공 58. (단위 천)

15. 15~6세기에 들어 해외 무역이 활발해지면서 하루에 2~300개씩 들여 왔다.

16. 인구 35백만이 넘어서면서 두 개의 서로 다른 모습이 나타났다.

17. 거의 대부분의 사람들이 먹었다니, 도대체 모두 몇 개의 빵을 먹은 것이냐?

18. 많은 양의 비가 오지 않고 다행히 적은 비가 내렸습니다.

19. 약 2주간의 홍보 기간을 거쳐, 26명의 문화예술인들이 참여하였다.

6 '의' 줄이기

1. 언어의 순화의 방향의 설정
2. 시민의 권리를 무시해서는
3. 나의 합격을 기뻐해 주시오.
4. 평화의 파괴는 죄악이다.
5. 납세의 의무를 지니고 있다.
6. 김소월의 작품에는
7. 사람에 자식으로 태어나서
8. 숲 속의 바람은 쌀쌀했다. 할머니의 부름 소리가 멀어지고, 얇은 스웨터 차림의 솔이는 몸을 떨었다.

100여 년 전에는 우리말에 관형격 조사 '의'가 없었다. 그러다 구한말 개화기에 지식인들이 일본말 'の(노)'를 '의'로 받아들이면서 '의'가 퍼지기 시작했다. 지금 우리 국어 사전에서 쓰임을 열 개쯤 소개하고 있으나, 일본말 'の'는 쓰임이 40개가 넘는다. 그래서 우리말에서는 무조건 '의'를 빼도 그다지 불편하지 않으나, 일본말에서는 'の'를 없애기가 힘들다.

오히려 우리말에 '의'를 넣어 문장을 압축하면 의미를 분명히 전달하지 못할 때가 많다. 다른 격조사와는 달리, '의'가 여러 의미로 해석

되기 때문이다. 또 '의'는 주로 명사를 연결하기 때문에, '의'가 많은 글은 '관공서 공문'처럼 아주 딱딱해지기 쉽다.

그러므로 되도록 '의'를 넣지 않거나, '의' 대신 다른 조사로 바꾸거나, '의'를 빼고 구체적으로 서술하는 것이 좋다. 예를 들어 주격 조사 '이/가'를 붙일 수도 있고, 목적격 조사 '을/를'을 붙이고 뒤에 '-하다'를 붙여 풀 수도 있다.

1~5처럼 '의'를 붙인 것은 긴 문장을 압축하여 신문 표제어처럼 처리하려고 서술 어미를 과감히 줄였기 때문이다. 6처럼 표현하면 김소월이 '가지고 있는 작품'인지, '쓴 작품'인지 알 수 없다. 7같이 '의'를 써야 할 자리에 '에'를 쓰기도 한다. 8은 동화에 쓰인 문장으로, '의'를 붙여 관형어로 만들어 우리말 서술성을 죽였다. 이런 것은 우리 글틀이 아니다.(2장 16절 '관형절 줄이기'에서 자세히 설명한다.)

┤▌ 다듬은 문장 ▐├

1. 언어 순화를 위해 방향 <u>잡기</u>(설정하기)
2. 시민이 지닌 권리를 무시해서는 ('-이/가 가진'으로 풀어서)
3. 내가 합격한 것을 기뻐해 주시오. (주어-서술어 관계로 풀어서)
4. 평화를 파괴하는 것은 죄악이다. (목적어-서술어 관계로 풀어서)
5. 납세라는 의무를 지니고 있다. ('-라는'으로 풀어서)
6. 김소월이 지은 작품에는 ('-이/가 지은'으로 풀어서)
7. 사람의 자식으로 태어나서
8. 숲 속에서 부는 바람은 쌀쌀했다. 할머니가 부르는 소리는 멀어지고, 솔이는 얇은 스웨터를 입은 탓에 몸을 떨었다.

42

연습하기 다음 문장에서 '의'를 완전히 빼고 의미를 뚜렷하게 만드시오.

1. 작가의 창작 활동의 여건이 나빠졌다.

2. 학생들의 가치관의 형성에 학생의 이성 교제는 큰 영향을 준다.

3. 암기 위주의 공부 때문에, 선의의 경쟁의 본래의 의도에서 벗어난다.

4. 일부의 청소년들은 학교에서 국영수 중심의 공부만 한다.

5. 광고의 성 상품화가 심각하다. 상대방의 상황을 고려하지 않는다.

6. 그 사람은 나치의 학살과 관련이 없다.

7. 10년 뒤의 제약업계의 상황을 예측할 수 있다.

8. 공사의 계획 및 설계가 잘 되어야 한다.

9. 생활 수준의 향상과 생활 양식의 변화로 주택의 품질에 대해 관심이 높다.

10. 자기들의 땅에서 돈을 벌어야 했으니, 약육강식의 원리가 지배하고 있었다.

11. 유럽의 대부분의 나라는 여가의 선용이 활발한 편이다.

12. 경쟁력의 확보로 싼값의 비료를 안정되게 공급해야 합니다.

13. 교사의 학생 체벌 사건이 몇 차례 있었다.

14. 나의 실망스런 행동이 더 이상 남의 일이 아니다.

15. 앞으로의 기업과 현장의 문제를 정확히 알아야 한다.

16. 일제의 통치로 인하여 일본인 이름의 토지가 많았다.

17. 정치판이 예측 불허의 혼전 양상을 보이고 있다.

18. 반성과 비판의 목소리를 높여야 한다.

19. 효과적인 읽기의 방법을 익혀야 한다.

20. 우리 형편에 외환의 완전 자유화는 아주 위험한 생각이다.

21. 새 정부가 들어서면서 재야의 논의는 '이쪽이냐, 저쪽이냐'의 차원을 넘었다.

22. 새로운 운동의 방향을 모색하는 근본적 결단의 차원으로 바뀌었다.

23. 학생들의 마음의 다짐을 발표할 수 있는 결단의 시간을 가졌다.

24. 각종 민원의 해소와 주민 처우 향상의 일환으로

25. 경비원들의 심신 단련의 장으로 발전하기를 바랍니다.

26. 직업 훈련 교사의 가르침 하나도 놓치지 않겠다.

27. 이웃의 어려움을 나의 일로 알고 서로의 고통을 나누는

28. 감사의 장을 마련하였으니, 이곳이 토론의 장으로 발전했으면 좋겠다.

7 조사(토씨) 바로 쓰기

1. 4·19 주도 세력에게서 집중적인 공격을 받았다.
2. 지역적인 편견으로부터 벗어나야 한다.
3. 도덕면에 있어서 남보다 뛰어난 사람이다.
4. 나무에게 물을 주었다.
5. 약은 약사에게 상의하십시오.
6. 학생 스스로가 그 일을 해결해야 한다.
7. 금리의 고비용과 저효율의 경제 구조를 개선해야 한다.

조사는 우리말 특징인 첨가어다운 특성을 잘 보여 준다. 체언에 조사를 이리저리 붙여서 의미를 다양하게 전달한다. 그러나 우리말에서는 격조사를 쉽게 줄이는 편이며, 자기 생각을 섬세하게 드러낼 때는 보조사를 붙인다.(보조사는 1장 11절에서 자세히 설명한다.)

1과 2에 있는 '에게서, 으로부터'는 국어 사전에서 소개하고 있으나, 영어 'from'을 직역한 말이다. 3에 있는 '~에 있어서'는 일본말에 많으며, 영어 'in, for'를 직역한 것이다. 이 말을 아예 빼거나 '에서' 또는 '에게'로 바꾸어야 자연스럽다.

4에 있는 '에게'는 사람이나 동물에만 붙이고, 식물과 무생물에는 '에'를 붙인다. 수사법에서 의인법(활유법)이라고 하다가 잘못 굳어진 말이다. 5에서 '상의하다'는 '약속하다, 똑같다, 비슷하다, 결혼하다, 싸우다'처럼 목적어가 반드시 두 개 있어야 하는 용언이라서 '와'가 붙어야 한다.

6에 있는 '스스로'는 부사인데, 부사에 격조사를 붙이는 경우는 흔치 않다. 앞에 있는 '학생'에 붙여야 할 격조사를 부사에 붙이고 한 박자 쉬면서 의미를 강조하였다.

7에 있는 '와/과'는 단어, 구, 문장을 두 개 이상 연결할 때 그 사이에 넣는다. 그러므로 '와/과'를 기준으로 하여 앞뒤에 놓이는 단어와 구, 문장은 성분이 대등해야 한다. 그런데도 이 문장에서는 '금리'가 뒤에 있는 '고비용, 저효율'을 수식하고, '고비용, 저효율'은 다시 '경제 구조'를 수식하는 것처럼 보인다. '의'로 압축하는 바람에 더 복잡해졌다.

┤‖ 다듬은 문장 ‖├

1. 4 · 19 주도 세력에게 집중적인 공격을 받았다.
2. 지역적인 편견에서 벗어나야 한다.
3. 도덕면<u>에서</u>(으로) 남보다 뛰어난 사람이다.
4. 나무에 물을 주었다.
5. 약은 약사와 상의하십시오.
6. 학생이 스스로 그 일을 해결해야 한다.
7. 금리의 고비용과 경제 구조의 저효율을 개선해야 한다.
   금리 비용이 높은 것과 경제 구조 효율이 떨어지는 것을 개선해야 한다.

연습하기 다음에서 자연스럽지 않은 조사를 찾아 바로 잡으시오.

1. 너로부터 문제가 생겼다.

2. 거머리 침샘으로부터 항생제를 뽑아낸다.

3. 내가 국민 모두로부터 사랑을 받으려면

4. 그때로부터 우리의 고생이 계속되었다.

5. 부모로부터 많은 재산을 물려받았다.

6. 인류를 파멸할 수 있는 위협 또한 크다.

7. 당신을 사랑하는 사람으로부터.(편지 끝에)

8. DDR을 통해 청소년에게서 독특한 문화를 찾아볼 수 있다.

9. 밤길의 공포로부터 벗어나려 한다.

10. 학생들로부터도 배워가며 가르친 것이다.

11. 기초 교육에서 끝나면 다음으로 고급 과정까지 배워야 합니다.

12. 신세대에 새로운 가치관을 제시하고

13. 학생들에게 물에 익숙하도록 하였다.

14. 이 물건을 저것에 비교할 수 없다.

15. 이 세균 때문에 병이 걸린다.

16. 기계는 많은 먼지가 덮여 있었다.

17. 돈이 가득 찬 금고가 없어졌다.

18. 끝내는 국민에서 등을 돌려 그 사람이 물러서고 말았다.

19. 바라건대는 청소년에 인기가 있어야 한다.

20. 그런 사람들에게는 고등 정신 능력이 없다.

21. 여당으로서는 지금까지 아무런 언급이 없었다.

22. 학생에 있어서는 심각한 문제가 아닐 수 없다.

23. 오늘날에 있어서 우리 모두가 서로의 힘을 모아야 한다.

24. 우리가 술이 많이 취해서 넘어졌다.

25. 우리 스스로가 서로가 서로를 위하고 도와야 합니다.

26. 학생들이 서로의 생활을 존중해야 한다.

27. 어떤 일을 할 때 서로가 자기 이익만 챙기기 쉽다.

28. 정부는 러시아로부터 넘겨받은 한국 전쟁 관련 자료를 공개하였다.

29. 더욱 사랑 받기 위해 맛에서, 모양에서 아주 좋아졌습니다.

30. 각자의 개성과 다양성 또한 중시되고 있다.

31. 필요한 정보를 찾아내는 일 또한 필수적이다.

32. 책은 부피와 무게의 한계로부터 벗어나기 힘들다.

33. 기재 사항의 정정과 취급자 도장이 없으면 무효입니다.

34. 자연 과학의 한계와 그 방향을 제시하였다.

35. 기술 발전에 대한 경고와 사람들에게 경각심을 불러일으킬 수 있다.

48

36. 해결책은 임금 안정과 노동 생산성 제고를 위한 노사 관계의 개혁에서 찾아야 한다.

37. 자기만 잘 살면 된다는 생각과 자기가 무조건 옳다고 생각하는 사람들에게 창조성이 필요하다.

38. 사회 간접 자본은 양적 부족 문제와 지속적인 확충 노력에도 불구하고 우리 경제의 애로 요인이 되고 있다.

39. 상대적으로 낙후한 지방에는 기반 시설 투자와 투자 기회 증가 등을 통하여

40. 창조를 하기 위해 쌓아야 하는 소양과 그것을 바탕으로 창조 활동을 열심히 해야 한다.

8 '을/를' 바로 쓰기

1. 형이 나를 매를 때렸다.
2. 옛날 여인들이 혼수감으로 탐을 냈던 물건이다.
3. 사고 차량을 견인을 시작했습니다.
4. 외부 차량 진입을 금지합니다.
5. 지난 시즌에 플레이 오픈을 하였다.
6. 나는 밥이 먹고 싶다.

목적격 조사 '을/를'을 명사와 대명사에 붙이면 그 말이 목적어가 된다. 그러므로 목적어가 될 단어에만 붙여야 한다. 그런데도 사람들이 '을/를'을 아무데나 붙이고 있다. 이런 현상은 말버릇에서 많이 찾아볼 수 있다. 사람들이 말을 하다가 '에~, 음~, 그러니까, 있잖아요, 저기요' 따위를 넣어 중간을 끊는다면, '을/를'은 한 문장 안에서 단어와 단어를 끊는 데 쓰인다. '을/를'이 붙은 곳에서 한 번 쉬면서, 전달하려는 단어(내용)를 강조하였다.

이럴 때는 '을/를'을 빼거나 다른 조사로 바꾸어야 한다. 외래어는 쉬운 우리말로 바꾸는 것이 좋다. 1과 2에서는 '을/를'을 붙여 그 단어를 강조하였다. 3과 4처럼 한자어로 심하게 압축한 내용이 한 단어처럼 쓰일 때도 '을/를'을 넣어 둘로 가른다. 한자어를 우리말로 바꾸면

50

쉽게 해결된다. 5에 있는 '오픈하다'처럼 외래어에 '-하다'를 붙여 우리말 서술어로 쓰다가, 다시 '을/를'을 붙여 둘로 나누기도 한다. 6은 '을/를'을 써야 할 자리에 '지적, 강세'를 덧보태려고 오히려 다른 조사를 붙였다.

║ 다듬은 문장 ║

1. 형이 나를 매로 때렸다.
   내가 형에게 매로 맞았다.
   형이 나에게 매를 댔다.
2. 옛날 여인들이 혼수감으로 탐내던 물건이다.
3. 사고난 차를 견인하기(끌어가기) 시작했습니다.
4. 외부(다른) 차는 들어오지 마십시오.
5. 지난 봄에 경기가 시작되었다.
6. 나는 밥을 먹고 싶다.

연습하기　다음에서 조사의 쓰임을 바로 잡아 보시오.

1. 무단 횡단을 금한다. 차 조심을 해라.

2. 몸이 좋지를 못하다. 약을 이틀을 먹었다.

3. 영희가 예쁘지를 않다. 나는 노래가 듣고 싶다.

4. 그가 나를 더 좋은 것을 주었다.

5. 현관에서 접수를 하고 있습니다.

6. 학교를 가기 싫다. 우리는 피곤한 생활을 하고 있다.

7. 그때 모습 그대로를 보여주고 있습니다.

8. 승차 거부를 하지 맙시다.

9. 음성이 곱지를 않다. 꽃이 아름답지를 않다.

10. 30분을 걸리는 거리를 두고 집에 늦게를 가다가

11. 두 시간을 잤다. 나는 잠이 더 자고 싶다.

12. 쓰다 달단 말도 없이 기차를 내렸다.

13. 예술 작품을 농산물처럼 등급을 매기기를 서슴지 않는다.

14. 이런 용어를 어떻게 쓰이게 되었는지를 알 수 없었다.

15. 현 사옥으로 이사를 오면서 가동을 시작했다.

16. 여자는 주당 평균 18시간을 시청하는데 이 시간의 64%를 연속극을 본다.

17. 가장 큰 고민은 한 달 과외비가 20만 원을 넘는다는 것이다.

18. 해당 지역 주민 의견을 무시한 일로써 비난을 받아 마땅하다.

19. 제대로 토스를 하지 못해 다른 선수와 터치를 한 뒤 코트 밖을 나 갔다.

20. 활짝 핀 장미를 집 내부에 장식해 놓았다.

21. 그 사람은 스스로를 일컬어 군자라 하였다.

22. 곧이를 들으려 하지 않는다.

23. 서명 운동을 전개를 하고 있다.

24. 빨리를 달리지를 못한다. 많이를 먹지를 못한다.

25. 가지를 마오. 나를 두고 가지를 마오.

26. 점심상을 물러나 앉았다.

27. 나비가 밭 위를 작은 날개를 펄럭였다.

28. 큰 성공을 이룬 이들을 부러워하였다.

9 외래어 적기

외래어는 외국어에서 빌려와 우리말처럼 쓰는 말이다. 우리는 영어 'train'을 '기차'로 바꾸어 받아들였으나, '버스'는 영어 'bus'에서 온 말인데도 우리말로 바꾸지 않고 원지음을 한글로 적고 우리말 단어처럼 쓴다. 외래어 중에는 '빵, 담배, 고무'처럼 어원을 알 수 없을 만큼 아주 익숙한 것도 있고, '홀인원, 오토매틱'처럼 아직 외국어라는 의식이 강하게 남아 있는 것도 있다.

이러한 외래어 소리값을 한글로 정확히 적기가 어렵고, 또 정확히 적을 필요도 없기 때문에 우리 나라에서는 국어 24자모로만 적자고 '외래어 표기법'으로 정하였다. 따라서 외래어 표기법은 한국 국민끼리 약속한 기준이므로, 한글로 적은 외래어 발음을 그 나라 사람이 알아듣느냐 못 알아듣느냐는 아무런 상관이 없다.

그런데도 어떤 사람은 외래어(외국어)를 정확히 적는다면서 자기 멋대로 쓴다. 예를 들어 'chocolate'은 외래어 표기법에 따라 '초콜릿'으로 적어야 하는데, 실제로는 '초컬렛, 초코레트, 초코렡, 쵸콜렛, 쵸컬릿'처럼 여러 형태로 적는다. 그러므로 글을 쓸 때 외래어를 어떻게 적어야 정확한 것인지를 알고 싶으면 사전(국어, 영한)을 찾아보는 것이 좋다.

우리말에 외래어(외국어)를 되도록 섞지 말라는 것은 말하고자 하는 것을 제대로 전달하지 못하기 때문이다. 우리말은 우리 문화와 정서를 잘 반영하고 있어 크게 힘들이지 않고 자기 뜻을 전달할 수 있다. 한글 문장에 아예 외국어(한자 포함)를 섞어 'television, 語尾'처럼 적으면 읽는 속도를 떨어뜨리는 것으로 조사되었다. 다음은 '외래어 표기법'에 있는 몇몇 원칙이다.

(1) 중국어를 한글로 적을 때 옛날 사람 이름은 우리 한자음대로 한글로 적는다.(예 이태백, 공자) 그러나 현대인이면 원지음을 살려 한글로 적되, 한자를 같이 적을 수 있다.〔예 덩샤오핑(鄧小平), 마오쩌둥(毛澤東)〕 땅이름이 과거에는 있었으나 지금은 사라진 곳이라면 우리 한자음대로 한글로 적는다.(예 광안) 그러나 오늘날까지 남아 있는 곳은 원지음을 살려 한글로 적되, 한자를 같이 적을 수 있다.〔예 베이징(北京)〕

(2) 일본어는 사람 이름과 땅이름을 모두 원지음을 살려 한글로 적되, 한자를 같이 적을 수 있다.〔예 도요토미 히데요시(豊臣秀吉), 나가사키(長崎)〕 그러므로 '풍신수길, 장기'로 쓰면 안 된다.

(3) 하지만 중국 땅이름과 일본 땅이름 가운데 우리가 아주 오래 써서 굳어진 곳은 원지음을 살려 한글로 적어도 좋고, 우리 한자음대로 한글로 적어도 좋다.(복수 표준어, 예 上海 → 상하이/상해, 東京 → 도쿄/동경)

(4) 외래어를 표기할 때 파열음(ㅂ, ㄷ, ㄱ 따위)을 된소리로 표기해서는 안 된다. 그러므로 '뻐스, 떠블, 께임, 뽀너스'가 아니라 '버스, 더블, 게임, 보너스'로 적어야 한다.

(5) 외래어를 한글로 표기할 때 'ㄱ, ㄴ, ㄹ, ㅁ, ㅂ, ㅅ, ㅇ' 일곱 자만 받침으로 쓸 수 있다. 받침에 이 글자말고 다른 글자가 들어 있으면 잘못된 말이다.

외래어 표기 용례

accelerator	액셀러레이터	boxer	복서〈권투 선수〉
accessory	액세서리	boycott	보이콧
alarm signal	알람 시그널〈신호〉	brassiere	브래지어
alcohol lamp	알코올 램프	brooch	브로치〈장신구 일종〉
allergie	알레르기	buckle	버클
alphabet	알파벳	buffet	뷔페
alto	알토	bumper	범퍼
aluminium foil	알루미늄 포일	burner	버너
amateur	아마추어	business	비즈니스
ambulance	앰뷸런스	cabaret	카바레
Bach	바흐	cabinet	캐비닛
badge	배지〈교표〉	cake	케이크
balance	밸런스	calender	캘린더
barbecue	바비큐	Cambrian period	캄브리아〈기〉
bat	배트	caramel	캐러멜
battery	배터리	carat	캐럿〈보석의 무게 단위〉
beefsteak	비프스테이크	carburetor	카뷰레터〈자동차 부품〉
belt conveyor	벨트 컨베이어	cardigan	카디건〈옷의 일종〉
bill	삐라	career	커리어
biscuit	비스킷	Carmen	카르멘
block	블록	carol	캐럴〈노래〉
blouse	블라우스	carpet	카펫
blue jeans	블루진	cassette tape	카세트 테이프
blues	블루스〈춤의 일종〉	castella	카스텔라〈빵의 일종〉
boiler	보일러	catalog/catalogue	카탈로그
bonnet	보닛〈자동차 부품〉	catsup/ketchup	케첩〈토마토 케첩〉
bourgeois	부르주아	cement	시멘트
bowling	볼링	chassis	섀시〈자동차 차대〉
box	박스〈상자〉	chocolate	초콜릿

circus	서커스	dynamite	다이너마이트
cleaning	클리닝	encore	앙코르
climax	클라이맥스	enquete	앙케트
clover	클로버(토끼풀)	etiquette	에티켓
coffee shop	커피숍	eye shadow	아이섀도
cognac	코냑〈술의 일종〉	family	패밀리
collar	칼라(옷깃)	fan	팬
color	컬러(색깔)	feinting	페인팅
column	칼럼〈신문〉	fiber	파이버
columnist	칼럼니스트(특별 기고가)	figure skate	피겨 스케이트
comedian	코미디언	file	파일
comedy	코미디	flamenco	플라밍고
communication	커뮤니케이션	flash	플래시
compass	컴퍼스	floor	플로어
complex	콤플렉스	floppy disk	플로피 디스크
concours	콩쿠르	flute	플루트〈악기 일종〉
conte	콩트	folder	폴더
control	컨트롤	folk dance	포크 댄스
corded velveteen	코르덴	football	풋볼
corset	코르셋	foundation	파운데이션
curried rice	카레라이스	free kick	프리킥
curtain	커튼	frypan	프라이팬
cut	컷(필름 한 컷)	gas burner	가스 버너
cut	커트〈탁구 용어〉	gas range	가스 레인지
czar	차르	genre	장르
debut	데뷔	glycerine	글리세린
dessin	데생	gown	가운
doctor	닥터	grease	그리스
document	도큐먼트	gum	껌
documentary	다큐멘터리	hood	후드
doughnut	도넛	hook	훅

hormone	호르몬	plastic	플라스틱
hot chocolate	핫 초콜릿	Poclain	포클레인(굴삭기)
humor	유머	referee	레퍼리
integral	인티그럴	reportage	르포/르포르타주
jacket	재킷	Ringer solution	링거액
jackknife	잭나이프	robot	로봇
jitterbug	지터버그/지르박	rocket	로켓
juice	주스	rotary	로터리
jumper	잠바/점퍼	royal	로열
lesson	레슨	running shirts	러닝셔츠
lingerie	란제리	sabotage	사보타주
mammoth	매머드	sadism	사디즘
mandolin	만돌린	salad	샐러드
massage	마사지	sash	새시〈알루미늄 새시〉
medias/meias	메리야스	sausage	소시지
message	메시지	shadow	섀도
microphone	마이크	shepherd	셰퍼드〈개 일종〉
mirra	미라(송장)	sponge	스펀지
montage	몽타주	sunglass	선글라스
morphine	모르핀	supermarket	슈퍼마켓
mortar	모르타르	target	타깃
muffler	머플러	television	텔레비전
narration	내레이션	terminal	터미널
network	네트워크	thinner	시너(희석제)
offside	오프사이드〈축구 용어〉	throwing	스로잉〈축구 용어〉
palette	팔레트	velode	비로드(우단)
pamphlet	팸플릿	white shirts	와이셔츠
partizan	빨치산/파르티잔	Zigeunerweisen	치고이너바이젠〈음악곡
pechka	페치카		이름〉
pilot	파일럿		

연습하기 다음 문장에 있는 외래어(외국어)를 '외래어 표기법'에 맞게 바로 잡아 보세요.

1. 수퍼마켙에 가서 칼라 테레비를 봤다.

2. network를 확충하여 비스켙, DDR를 보급했다.

3. 우리 생활 속에 Audio와 CD가 많이 퍼졌다.

4. 19c부터 20c까지 우리 나라 1인당 E소비 증가율이 높다.

5. TV 프로에서 중국인 손문과 장개석을 소개하였다.

6. 커피샵에서 NGO 연대에 대해 워크샵을 열었다.

7. 캐비넷이 고장나서 써비스 쎈타에 보냈다.

8. 그 사람은 훼션에 대한 쎈스가 있다. 항상 심플한 듸자인을 좋아하지만, 가끔 화려한 칼라를 이용하여 액센트를 주기도 한다.

9. 1갤론으로 30마일쯤 간다고 스티카에 인쇄했다.

10. I.C 주변에서 콘테이너 차가 사고를 냈다.

11. cyber 시대에는 N세대가 주인공이다.

※국립국어연구원 홈페이지(www.korean.go.kr) 자료실에 "외래어 표기 용례집(일반용어, 지명, 인명)" 파일이 있다. 한효석 홈페이지(www.pipls.co.kr) 자료실에도 올려놓았다.

10 국어를 로마자로 적기

　정부가 로마자 표기법을 개정하여 2000년 7월 7일 고시하였다. 구 표기법에 따르면 우리말 발음을 제대로 적기 어려웠다. 또, 구 표기법에서는 특수 부호를 쓰도록 하였는데, 이런 사정을 모르는 사람들이 대충 비슷하게 적는 바람에, 한 동네 이름조차 여러 형태로 적을 수밖에 없었다.

　새 표기법에서는 특수 부호를 없애고 되도록 로마자 부호로 적는다. 또 'ㅈ, ㅉ, ㅊ'을 'j, jj, ch'로 적으며, 'ㄱ, ㄷ, ㅂ'을 첫소리에서 'g, d, b'로 적는다. 음절 사이에 붙임표(-)를 넣을 수 있으며, 성을 적을 때 '김씨, 이씨'는 'Gim, I'로 적어야 하나, 관례를 허용하기로 하였다.

　'국립 국어 연구원' 홈페이지(www.korean.go.kr) 자료실에 새 표기법에 따른 '로마자 표기 용례 사전' 파일이 있다(A4용지 410여 쪽짜리). 이 파일에 행정 구역(시, 군, 구…)과 자연 지명(산, 강, 섬…), 교통 관련 지명(철도, 지하철, 다리…), 명소(절, 고궁, 해수욕장…), 문화재(금속, 공예, 목조 건축물…), 일반 용어(식생활, 의생활, 명절…), 역사 지명, 애국가 따위를 담아 놓았으니 참고하면 좋겠다. 한효석 홈페이지(www.pipls.co.kr) 자료실에도 올려 놓았다.

국어의 로마자 표기법(전문)

제1장 표기의 기본 원칙

제1항 국어의 로마자 표기는 국어의 표준 발음법에 따라 적는 것을 원
칙으로 한다.

제2항 로마자 이외의 부호는 되도록 사용하지 않는다.

제2장 표기 일람

제1항 모음은 다음 각 호와 같이 적는다.

1. 단모음

ㅏ	ㅓ	ㅗ	ㅜ	ㅡ	ㅣ	ㅐ	ㅔ	ㅚ	ㅟ
a	eo	o	u	eu	i	ae	e	oe	wi

2. 이중 모음

ㅑ	ㅕ	ㅛ	ㅠ	ㅒ	ㅖ	ㅘ	ㅙ	ㅝ	ㅞ	ㅢ
ya	yeo	yo	yu	yae	ye	wa	wae	wo	we	ui

〔붙임 1〕 'ㅢ'는 'ㅣ'로 소리 나더라도 'ui'로 적는다.

　　　　(보기) 광희문　Gwanghuimun

〔붙임 2〕 장모음의 표기는 따로 하지 않는다.

제2항 자음은 다음 각 호와 같이 적는다.

1. 파열음

ㄱ	ㄲ	ㅋ	ㄷ	ㄸ	ㅌ	ㅂ	ㅃ	ㅍ
g, k	kk	k	d, t	tt	t	b, p	pp	p

2. 파찰음

ㅈ	ㅉ	ㅊ
j	jj	ch

3. 마찰음

ㅅ	ㅆ	ㅎ
s	ss	h

4. 비음

ㄴ	ㅁ	ㅇ
n	m	ng

5. 유음

ㄹ
r, l

〔붙임 1〕 'ㄱ, ㄷ, ㅂ'은 모음 앞에서는 'g, d, b'로, 자음 앞이나 어
말에서는 'k, t, p'로 적는다.([ ]안의 발음에 따라 표기함.)

(보기) 구미 Gumi 영동 Yeongdong

백암 Baegam 옥천 Okcheon

합덕 Hapdeok 호법 Hobeop

월곶[월곧] Wolgot 벚꽃[벋꼳] beotkkot

한밭[한받] Hanbat

〔붙임 2〕 'ㄹ'은 모음 앞에서는 'r'로, 자음 앞이나 어말에서는 'l'
로 적는다. 단, 'ㄹㄹ'은 'll'로 적는다.

(보기) 구리 Guri 설악 Seorak

칠곡 Chilgok 임실 Imsil

울릉 Ulleung 대관령[대괄령] Daegwallyeong

제3장 표기상의 유의점

제1항 음운 변화가 일어날 때에는 변화의 결과에 따라 다음 각 호와 같이 적는다.

  1. 자음 사이에서 동화 작용이 일어나는 경우

    (보기) 백마[뱅마] Baengma   신문로[신문노] Sinmunno

          종로[종노] Jongno   왕십리[왕심니] Wangsimni

          별내[별래] Byeollae   신라[실라] Silla

  2. 'ㄴ, ㄹ'이 덧나는 경우

    (보기) 학여울[항녀울] Hangnyeoul   알약[알략] allyak

  3. 구개음화가 되는 경우

    (보기) 해돋이[해도지] haedoji   같이[가치] gachi

          맞히다[마치다] machida

  4. 'ㄱ, ㄷ, ㅂ, ㅈ'이 'ㅎ'과 합하여 거센소리로 소리 나는 경우

    (보기) 좋고[조코] joko   놓다[노타] nota

          잡혀[자펴] japyeo   낳지[나치] nachi

  다만, 체언에서 'ㄱ, ㄷ, ㅂ' 뒤에 'ㅎ'이 따를 때에는 'ㅎ'을 밝혀 적는다.

    (보기) 묵호 Mukho   집현전 Jiphyeonjeon

  〔붙임〕 된소리되기는 표기에 반영하지 않는다.

    (보기) 압구정 Apgujeong   낙동강 Nakdonggang

          죽변 Jukbyeon   낙성대 Nakseongdae

          합정 Hapjeong   팔당 Paldang

          샛별 saetbyeol   울산 Ulsan

제2항 발음상 혼동의 우려가 있을 때에는 음절 사이에 붙임표(-)를 쓸 수 있다.

(보기) 중앙 Jung-ang   반구대 Ban-gudae
　　　세운 Se-un   해운대 Hae-undae

제3항 고유 명사는 첫 글자를 대문자로 적는다.
(보기) 부산 Busan   세종 Sejong

제4항 인명은 성과 이름의 순서로 띄어 쓴다. 이름은 붙여 쓰는 것을
원칙으로 하되 음절 사이에 붙임표(-)를 쓰는 것을 허용한다.(괄호 안
의 표기를 허용함.)
(보기) 민용하 Min Yongha (Min Yong-ha)
　　　송나리 Song Nari (Song Na-ri)
(1) 이름에서 일어나는 음운 변화는 표기에 반영하지 않는다.
　　(보기) 한복남 Han Boknam (Han Bok-nam)
　　　　　홍빛나 Hong Bitna (Hong Bit-na)
(2) 성의 표기는 따로 정한다.

제5항 '도, 시, 군, 구, 읍, 면, 리, 동'의 행정 구역 단위와 '가'는 각각
'do, si, gun, gu, eup, myeon, ri, dong, ga'로 적고, 그 앞에는 붙임
표(-)를 넣는다. 붙임표(-) 앞뒤에서 일어나는 음운 변화는 표기에 반
영하지 않는다.
(보기) 충청북도 Chungcheongbuk-do　　제주도 Jeju-do
　　　의정부시 Uijeongbu-si　　　　　　양주군 Yangju-gun
　　　도봉구 Dobong-gu　　　　　　　　신창읍 Sinchang-eup
　　　삼죽면 Samjuk-myeon　　　　　　인왕리 Inwang-ri
　　　당산동 Dangsan-dong　　　　　　봉천1동 Bongcheon 1(il)-dong
　　　종로 2가 Jongno 2(i)-ga　　　　　퇴계로 3가 Toegyero 3(sam)-ga

〔붙임〕 '시, 군, 읍'의 행정 구역 단위는 생략할 수 있다.

(보기) 청주시 Cheongju   함평군 Hampyeong

     순창읍 Sunchang

제6항 자연 지물명, 문화재명, 인공 축조물명은 붙임표(-) 없이 붙여 쓴다.

(보기) 남산 Namsan   속리산 Songnisan

     금강 Geumgang   독도 Dokdo

     경복궁 Gyeongbokgung   무량수전 Muryangsujeon

     연화교 Yeonhwagyo   극락전 Geungnakjeon

     안압지 Anapji   남한산성 Namhansanseong

     화랑대 Hwarangdae   불국사 Bulguksa

     현충사 Hyeonchungsa   독립문 Dongnimmun

     오죽헌 Ojukheon   촉석루 Chokseongnu

     종묘 Jongmyo   다보탑 Dabotap

제7항 인명, 회사명, 단체명 등은 그 동안 써 온 표기를 쓸 수 있다.

제8항 학술 연구 논문 등 특수 분야에서 한글 복원을 전제로 표기할 경우에는 한글 표기를 대상으로 적는다. 이때 글자 대응은 제2장을 따르되 'ㄱ, ㄷ, ㅂ, ㄹ'은 'g, d, b, l'로만 적는다. 음가 없는 'ㅇ'은 붙임표(-)로 표기하되 어두에서는 생략하는 것을 원칙으로 한다. 기타 분절의 필요가 있을 때에도 붙임표(-)를 쓴다.

(보기) 집 jib   짚 jip

     밖 bakk   값 gabs

     붓꽃 buskkoch   먹는 meogneun

     독립 doglib   문리 munli

     물엿 mul-yeos   굳이 gud-i

좋다 johda   가곡 gagog

조랑말 jolangmal   없었습니다 eobs-eoss-seubnida

부 칙

① (시행일) 이 규정은 고시한 날부터 시행한다.

② (표지판 등에 대한 경과 조치) 이 표기법 시행 당시 종전의 표기법에 의하여 설치된 표지판(도로, 광고물, 문화재 등의 안내판)은 2005. 12. 31.까지 이 표기법을 따라야 한다.

③ (출판물 등에 대한 경과 조치) 이 표기법 시행 당시 종전의 표기법에 의하여 발간된 교과서 등 출판물은 2002. 2. 28.까지 이 표기법을 따라야 한다.

11 보조사 붙이기

1. 사람이야말로 일을 해야만 사람다울 수 있다는 것은 의심하지 않는다.
   어느 사람은 '양김 구도에서 탈피'라고까지 표현했다.
2. 사람이 일을 해야 사람다울 수 있다는 것을 의심하지 않는다.
   어느 사람이 '양김 구도에서 탈피'라고 표현했다.
3. 교사마저 돈을 잃어버리다니.
   비서마저 사장을 믿지 못한다.
4. 밥이든지 반찬이든지 먹어라.
   밥과 반찬을 먹어라.
5. 운동을 했지마는 피곤하지 않았다.
   운동을 했으나 피곤하지 않았다.

　　보조사를 붙이면 자기가 말하고자 하는 것을 아주 섬세하게 표현할수 있다. 보조사를 앞말에 붙여 특별한 뜻을 덧보탤 수 있기 때문이다. 그래서 이 보조사를 잘못 붙이면 자기 감정과 편견이 드러나 객관성을 잃기 쉽다. 예를 들어 '코끼리는 코가 길다.'가 누구나 인정하는 사실이라면, '한국 사람은 나쁜 짓을 하면 안 된다.'라는 문장은 다른 나라사람은 나쁜 짓을 해도 된다는 식이라서 사람들이 대부분 인정하지 못한다. 즉, 객관성을 잃었다.

보조사는 아무 성분에나 잘 붙는데, 어떤 사람은 이런 보조사를 겹쳐 써서 의미를 더욱 섬세하게 나타내기도 한다.(⑩ 그 사람까지도, 의미로 써만은, 그 정도밖에는) 예를 들어 '우리마저도 연변 동포를 업신여기다니.'라는 문장은 '무슨 일이 있어도 우리가 연변 동포를 업신여겨서는 안 된다.'는 뜻을 지닌다.

1에 있는 두 문장은 말하는 이가 자기 주관을 담은 문장이다. 2는 1을 객관적으로 표현한 문장이다. 3에서 위 문장은 '교사는 돈을 잃어버리지 않을 것'이라는 편견을 담고 있어 객관성을 잃었다. 교사도 돈을 잃어버릴 수 있기 때문이다. 3에서 아래 문장에 쓰인 '마저'는 두 사람의 관계가 '아주 가까운 사이'라고 사람들이 인정하고 있으므로, 객관성을 잃지 않았다.

4에서 위 문장은 '밥, 반찬' 중에서 어느 것을 선택해도 상관없으나, 아래 문장은 '둘 다' 선택해야 한다. (＊ '던지'로 잘못 쓰기도 한다. '더'는 시제가 담긴 말이다. ⑩ 그 빵을 먹던 사람이 가든지 말든지 참견하지 마라.)

5에서 '마는/만'은 앞 내용을 뒤집는 보조사로, '운동을 하고도 피곤해 하지 않는 것'을 은근히 '자랑'하였다. 〔＊ '만은'으로 잘못 쓰기도 한다. 보조사 '만'과 보조사 '은'을 결합하고 체언에 붙여 의미를 강조할 때가 있다. ⑩ 노력은 했지마는(만) 실패였다.(○) 노력은 했지만은 실패였다.(×) 그래도 너만은 안 된다.(○)〕

여러 보조사의 쓰임

보조사	예문	의미
은/는	사자는 맹수다.	다른 것과 대조함
만, 뿐	너만 꼭 그런 짓을 한다.	유일, 단독

보조사	예문	의미
도	그 사람도 마찬가지다.	역시, 동일
	땅도 사람도 울었다.	
까지	너까지 그럴 줄이야.	극한
	바람에 비까지 왔다.	
마저	그 사람마저 나를 비난하였다.	한계
조차	철수조차 영희를 비난하다니.	첨가
부터	부천부터 서울까지.	출발점
	나부터 할게.	먼저
마다	사람마다 그를 욕했다.	보편, 균일
	땅마다 물이 고였다.	
(이)야	설마 그럴 리야 있겠니?	필연, 당위, 강조
	우습구나야. 굉장히 좋다야.	감탄
(이)나,	100명이나 되었다.	강조
(이)나마	밥이나 주시오. 천원이나마 있었으면.	최후의 선택
	오죽이나 좋을까?	확대
	돈푼이나 있다고	얕잡아 봄
서껀	동생서껀 같이 갔다.	함께 함
(이)든지	밥이든지 빵이든지 먹자.	가리거나 가리지 않음
	무엇이든지 좋다.	
(이)라도	그것이라도 먹어야지.	가리지 않음
(이)ㄴ들	나도 먹었는데, 네가 먹은들 어떠랴?	특수하지 않음, 보편
(이)야말로	너야말로 참된 스승이다.	특수
은/는커녕	철수는커녕 아무도 없다.	물론
밖에	이제는 갈 수밖에 없다.	유일
(으)ㄹ랑(은)	이젤랑은 비극이 사라져야 한다.	지적
씩	둘씩 집어라.	각자
곧	너곧 아니면 이 일을 하지 못한다.	반드시
그려, 그래	날씨가 좋구먼그려.	감탄
요	날씨가 좋아요.	높임
마는/만	노력은 했지마는 실패였다.	앞 내용을 뒤집음

연습하기 다음에서 보조사를 빼고 문장을 객관적으로 다듬어 보시오.

1. 청소년들은 질서만이라도 꼭 지켜야만 했다.

2. 후진국은 경제적으로 어려운데다가 인권에서까지도 소외되고 있다.

3. 성실해야만 칭찬 받는다는 것도 청소년들이야말로 확실히 알아야 한다.

4. 그렇게 해서는 절대 안 된다는 것을 재벌부터라도 깨달아야 한다.

5. 비평가는 현대 사회를 약육강식 사회라고까지 혹평하기도 했다.

6. 영희가 나를 도와주기는커녕 오히려 방해까지 해 쌓는다.

7. 엔세대야말로 새로운 사회에 적응할 수밖에 없는 사람들이다.

8. 학교만큼은 그런 단어조차 써서는 안 된다.

9. 그 동작을 익힐 때마다 어느 누구라도 새로운 힘이 솟게 된다.

12 보조 용언 붙이기

1. 독후감을 써 두어라.
2. 아이들이 굉장히 떠들어 댄다.
3. 운동장이 넓지 않다.
4. 텔레비전을 끄고 신문을 감추어 버렸다.
5. 고향을 잃어 버린 사람이 많다.
6. 수지가 아주 가 버렸다.
7. 어려움을 견디어 낸 사람이 이겼다.

본용언은 보조 용언의 도움을 받을 수 있다. 그러나 보조 용언은 본용언을 도와줄 뿐이라서 홀로 쓰이지 못한다. 그 대신 말하는 이는 섬세한 감정을 보조 용언에 담아, 본용언에 담긴 실질적인 뜻을 좀더 보완할 수 있다. 예를 들어 '빵을 무지하게 먹었다.'에 '대다'를 붙여 '빵을 무지하게 먹어 댔다.'로 바꾸면 분위기가 바뀐다. 앞 문장이 먹는 것을 '있는 그대로' 전달한다면, 뒤 문장은 먹는 것을 '나쁘게' 보고 있다. '저렇게 많이 먹다니……. 정말 밉구나.' 하는 감정을 담았다. 그래서 보조 용언을 잘못 붙이면 객관성을 잃기 쉽다.

보조사는 일정하게 쓰이는 편이다. 그러나 보조 용언은 쓰이는 곳에 따라 의미가 조금씩 달라진다. 가령 목소리를 낮추고 "그 사람 성공하게 되었지!"라고 말하면 '노력했으니, 당연히 성공할 수밖에 없다'는 뜻이다. 그러나 문장 끝을 올리며 길게 끌면 이 말은 누군가 '옆에서 도와주니 너는 좋겠다'는 뜻을 담아 비꼬는 말이다.

1에서는 '독후감을 쓰면' 뭔가 좋은 일이 생길 것처럼 '호의적'으로 말하였다. 2에서는 떠드는 일을 '좋지 않게' 보았다. 3에는 '좁아서 섭섭하다'는 뜻을 담았다. 4에서는 '감추는 행동'을 강조하였다. 5는 '잃은' 일이 이제 완전히 끝나서 지금은 어찌할 수 없다는 '단절감'이 드러났다. 6에는 '안타까움'이 담겼다. 7에는 '힘든 일을 극복했다는 대견함'이 담겼다.

위에 있는 예문을 말하는 이의 감정을 빼고 객관적으로 고쳐 보자.

┃ 다듬은 문장 ┃

1. 독후감을 써라.
2. 아이들이 굉장히 떠든다.
3. 운동장이 좁다.
4. 텔레비전을 끄고 신문을 감추었다.
5. 고향을 잃은 사람이 많다.
6. 수지가 아주 갔다.
7. 어려움을 견딘 사람이 이겼다.

여러 보조 용언의 쓰임

보조 용언	예문	의미
(-지) 아니하다(않다)/ 말다/못하다	주지 못했다 먹지 말아라	부정함
(-게) 하다/만들다	즐겁게 했다, 먹게 만들었다	사동
(-아/-어) 지다 (-게) 되다	잘 구워졌다 성공하게 되었다	피동
(-어) 가다/오다 (-고) 있다/계시다	어두워 왔다 놀고 있다	행동의 진행
(-고) 나다 (-아) 내다/버리다 (-고야) 말다	뛰고 나서 생각했다 잡아 냈다, 떠나 버렸다 하고야 말았다(말겠다)	종결/완료/극복
(-어) 주다/드리다	잡아 줬다, 도와 드렸다	봉사/혜택을 베풂
(-어) 보다	먹어 보다	시도함
(-어) 대다/쌓다	퍼부어 댔다 울어 쌓는다	강세(부정적)
(-어) 두다/가지다 (-어) 놓다	적어 두어라, 먹어 가지고 집어 놓았다	상태의 유지/보유 /상태의 옮김
(-아/-어) 보이다	예뻐 보인다	짐작함
(-기는) 하다	그렇기는 하다	시인함
(-어야/-아야) 한다	살아야 한다	당위/필연
(-고) 싶다	자고 싶다	희망함
(-는가/-ㄴ가/-나) 보다 (-ㄹ) 듯하다 (-나,-가) 싶다	그런가 보다 클 듯하다 더운가 싶다	추측함
(-어/아) 있다/계시다	솟아 있다, 누워 계셨다	상태를 보임

연습하기 다음에서 보조 용언을 빼고 문장을 객관적으로 다듬어 보시오.

1. 그 동안 남성 중심으로 살아 오기는 했다.

2. 여성들도 많이 배워 두게 되면 그 일을 해 내고야 말 것이다.

3. 신념을 잃어버린 사람이 불쌍하기는 한 사람이다.

4. 실수로 잘못을 저지르고만 사람들이라 해도 기회를 계속 주고 있을 수는 없다.

5. 여러 가지를 알아볼수록 우리 사회에 활기가 넘치고 있다는 것을 깨닫게 될 것이다.

6. 사건이 일어날 때마다 잘 준비해 두어야 무슨 일이든 처리해 낼 수 있다.

7. 떠들어 대는 사람을 혼내 놓으니까 분위기가 썰렁하게 되어 버렸다.

13 존칭 쓰지 않기

> 1. 그 방면으로 유명한 교수님을 알고 있다.
> 2. 아시다시피 할아버님은 항상 좋은 말씀을 많이 하셨다.
> 3. 충무공께서는 뛰어난 전략가이셨다.
> 4. 북쪽에 대응하는 방식이 아주 유연했어요.
> 5. 그럴 때마다 회의적인 생각이 듭니다.
> 6. 정부는 국민을 크게 섬겨야 합니다.

존칭을 하면 글이 부드러워지며, 가깝게 느껴진다. 그러나 이성적인 글은 근거를 대고 설득하며 논리를 펴야 하기 때문에, 정서로 접근해서는 안 된다. 즉, 논리를 담은 글에서 '높임법'을 써서 인간 관계를 수직으로 놓아서는 안 된다. 자기와 개별적으로 가깝거나 먼 관계가 논리와는 아무런 상관이 없기 때문이다.

따라서 논술 문장은 우리 문법 격식체 가운데 '해라체' 문장을 써야 객관성을 유지할 수 있다. 격식체에서 '합쇼체' 문장(문장 끝에 '-습니다/-ㅂ니다, -(으)시오'를 붙인다.)은 정중하고 부드럽고 점잖아서 말로는 많이 하지만, 공식적인 글에서는 아직까지 널리 쓰지 않는다.

1에는 높임말 '님'이 들어 있으므로 그 말을 빼야 객관성을 잃지 않는다. 2와 3에서는 문장의 주체를 높이려고 '-시-'를 붙이고 높임말

'님, 말씀, -께서'를 썼다. 4는 '비격식체' 문장(문장 끝에 '-아/-어, -지, -아요/-어요'를 붙인다.)이며, 서로 친한 감정을 드러냈다. 5와 6은 격식체 가운데 '합쇼체' 문장이다.

위 문장을 모두 격식체 중에서 '해라체'로 바꾸어 보자.

┤▐ **다듬은 문장** ▐├

1. 그 방면으로 유명한 교수를 알고 있다.
2. 알다시피 할아버지는 항상 좋은 말을 많이 했다.
3. 충무공은 뛰어난 전략가였다.
4. 북쪽에 대응하는 방식이 아주 유연했다.
5. 그럴 때마다 회의적인 생각이 든다.
6. 정부는 국민을 크게 섬겨야 한다.

연습하기 다음 문장에서 존칭/존대 부분을 빼고 객관적으로 다듬어 보시오.

1. 선생님들이 학생에게 충고하신 것이 대개 옳았다.

2. 프랑스 어느 여배우가 우리 나라 대통령께 편지를 보냈다.

3. 그 분이 나라를 위해 일하시다가 돌아가신 것이 1977년이었다.

4. 철도에 근무하시는 분들이 고생이 많다는 것을 알고 있다.

5. 기성 세대부터 반성해야 해요.

6. 그런 사실을 아신다면 놀라실 것입니다.

7. 김 교수님께서 밝히신 대로 하시면 됩니다.

8. 장관께서 이미 여러 번 지적하셨다.

9. 부모님들은 자식을 위해 헌신적으로 일하고 계셔요.

10. 돈이 한푼도 없으서서 난감해 하셨습니다.

11. 문학의 순수성에 대해서 예전부터 많은 논란이 있었습니다.

12. 나는 글이란 사회를 비판하는 정신을 잃지 말아야 한다고 생각합니다.

13. 학생을 체벌하여 말썽이 되자 어느 여선생님께서 괴로워하시다가 스스로 목숨을 끊으셨다.

14 객관적인 단어로 바꾸기

1. 대학이란 곳에 가야 할지 의심스럽다.
2. 이른바 사랑 따위에 울지 않겠다.
3. 정치인들이 하는 꼴을 보면 가관이다.
4. 더구나 그 주제에 잘 할 수 있을지 모르겠다.
5. 그런 자는 우리 사회에서 영원히 추방해야 한다.

글을 객관적으로 서술하지 않으면 논리가 이성적이지 못하고, 감정이 지나치면 독설이 된다. 때로는 자기 감정을 누르지 못하고 자기 글에 빠져 헤매기도 한다. 자기 주관이 많이 담긴 단어로는 '결코, 누구나, 과연, 설마, 제발, 어차피, 불과, 심지어' 따위가 있다. 그리고 최상급으로 표현하는 말(例 최고급, 초대형)도 대개 객관성을 잃은 단어이다. 의미를 강조하려고 하지만, 그런 단어를 많이 넣을수록 효과가 떨어진다. 꼭 필요한 곳에만 써야 하고, 그렇게 주장하는 근거가 분명해야 한다.

1과 2에서는 글쓴이가 '대학, 사랑'을 인정하지 않았다. '따위'는 '종류나 정도'라는 뜻도 있지만, 여기서는 '사람이나 사물을 얕잡아 일컫는 말'이다. 3과 4에서는 글쓴이가 상대방을 나쁘게 보고 있는 것을 '꼴, 주제'로 드러냈다. 5에서 '자(者)'는 의존 명사로서 '사람을 얕잡아

이르는 말'이다.

┤▮ **다듬은 문장** ▮├──────────

1. 대학에 가야 할지 의심스럽다.

   '대학'에 가야 할지 의심스럽다.

2. 사랑 때문에 울지 않겠다.

   '사랑' 때문에 울지 않겠다.

3. 정치인들이 하는 행동을 이해할 수 없다.

4. 더구나 그런 처지(상황)에서 잘 할 수 있을지 모르겠다.

5. 그런 사람은 우리 사회에서 영원히 추방해야 한다.

(**연습하기**) 주관이 많이 담긴 부분을 찾아 객관적으로 바꾸어 보시오.

1. 의학계 같은 곳에서도 쳐다보지 않는다.

2. 소위 정치를 한다는 사람들이

3. 그런 작자와 상종을 하지 말아야 한다.

4. 여러분도 알다시피 도대체 그 사람을 믿을 수가 없어서

5. 정부는 분명히 세계화라는 명분을 세우지만

6. 골 결정력이 없는 것은 고질적인 문제이다.

7. 통일이고 뭐고 간에 상관없이 나 혼자만 잘 살면 된다.

8. 무려 10만 원이나 쓰고 겨우 세 번 만났을 뿐이다.

9. 사건이 차마 눈뜨고 보지 못할 만큼 아주 끔찍했다.

10. 무식한 놈이 그런 야비한 짓을 해대니 그 꼬락서니로 산다.

11. 강대국에 매달려 구걸 외교를 펼치는 것이 꼴불견이다.

12. 일개 약소국이 강대국에 맞서는 것은 상식적으로 어리석은 짓이다.

13. 전혀 가치 없는 삶에만 매달린 채, 돈에 혈안이 되어 살인을 하였다.

14. 이 더운 여름에 정장에 금장식이라나 뭐라나를 달고 다니는 사람을 보면 아주 우습다.

15. 우리 사회가 꼬부랑 영어에 눌려 조기 교육이랍시고 한 살짜리 아기에게 영어 공부를 시키고 있다.

16. 지도자의 위치에 있는 사람들이 함부로 행동하여서는 안 된다.

17. 그 사람들은 전임자에 대해 감히 입에 담지 못할 비난을 매일처럼 퍼부어 댔다.

15 시제를 편하게 쓰기

> 1. 우리는 그 집에 <u>갔었었고</u> 거기서 음식을 많이 먹었다.
> 2. 어느 주택가 놀이터에 <u>갔었을</u> 적에 이것보다 더 놀랐다.
> 3. 지민이가 방을 <u>나섰었을</u> 때 나를 만났다.
> 4. 건설 회사가 아파트를 건설 중에 있다.
> 5. 그 사람은 <u>퇴근만 하면</u> 집에 돌아오곤 했다.
> 6. <u>죽어 있는</u> 개를 보며 눈살을 찌푸렸다.

시제는 어떤 사람이 '말할 때'를 기준으로 '사건이 일어난 때'가 언제냐에 따라 '과거 시제, 현재 시제, 미래 시제'로 나뉜다. 이야기할 때를 기준으로 결정되는 시제를 '절대 시제'라고 한다.(용언의 종결형에 나타남. 전체 문장의 끝부분.) 절대 시제에 기대어 결정되는 시제를 '상대 시제'라고 한다.(용언의 관형사형 어미나 연결형 어미에 나타남. 문장의 가운데에 있음. 위 문장에서 밑줄 친 부분.)

우리말에서는 시간을 아주 자유롭게 표현한다. 대체로 절대 시제가 전체 문장에서 시간을 좌우한다. 시제를 억지로 맞추지 않으므로 그냥 마음 편하게 써도 된다. 우리말에는 시간을 알 수 있는 부사어가 많아서 입에서 나오는 대로 표현해도 시간 표현에 헷갈리는 법이 없다.(䴏 옛날에, 중학교 때, 지금, 현재, 요즈음, 언젠가, 10년 뒤, 그때는)

  서양식 시간이 직선 위에서 앞뒤를 재며 '물리적으로 연결한 것'이라면, 우리말 시제는 앞뒤가 따로 없는 삼차원 방식이며, '서로 얽혀, 살아 숨쉬는' 시간이다. 그래서 서양처럼 '대과거'니 '현재 완료'니 하며 문장 안에서 상대 시제를 기계적으로 맞추지 않아도 된다. 우리말을 영어처럼 시제를 맞추려고 하면 문장이 꼬이기 쉽다.

  다만, 우리말 시제에는 말하는 이가 주관을 담을 수 있으므로 객관성을 잃지 않도록 해야 한다. 예를 들어 '넌 똑똑했었지.'라고 말하면, '지금은 똑똑하지 않다.'는 뜻이 되어 듣는 이를 비꼬는 말이 된다.

  1~3에서는 절대 시제(먹었다, 놀랐다, 만났다)에 상대 시제를 영어처럼 억지로 맞추었다. 4는 영어의 분사(-ing) 수동태 문장에서 영향을 받았다. 우리말은 '-(하)고 있다, -(하)는 중이다, -어 가다'로 현재 진행을 표현한다.

  5에서 '-곤 하다'는 일부 국어 사전에서 '같은 동작을 되풀이할 때 붙이는 어미'라고 설명하고 있으나, 영어 'used to'를 직역한 것이지, 우리말 관용 표현은 아니다. 동작을 되풀이할 때 우리말에서는 '자주, 곧잘, 늘'과 같은 부사를 붙인다. 6에 있는 '-어 있다' 대신 우리말에서는 현재 시제로도 '현재까지 이어지는 습관이나 속성'을 표현할 수 있다.

┤‖ 다듬은 문장 ‖├

1. 우리는 그 집에 갔고 거기서 음식을 많이 먹었다.
2. 어느 주택가 놀이터에 갔을 적에 이것보다 더 놀랐다.
3. 지민이가 방을 나설 때 나를 만났다.
4. 건설 회사가 아파트를 <u>건설 중이다</u>.(짓는 중이다.) (△)
   건설 회사가 아파트를 <u>건설하고 있다</u>.(짓고 있다.) (○)
5. 그 사람은 퇴근만 하면 늘 집에 돌아왔다.
6. 죽은 개를 보며 눈살을 찌푸렸다.

연습하기 다음에서 시제를 바로 잡아 문장을 자연스럽게 다듬어 보시오.

1. 자동차 속도가 많이 떨어져 있습니다.

2. 가장 큰 문제는 신뢰를 잃었다는 것이었다.

3. 울창했던 산에서 나무가 뽑혀 가고 있다.

4. 여러 면에서 문제점이 자주 제기되었었다.

5. 협상단이 평양을 떠나고 있는 중이다.

6. 빠짐없이 참석하시기 바라겠습니다.

7. 좋은 결과가 있기를 바라겠습니다.

8. 우리 생각과 상관이 없었지 않았다.

9. 국영 기업과 세제에 대한 개혁을 추진 중에 있다.

10. 북부역 사거리까지 차가 밀려 있습니다. 도로가 정체 중에 있습니다.

11. 사람들이 그 사람을 보고 모두 '살아 있는 부처'라고 불렀다.

12. 지금 중국은 경제 성장에 필요한 개방 정책을 지속적으로 추진할 계획으로 있다.

13. 지난 겨울에 있었던 일이었다. 라디오에서 '자기 상품화'라는 낱말을 들었었다. 나는 그 말에 솔깃했었다.

14. 우리말은 높임법이 발달해 있어서 높임말이 나오면 긴장하게 된다.

15. 같은 시간에 차가 몰리기 때문에 도로가 막히곤 한다.

16 우리말 시제에 담긴 뜻

1. ① 해가 동쪽에서 뜬다.

   ② 인간은 사회적 동물이다.

   ③ 형은 야구를 좋아한다.

   ④ 이토록 깨끗한 사람은 볼 수 없다.

2. 그 사람은 내일 떠난다.

3. 도서관은 책을 읽는 학생들로 붐볐다.

4. ① 지수는 집에서 공부하더라.(○)

   ② 나는 집에서 공부하더라.(×)

   ③ 나도 하겠더라.(○)

      나는 덥더라.(○)

5. 그것은 제가 읽던 책입니다.

6. 용장이었던 충무공은 전사하고야 말았다.

   어머니께서 어제 그 곳을 찾아가셨더군요.

7. 엊그제 송이가 성당에 갔었다.

   작년에 나도 시골에서 살았었다.

   영숙이는 중학교 때 농구 선수였었다.

8. 그때 나는 책을 읽고 있었다.

9. ① 누리가 지금 막 의자에 앉았다.

   ② 동수는 온종일 책을 읽었다.

10. 내일은 이 일을 꼭 끝내겠다.

   내일은 수지가 올 것이다.

11. ① 내일도 비가 오겠다.

   ② 지금은 고향에도 벚꽃이 피겠다.

   ③ 고향에는 벌써 살구꽃이 피었겠다.

   ④ 내가 먼저 가겠다.

   ⑤ 네가 먼저 가겠어?

   ⑥ 나도 그 정도는 알겠다.

   ⑦ 합격할 때까지 노력하자.

12. 내가 갈 때 비가 왔었다.

   내가 갈 때 너는 있겠지.

13. 내일은 비가 올 것입니다.(내일은 비가 올 거다.)

   내일은 비가 오겠습니다.

1. 특별히 현재 시제로 표현하면 아래와 같은 뜻을 지닌다.

   ① 동작이 계속 반복됨.

   ② 변함없는 성질을 가지고 있음.

   ③ 현재까지 이어지는 습관이 있음.

   ④ 현재까지 이어지는 속성이 있음.

2. '떠나는 때(사건시)'가 '이야기하는 시점(발화시)'과 일치하지 않지만, 이야기 뒤에 일어날 예정된 일이 확실할 때(또는 강한 의지를 표현할 때)에도 현재 시제로 표현한다.

3. 과거에 있었던 일도 현재 시제로 표현할 수 있다.(과거 당시의 현재)

4. ① 말하는 이가 과거에 겪었던 사실을 회상할 때 '더'를 넣는다.

② 주어가 말하는 이 자신(1인칭)일 때는 종결형 어미에 '더'를 쓰지
않는다.

③ 주어가 1인칭이라도 가능이나 느낌을 표현할 때는 '더'를 쓰기도
한다.

5. 1인칭 주어와 결합하여 관형사형 어미에서 '-던'을 쓴다. 현재까지
동작이 지속되고 있다는 것을 뜻한다.

6. '-었-/-았- + 더'로 표현하는 것은 경험 당시에 있었던 과거를 뜻
한다. 우리말에서는 동작이 완결되었을 때에 쓴다.(과거 완료) 그래
서 완결되었다는 의미를 강조하려고 '글을 쓸 때'보다 '말로 할 때'
많이 쓴다. (예 먹었다 → 먹었었었다)

7. '-었었-/-았었-'을 써서 '현재(오늘이나 올해)에는 그렇지 않다'는 의
미를 뚜렷이 한다. '-었-'보다 더 강한 단절감을 준다.(영어처럼 대과거가
아니다.) 역시 '말로 할 때' 많이 쓴다. '~한 바 있다, ~한 적이 있
다'로 바꾸어도 좋다.

'-었었-/-았었-'이 들어간 문장을 시간 부사어(예 어제, 작년, 어렸을
때)로 뒷받침하여 말하는 이가 '먼 과거'로 생각하는 곳에 쓰기도 한
다.

8. '~고 있었다'로 과거 진행을 표시한다.

9. '-었-/-았-'을 붙여도 과거를 나타내지 않는 때가 있다.

① 사건시와 발화시가 일치할 때나, 사건이 지금 막 끝났을 때(현재
완료)에 쓴다. '앉다, 서다, 뜨다'처럼 결과를 표시하는 동사에 나
타난다. 대개는 시간 부사어가 있어 시제를 알 수 있다.

② 동작이 지속되는 것을 나타낼 때에도 과거를 뜻하지 않는다.

10. 미래 시제를 표현하는 어미로 '-겠-, -ㄹ'이 있다.

11. ① '추측'의 의미가 강할 때에 '-겠-'은 미래 시제와 상관없다.

② 현재의 사건을 추측할 때도 '-겠-'이 미래 시제가 아니다. 시간
부사어 '지금은'이 있어 시제를 알 수 있다.

③ 과거에 있었던 사건을 추측할 때도 '-겠-'이 미래 시제가 아니다.

④ 1인칭의 의지를 표현할 때도 '-겠-'은 미래 시제와 상관없다.(평서문)

⑤ 2인칭의 의지를 확인할 때도 '-겠-'은 미래 시제와 상관없다.(의문문)

⑥ 가능성을 표현할 때도 '-겠-'은 미래 시제와 상관없다.

⑦ 시간을 표시하는 말 앞에서 '-ㄹ'을 특정한 시제로 해석하기 힘들 때도 있다.

12. '적, 때, 따름, 뿐' 앞에 있는 '-(으)ㄹ'은 시제가 일정하지 않다.

13. '-ㄹ 것이다'('-ㄹ 거다'는 구어체)는 '-겠습니다'보다 말하는 이의 판단 근거가 약할 때(확실하지 않을 때) 쓴다. 말하는 이의 의지를 강하게 표현하려면 '-겠습니다'를 쓰면 된다.

17 이름/용어 줄여 쓰기

1. 범종추는 이날 긴급 성명을 발표하였다.
2. WHO는 한국 사람의 건강 지수가 십 년 전보다
3. 아무리 급해도 대학별 고사 부활은 신중하게 처리해야 하는데, 대학 입시 개선책이 나오면 본고사를 꼭 들먹인다.
4. '힘들고 더럽고 위험한 일'을 기피하는 현상이 우리 사회에 널리 퍼졌다. 그러나 이 힘들고 더럽고 위험한 일을 기피하는 현상을 극복하려는 노력 없이, 힘들고 더럽고 위험한 직종에 사람이 부족하다고 계속 한탄만 하고 있어서는 안 된다.
5. IAEA 즉 국제 원자력 기구 사찰 팀은 이번 활동 결과를 IAEA 상임 회의에 정식으로 보고하겠다고 한다.
6. 오(墺) 여객기, 비(比) 상공에서 폭발하여 불(佛)이 사고 전문가를 급파하다.
7. 장자는 이것을 "世俗之人 皆喜人之同乎己 而惡人之異於己也(세속 사람은 남들이 자기와 같으면 모두 기뻐하고, 남들이 자기와 다르면 미워한다.)"로 표현하였다.

글은 문학이든 학술글이든 상대방에게 자기 생각을 정확하게 전달하려고 쓴다. 그러므로 누가 읽어도 완전히 이해할 수 있도록 써야 한다. 특히 전문 용어는 그 직종에 근무하는 전문가에게는 일상어이겠으나, 비전문가에게는 낯선 용어이다. 줄인 말, 생소한 말은 읽는 속도와 이해 능력을 떨어뜨리는 것으로 조사되었다. 그러므로 쓰는 이는 읽는 이를 위해 전문 용어나 줄인 말을 꼭 설명해 주어야 한다.

1처럼 처음부터 '줄인 이름'을 쓰고 아무런 설명이 없으면 읽는 이는 무슨 말인지 이해할 수 없다. 설령 2처럼 낯익은 용어라 하더라도 처음 한 번은 꼭 일러주어야 한다. 3에서는 같은 말을 달리 표현하여 읽는 이를 혼란스럽게 하였다.

4처럼 어떤 용어가 길어질 때 긴 용어를 계속 반복하면 지루하다. 이런 것은 따로 용어를 정의하지 않고도 괄호를 잘 이용하면 깔끔하게 정리할 수 있다. 즉, 처음 적을 때 원래 말을 다 쓰고 괄호 안에 '줄인 이름'을 덧붙인다. 그 뒤부터는 '줄인 이름'만 써도 된다. (*괄호 뒤에 '을/를, 은/는, 이/가'를 붙일 때 괄호 앞에 있는 말 끝에 받침이 있으면 '을, 은, 이'를 붙이고, 없으면 '를, 는, 가'를 붙인다.)

5는 방송에서 주로 쓰는 방식인데, 단어 순서가 바뀌었다. 우리말을 앞에 놓아야 한다. 듣는 사람을 위해 글 뒤쪽에서도 우리말 이름을 드러내야 의미를 제대로 전달한다. 방송 처음에 IAEA를 '국제 원자력 기구'라고 말할 때 제대로 듣지 못한 사람은 그 방송이 다 끝날 때까지 IAEA가 무슨 말인지 모를 것이다. 글자 수로 따져도 나을 것이 없다. '국제 원자력 기구'나 '아이에이이에이'나 모두 '일곱' 글자이다. 글자 수를 줄여서 '경제적, 효율적'으로 쓴 듯하지만, 상대방이 알아듣지 못한다면 아무리 글자를 줄여도 '비경제적, 비효율적'이다.

6처럼 우리가 이웃 나라 영향을 받아 오스트리아를 오지리(墺地利)로, 필리핀을 비율빈(比律賓)으로, 프랑스를 불란서(佛蘭西)로 부른 적이 있었으나, 지금은 '오, 비, 불'로 약속하지 않았으므로 쓰지 말아야 한다.

7에서는 한글을 앞에 놓고 원문 한자를 괄호 속에 처리해야 한다. 한

글만 읽고 넘어갈 사람이 더 많기 때문이다. 원문을 알고 싶은 사람은
괄호 안을 보면 된다.

┤┃ 다듬은 문장 ┃├

1. 범 승가 종단 개혁 추진회(범종추)는 이날 긴급 성명을 발표하였다.
2. 세계 보건 기구(WHO)는 한국 사람의 건강 지수가 십 년 전보다
3. 아무리 급해도 대학별 고사(본고사) 부활은 신중하게 처리해야 하
   는데, 대학 입시 개선책이 나오면 본고사를 꼭 들먹인다.
4. '힘들고 더럽고 위험한 일(삼디)'을 기피하는 현상이 우리 사회에
   널리 퍼졌다. 그러나 이 삼디 현상을 극복하려는 노력 없이, 삼디
   직종에 사람이 부족하다고 계속 한탄만 하고 있어서는 안 된다.
5. 국제 원자력 기구(IAEA) 사찰 팀은 이번 활동 결과를 IAEA 상임 회
   의에 정식으로 보고하겠다고 한다.(＊글에서)
   국제 원자력 기구, 곧 IAEA 사찰 팀은 이번 활동 결과를 국제 원자력
   기구 상임 회의에 정식으로 보고하겠다고 한다.(＊말로, 방송으로)
6. 오스트리아 여객기, 필리핀 상공에서 폭발하여 프랑스가 사고 전
   문가를 급파하다.
7. 장자는 이것을 "세속 사람은 남들이 자기와 같으면 모두 기뻐하고,
   남들이 자기와 다르면 미워한다.(世俗之人 皆喜人之同乎己 而惡人
   之異於己也)"로 표현하였다.

연습하기 다음 문장에서 전문 용어, 긴 이름, 인용 따위를 효율적으로 처리해
보시오.

1. 유럽 연합(   )은 이 기구에서 탈퇴하겠다고 겁주고 있다.

2. 우리 나라는 정보 기술(   ) 발전을 위해 많은 노력을 기울였다.

3. 기업 간 인수 합병(   )이 급증하고 있다.

4. 북한이 핵 확산 방지 조약(   )을 탈퇴한다고

5. 교육 개혁 위원회(   )의 보고에 따르면

6. 한국이 유엔 평화 유지 활동(   )에 참여했다.

7. 부가 가치 통신망(   )은 미래 정보 통신 사업에서

8. 농업이 지니고 있는 비교역적 기능(   )을 무시해서는 안 된다.

9. 컴퓨터 단말기 조작자에만 나타나는 직업병(   )이 있다.

10. 사무 자동화(   )로 사무실 성격이 바뀌었다.

11. 각 은행이 취급하는 양도성 예금 증서(   )는 무기명이 특징이다.

12. 국제 연합 안전 보장 이사회(   ) 결의에 따라

13. '우리 동네에 혐오 시설이 들어 와서는 안 된다(   )'는 풍토
    가 퍼졌다.

14. 남아프리카 공화국(   )에서 유색 인종을 철저히 차별 대우
    하고 있는 제도(   )를 공식적으로 철폐하였다.

15. 기성 세대와 다른 생각, 행동, 가치관을 가지고 사는 젊은 세대
    (   )가 등장하더니, 얼마 전에는 그 성격을 규정하기조차 힘
    든 세대(   )가 나타났고, 지금은 정보 통신 혁명으로 표현되
    는 세대(   )가 등장하였다.

16. 후천성 면역 결핍증(   )이 점점 확산되고 있다.

17. 텔레비전 프로그램 사이에 들어가는 광고(   )가 점점 야해
    진다.

18. 세계 무역 기구(   )가 관세 무역 일반 협정(   )을 대
    신하게 되었다.

19. 수학 능력 평가 고사(   )를 일 년에 한 차례만 실시한다.

20. 기업 어음(   )을 우선적으로 사들였다.

21. 오늘 참석하신 분들이 뽑은 최우수 선수(   )에게 상장과 상

품을 드립니다.

22. 최고 경영자(   ) 과정에 30명이 참가하였다.

23. 세계 주요 8개국(   ) 정상 회담이 런던에서 열렸다.

24. 경기 실사 지수(   )가 지난 2월 이후 100 이하로 떨어졌다.

25. 반도체 박막 액정 표시 장치(   ) 시장은 당분간 호황이 지속될 듯하다.

26. 집권 후반기 권력 누수 현상(   )을 가속화할지도 모른다.

27. 마이크로소프트(   )의 빌 게이츠는 세계 정보 시장이 확 바뀔 것으로 보고 있다.

28. 『채근담』에서 "父慈子孝는 是合當如此니라.(어버이가 자식을 사랑하고 자식이 부모에게 효도하는 것은 마땅히 그래야 하는 것이다.)"라고 했다.

18 어휘, 용어를 정확히 쓰기

1. 일요일마다 천주교에 다닌다.
2. 정의에 대해 자각을 심어 주고자 한다.
3. 그것은 우리의 바램이었어.
4. 우리 나라 민간 비행기 회사의 비행사들은 공군 출신이 많다.
5. 쌀 10Kg을 메고 10KM를 걸어가는 데 이틀이 걸렸다.
6. 학생들은 일본제 학용품이 예뻐서 갖고 싶어한다고 했다.

용어를 정확하게 쓰지 않으면, 문법에 맞지 않을 뿐만 아니라 논리를 정확히 드러내지 못한다. 1에서 '다니다'는 구체적인 대상(장소)이 있을 때 붙인다. 2에서 '자각(自覺: 스스로 깨달음)'과 '심어 주다'라는 말은 의미가 서로 맞서서 어울리지 않는다. 3에서 '바래다'는 '변색하다, 가는 사람을 배웅하다'라는 뜻이다. '희망하다'라는 말은 '바라다'로 써야 한다.

4에서 '비행기 회사'는 '비행기 제작 회사'로 오해할 수 있으며, '비행사'는 우리 사회에서 약속한 말이 아니다. 5에서는 단위가 틀렸다. 단위는 영어 인쇄체 소문자로 쓴다. '필기체'로 써도 국제 약속에서 벗어난다.(옳은 예: m, mm, cm, km, m², m³, g, kg, t, d, h, min, s, km/h) 6에 있는 '-고 싶어한다'는 '지속'을 의미하는 현재 진행 서술어이다. 우리말에서는 희망을 뜻하는 보조 형용사로 '-(고) 싶다'를 쓴다.

║ 다듬은 문장 ║

1. 일요일마다 <u>천주 교회</u>(성당)에 다닌다.(＊천주교를 믿는다.)
2. 정의에 대해 자각할 수 있도록 일깨워 주고자 한다.
3. 그것은 우리의 <u>바람</u>(희망)이었어.
   우리는 그것을 바랐어.
4. 우리 나라 민간 항공사 조종사들은 공군 출신이 많다.
5. 쌀 10kg을 메고 10km를 걸어가는 데 이틀이 걸렸다.
6. 학생들은 일본제 학용품이 예뻐서 갖고 싶다고 했다.

연습하기 다음 문장에서 잘못된 곳을 찾아 올바르게 다듬으시오.

1. 돈봉투를 건네는 사람을 처벌해야 한다.

2. 수익금 7만 원을 동사무소에 납부하여 불우 이웃을 돕도록 하였다.

3. 저희 나라에 오신 손님을 잘 대접합시다.

4. 극장이 며칠 전 개봉되었다.

5. 그 누구도 이 일을 해내지 못한다.

6. 맨발 벗고 뛰었다.

7. 우리 학교는 자율 학습 감독이 철저하다.

8. 남북 핵이 드디어 타결되었다.

9. 배가 아파 설사약을 먹었더니 설사가 멈추었다.

10. 이번 달에 전기세, 물세가 많이 나왔다.

11. 얼마든지 먹어도 좋다라고 생각하며 음식을 권했다.

12. 이조 말엽 민비가 국정에 참여하였다. 그래서 일본은 한일 합방 이후……

13. 정부는 일본 문화를 개방하기로 하였다.

14. 버스 속에 들어간다.

15. 후문을 사용하는 사람들이 많다.

16. 사람이 칠칠해서 품행이 방정맞다.

17. 후보자는 자기를 찍어 주라고, 국회에 보내 주라고 호소했다.

18. 청소 아저씨가 출입구를 닫았다.

19. 신생교가 계속 번성하는 편이다.

20. 홍수, 가뭄 같은 자연 재해와 전쟁 같은 인문 재해 사이에서

21. 지금부터 운동장 열 바퀴를 돌도록 한다.

22. 미국도 패트리어트 미사일의 뒤떨어진 성능을 개발하려고

23. 지하수는 땅 속 깊은 곳에 구멍을 파고 뽑아 올린 물이다.

24. 전문가의 자문을 받아 고쳐 나가겠습니다.

25. 초저녁에 제등 행렬이 출발할 예정이다.

26. 복장도 깔끔하게 차려 입었다.

27. 지금 우리 나라는 한글만 쓰기가 거의 100% 정착되었다.

28. 철도 선로 내를 출입하면 누구든지 철도법에 따라 벌받습니다.

29. 누가 이 사람을 모르시나요?

30. 나는 어렸을 때 아주 좋은 책상을 가지고 싶어했다.

31. 네가 잘 모르는구나. 내가 배워 줄게.

32. 우리를 도와주서서 감사하고 싶습니다.

33. 그 사람은 지금 술을 마시고 싶어한다.

19 쉬운 말로 쓰기

1. 공장 책임자는 그 사실에 대해 언급을 회피했다.
2. 청소년이 해방감을 음미할 기회가 전무했다.
3. 시행 착오를 반복할 것이 명약관화하다.
4. 고등 학생은 정체성에 민감한 세대로, 자아 성찰이 강하다.
5. 김 장관은 다가올 내각 개편시에 배제될 가능성이 있다.

사람이 말과 글을 부리는 것은 자기 머릿속에 있는 생각을 겉으로 드러내어 상대방에게 전달하려고 하기 때문이다. 그러므로 그 사람이 말을 잘했느냐 못했느냐는 '상대방이 얼마나 알아들었는지'가 기준이 된다.

그러므로 좋은 글이란 말하고자 하는 것을 다른 사람이 잘 이해할 수 있게 쓴 글이다. 김소월 시인이 생활 언어로도 자기 감정을 잘 전달하여, 모든 사람이 '민족 시인'으로 존경하는 이치를 따져 보면 쉽게 알 수 있다.

그런데 옛날 지배 계급이 중국에서 문화를 들여오면서 중국 한자를 들여왔다. 그리고 한자 문화를 바탕으로 나라를 통치하면서 우리 고유 언어를 지배했다. 그래서 우리 고유어로 말하고, 한자어로 적는 '언문 불일치' 생활을 해왔다. 다시 말해 입으로는 '가게에서 이것저것 많이 샀다.'고 하면서, 글로는 '상점에서 각양각색의 물건을 다량 구입했다.'와 같이 적는다.

어려운 한자어를 함부로 쓰면 제 생각을 제대로 전달하기 어렵다. 되도록 자연스런 우리말을 살려 쓰는 것이 좋다. 넉 자 한자성어를 별 생각 없이 쓰기도 하지만, 논리가 무너지지 않으려면 용어를 확실히 알고 써야 한다. 그리고 어느 한 부분만 어렵게 쓰면 그 부분만 글이 어색해진다. '자연스런 목소리'가 아니고 '머리를 쥐어짜서' 관념적으로 쓴 것이기 때문이다.

║ 다듬은 문장 ║

1. 공장 책임자는 그 사실에 대해 <u>말하려 하지 않았다.</u>(아무 말도 하지 않았다.)
2. 청소년이 해방감을 맛볼 기회가 <u>아주</u>(전혀) 없었다.
3. 같은 잘못을 <u>거듭할</u>(반복할) 것이 뻔하다.
4. 고등 학생은 자신의 세계에 눈뜨는 세대로, 자신을 꾸준히 확인한다.
5. 이번에 내각을 개편할 때 김 장관은 <u>바뀔 것 같다.</u>(바뀌기 쉽다.)

연습하기 다음 문장을 의미가 통하도록 쉽게 바꾸어 보시오.

1. 북한의 다른 지역도 대동소이할 것이다.

2. 그런 일이 다반사로 벌어진다.

3. 우리는 그 소식을 듣고 경악을 금치 못했다.

4. 통신망이 거미줄같이 깔린 시대가 도래했다.

5. 효용 가치가 별무한 나무로 국토를 뒤덮었다.

6. 일본은 북방 4개 도서를 반환하는 협상에 착수했다.

7. 정부는 하곡 300만 섬을 수매하기로 결정하였다.

8. 핵무기는 가공할 파괴력을 지녔다.

9. 물의를 야기한 자는 퇴학에 처한다.

10. 가격은 500원 내지 600원 사이에서 저렴하게 결정할 것입니다.

11. 그 사람이 절벽을 타기는 여반장이다.

12. 그 결과로 인해 진실이 자명하게 드러날 것이다.

13. 삶을 오래 영위하려면 수면을 많이 취해야 한다.

14. 이대로 그냥 묵과하거나 용납하겠다.

15. 일본에 사과를 처녀 수출하게 되었다.

16. 중국은 현재 농촌 인구가 8억 5천만 명에 달하고 있다.

17. 단도직입적으로 말한다면 수입업자측에서 막대한 손해를 감내해야 한다.

18. 우리는 텔레비전을 접하면서 매일 많은 사람을 접한다.

19. 일상 생활에서 프레온 가스를 많이 접하며 살고 있다.

20. 위기에 처해 난관에 봉착한 사람일수록 총력을 경주하여 견인불발해야 한다.

21. 일부에서 개방화 내지 세계화를 부르짖는 저의가 의아스럽다.

22. 경찰관에게 위해를 가하는 일이 있어서는 안 된다.

23. 시간을 할애해 주십시오.

24. 무단 외출을 엄단하니 요주의할 것.

25. 수취인의 날인이 필요하니 필히 인장을 지참하고 오십시오.

26. 시중의 설탕 품귀 현상은 반입 물량이 증가하면 조만간 해소될 전
    망이다.

27. 이 난국을 타개해 나갈 수 있도록 노력을 경주합시다.

28. 그 단체를 와해시키겠다고 하여 우리는 예의 주시하고 있다.

29. 호랑이의 존재를 감지한 짐승들이 몸부림을 쳤다.

30. 김 대표가 총재직 수락을 거부하면서, 총재직의 향방이 어떻게 될
    지 알 수 없었다.

31. 과학자의 연구는 윤리에 반하는 것을 금한다.

32. 미명 전에 집결하여 출발하려고 박차를 가했다.

33. 이번 통일 방안은 이념 포기가 전제되지 않는 한 통일이 가능하지
    않음을 명시한 셈이다.

20 띄어쓰기 규정

현행 띄어쓰기 기준은 복잡하면서도 예외 규정이 많아, 아주 혼란스러운 편이다. 예를 들어 본용언과 보조 용언은 띄어 쓰되, 한 낱말로 굳어진 것은 붙여 써도 좋다고 하였을 때, 한 낱말로 굳어졌느냐를 판단하는 기준이 모호하다. 말하자면 쓰는 이에 따라 붙여 쓸 수도 있고, 띄어 쓸 수도 있다.

원래 이 '띄어쓰기'는 읽기 편하게 하여 읽는 속도를 높이려고 처음 시작하였다. 1896년에 창간한 〈독립신문〉 논설에서 "이렇게 구절을 띄어 쓰는 것은 아무라도 이 신문 보기가 쉽고 신문 속에 있는 말을 자세히 알아보게 하기 위해서"라고 밝혔다.

말하자면 옛날에는 문화 발전 속도가 더디어 한 글자씩 새겨가며 읽었으나, 근대에 와서 발전 속도가 빨라지면서 문자를 인식하는 속도를 높이려고 띄어 쓴 것이다. 따라서 우리말 띄어쓰기 원칙이 아무리 복잡해도 이 이치를 알고 있으면 간단히 해결된다. 물론 어느 단어를 어떻게 띄어 쓸 것인지 정확히 알고 싶을 때는 국어 사전을 찾아보는 것이 가장 좋은 방법이다.

1. 조사는 그 앞말에 붙여 쓴다.

너야말로, 너하고 나말고는, 바보같이(＊너와 같이—부사), 사람처럼,

소만큼(＊집는 만큼−명사), 학자치고, 밥대로(＊먹는 대로−명사), 너밖에(＊이 밖에−명사), 밥이든지, 철수는커녕, 이젤랑은(ㄹ랑은), 둘씩, 너곧 아니면, 좋구먼그려, 좋아요, 했지마는(만)

2. 의존 명사는 앞말과 띄어 쓴다.

명사의 성격을 띠고 있지만 뜻이 형식적이어서 관형어 아래에서 그 말의 도움을 받아야 온전하게 쓰이는 말을 의존 명사라고 한다. 대개 이 의존 명사에 익숙하지 않아 틀리는 경우가 많다.

1) 모든 성분으로 두루 쓰이는 의존 명사(보편성 의존 명사)

어떤 분이 잘하는 이로 뽑혔습니까? 갈 데가 없는 바는 아니다.(＊사람은 좋은데−어미) 사과 따위는 아무 것도 아니다. 열 개 가량, 이영숙 씨를 안다.(＊성 밑에서는 붙인다. ㉠ 이씨, 김가)

2) 주로 주어로 쓰이는 의존 명사(주어성 의존 명사)

떠난 지는 얼마 안 되었다.(＊바보인지−어미) 어쩔 수가 없었다. 그럴 리가 있느냐? 더할 나위가 없이 기쁘다. 제 딴에는

3) 주로 서술어로 쓰이는 의존 명사(서술성 의존 명사)

죽고 싶을 따름이다. 그럴 터이지(테지). 살 뿐이다.(＊너뿐이다−접미사) 예쁘기 때문이다. 모른 척하였다. 아는 체하다.

4) 주로 부사어로 쓰이는 의존 명사(부사성 의존 명사)

주는 대로 먹는 만큼은(＊너대로/나만큼−조사, 학생인만큼−어미), 보는 듯 마는 듯 뛰다. 인간인 양 탈을 쓴 채 움직여 속을 뻔했다. 그런 줄도 모르고, 영철과 순이 등이 어울려 놀아 볼 만하였다. 사과, 배, 귤 등. 부산, 광주 등지. 사람은 체험, 사고 들을 활용하여 (＊사람들은−복수 접미사), 본 둥 마는 둥

5) 앞에 있는 명사의 수량을 단위로 표시하는 의존 명사(단위성 의존 명사)

대책 한 가지, 쌀 한 되, 보리 한 말, 장미 한 다발, 벼 한 섬, 소나무 두 그루, 술 한 잔, 구두 한 켤레, 명주 세 필, 땅 한 평, 굴비 한 두름, 청어 한 뭇, 고등어 한 손, 버선 한 죽, 북어 한 쾌, 오징어 한 축

3. 숫자 띄어쓰기

1) 숫자에 단위를 나타내는 명사를 붙일 때는 띄운다.

한 개, 한 대, 한 채, 백 원

2) 그러나 순서를 나타내는 경우나 아라비아 숫자와 어울려 쓸 때는 붙여 쓸 수 있다. 접미사 '여(餘)'가 붙으면 띄운다.

두시 삼십분 오초, 삼학년 육반, 첫째, 둘째, 육층, 제일과

1994년 8월 15일, 10개, 7미터, 100원, 5동 1801호, 기미년 3월

10여 분간, 천여 년간

3) 수를 한글로 적을 때는 '만(萬)' 단위로 띄어 쓴다.

일억 이천삼백사십오만 육천칠백팔십구/1억 2345만 6789

4) 고유어 숫자가 관형사로 쓰일 때는 다음에 오는 명사와 띄우고, 한자어 숫자는 붙인다.

다섯 사람, 열 뭉치, 오인(五人), 일세대(一世帶)

4. 접속 부사는 모두 띄운다.

특히 두 말을 이어 주거나 열거할 때에 쓰이는 말은 띄운다. 접속 부사를 조사로 착각하는 경우가 많다.

설마, 과연, 다행히, 제발, 그리고, 확실히, 의외로, 즉,

이사장 및 이사들, 나 또는 너, 열 내지 스물, 국장 겸 과장,

청군 대 백군

5. 한 음절로 된 단어가 연이어 나타날 적에는 붙여 쓸 수 있다.

　새 집 두 채/새집 두채, 그때 그곳, 좀더 큰것, 이말 저말, 한잎 두잎,
　이집 저집, 이쪽 저쪽, 벼 한섬, 술 한잔, 이것 저것, 네것 내것

6. 본용언과 보조 용언

　1) 보조 용언은 본용언과 띄어 쓰기로 하되, 경우에 따라 붙여 써도
　　된다. 다만 본용언에 조사가 붙거나 본용언이 합성 동사인 경우에
　　보조 용언을 띄우며, 중간에 조사가 들어갈 때도 본용언과 보조
　　용언을 띄운다.
　　불이 꺼져 간다/불이 꺼져간다
　　비가 올 듯하다/비가 올듯하다
　　그 일은 할 만하다/그 일은 할만하다
　　일이 될 법하다/일이 될법하다
　　비가 올 성싶다/비가 올성싶다
　　잘 아는 척한다/잘 아는척한다
　　보여<u>주다</u>, 먹어<u>보다</u>, 주어<u>버리다</u>, 먹어<u>쌓다</u> (＊밑줄 친 용언은 보조
　　용언임. 한편 던져 <u>주다</u>, 가 <u>보니</u>, 내어 <u>버리다</u>, 포개어 <u>쌓다</u> 등에서 밑줄
　　친 용언은 본용언임.)
　　책을 읽어도 보고(○) ― 책을 읽어도보고(×)
　　네가 덤벼들어 보아라(○) ― 네가 덤벼들어보아라(×)
　　그가 올 듯도 하다(○) ― 그가 올 듯도하다(×)
　2) 한 개념, 한 상태, 한 동작을 나타내면 붙여 쓴다.
　　움켜쥐다, 앉아있다, 집어던지다, 날아가다, 걸어나가다, 깨어나
　　다, 기어나오다, 끌어내다, 깎아내리다, 집어넣다, 끌어당기다, 끼
　　어들다, 달려들어가다, 스며들어오다, 거두어들이다, 능청떨다,
　　물어뜯다, 얻어맞다, 붙들어매다, 빨아먹다, 퍼먹이다, 불러모으

다, 올려다보다, 말라붙다, 집어삼키다, 덮어쓰다, 부둥켜안다, 끌어올리다, 걷어치우다, 후려치다

3) 음절수로 띄운다. 시조의 기본 틀로 미루어 보건대 우리말 어절의 기본 단위는 3~4음절이고 많아야 5~6음절이다. 그러므로 본용언과 보조 용언을 붙여 보아서 의미 전달의 한 단위가 4음절 안팎이면 붙이고, 4음절 안팎이 훨씬 넘으면 띄운다.

떠 있다/떠있다, 깨뜨려버렸다/깨뜨려 버렸다

가 버렸다/가버렸다, 그런가 보다 싫었다/그런가보다 싫었다

도와 주다/도와주다, 도와드리다/도와 드리다

도와 드려/도와드려, 싫어 하다/싫어하다

4) 보조용언 '지다, 드리다, 받다, 당하다'는 붙인다. 그러나 '받다, 당하다' 앞에 조사가 있으면 띄운다.

① 같아지다, 슬퍼지다, 어두워지다, 많아지다, 아름다워지다

내드리다, 들려드리다, 보여드리다, 알려드리다, 문안드리다

버림받다, 오해받다, 주문받다, 핍박받다

결박당하다, 봉변당하다, 약탈당하다, 망신당하다

② 봉변을 당하다, 결박을 당하다, 주문을 받다, 오해를 받다

7. 용언 어간에 붙어 어미처럼 굳어 버린 단어는 붙인다.

읽어 본바, 비가 올는지, 가르침을 따를지니라, 할수록(ㄹ수록) 어렵다, 먹을망정 말은 한다, 돈이 있었기에망정이지, 굶기를 밥먹듯이, 갔는지, 도착하자마자, 굶을지언정 구차하게, 보다시피, 내가 간다손치더라도, 이르다뿐이랴, 너에게 질까보냐, 꼭 갈거야(ㄹ거야), 꼭 갈거냐(ㄹ거냐), 꼭 갈거다(ㄹ거다) 꼭 갈걸(ㄹ걸) (＊'갈꺼야－갈꺼냐－갈꺼다－갈껄'로 쓰지 마시오.)

8. 합성어와 파생어 띄어쓰기

1) 합성한 단어는 한 덩어리로 붙여 쓴다.

미닫이, 돌다리, 힘들다, 작은형, 부슬비, 날뛰다, 길바닥, 날짐승, 본받다, 굶주리다, 남부끄럽다, 온종일, 곧잘, 죄다, 높푸르다, 버드나무, 침받이, 오랫동안, 물놀이, 손가방, 가위바위보, 새끼손가락

2) 파생된 단어도 한 덩어리로 붙여 쓴다.(접두사, 접미사는 붙인다.)

애호박, 선잠, 대도시, 신소설, 준결승, 총연습, 늦더위, 맨발, 마음껏, 우리끼리, 시집살이, 하나씩, 알다시피, 있고 없고간에, 사람답다, 시퍼렇다, 깔보다, 꿈틀거리다, 출렁거리다, 자연스럽다, 너뿐, 하나뿐이다, 하나씩, 열 개씩, 애인끼리, 학년별 소풍, 한국식, 백원짜리, 헛되다, 걱정되다, 올되다, 착하다, 조용하다, 기름지다, 청소<u>시키다</u>, 결박<u>당하다</u>

3) 합성어가 파생되거나, 파생어가 합성되어도 한 덩어리로 붙여 쓴다.

해돋이, 품갚음, 팽이치기, 나들이, 다달이, 시부모, 돌배나무, 되돌아가다, 소금구이, 틈틈이, 사랑하기

4) 붙여 써서 이해하기 힘들면 띄운다.

신 패션, 총 수업 시수, 순 우리말, 전 경찰력, 매 회계 연도에, 사람 간(間)에, 19세기 말에, 야만인 간에/야만 인간에

5) 윗말과 굳어진 것으로 보이는 경우에는 붙인다.

동쪽, 위쪽, 오른쪽, 옆쪽, 이번, 지난번, 이편, 저편, 젊은이, 어린이, 이것, 저것, 생것, 조것, 요것, 별것, 탈것, 날것, 이이, 그이, 이분, 어린것, 작은따옴표, 좀더, 줄곧, 집안, 눈짓, 이곳, 저곳, 병술, 잔술, <u>보다못해</u>, 이때, 그때, 접때, 그런고로, 그런대로, 다름아니라, 덮어놓고, <u>아니나다를까</u>, 오래간만에, 이를테면, 적지않이, 제

멋대로, 하루빨리, 한시바삐

6) 첩어, 준첩어, 대립하는 두 말이 이어진 낱말은 한 덩어리로 붙여 쓴다.

가끔가끔, 왔다갔다, 덜커덩덜커덩, 성큼성큼, 깡충깡충, 두고두고, 구불구불, 엎치락덮치락, 붉으락푸르락, 울긋불긋, 얼룩덜룩, 곤드레만드레, 얼씨구절씨구, 오나가나, 자나깨나

7) 용언이 부사어로 쓰이며 첩어의 형태를 가질 때는 띄운다.

곱디 고운, 뻗고 뻗어, 흘러 흘러, 곧디 곧은, 멀고 먼

8) 같은 뜻의 말이 겹치면 한 낱말로 보고 붙인다.

매일마다, 농사일, 수양버들, 가마솥, 깡통, 널판, 휴일날, 역전앞, 자갈돌

모두다, 곧바로, 곧잘, 똑같이, 더한층, 더욱더, 또다시, 좀더, 제아무리

9) 명사나 명사의 성질을 가진 말에 '없다'를 붙여 합성할 때는 대개 붙인다. 그러나 그 앞에 명사를 꾸미는 말이 올 때는 붙이지 않는다.

① 쓸새없이, 어림없는, 어처구니없는, 터무니없다, 하잘것없는, 밑도끝도없이, 별수없이, 쓸데없이, 사정없다, 필요없다, 인정없다, 버릇없다, 다름없다, 시름없다, 지각(知覺)없다, 체신없다, 거침없다, 틀림없다, 끊임없다, 아랑곳없다, 스스럼없다, 물샐틈없다

② 별로 쓸 데 없는, 생각할 여지 없는, 아무 꾸밈 없는, 아무런 거침 없이

11) 빛, 색이 붙은 빛깔 이름은 붙여 쓰되, 그 빛깔이 어떠하다는 것을 나타내는 말이 앞에 있으면 띄운다.

① 붉은빛, 하늘빛, 자줏빛, 검은색, 빨간색, 얼굴색, 흙색

② 누르스름한 빛, 아주 붉은 색, 좀더 파란 색을 칠하자.

9. 성과 이름, 성과 호 따위는 붙여 쓰고, 이에 덧붙는 호칭어, 관직명 등은 띄어 쓴다.

다만 성과 이름, 성과 호를 분명히 구분할 필요가 있을 경우에는 띄어 쓸 수 있다.

한슬기, 서화담, 채영신 씨(＊채씨, 영신 씨), 최치원 선생, 공병우 박사, 충무공 이순신 장군, 세종 대왕, 안중근 의사, 김 과장, 박 의원
남궁억/남궁 억, 독고준/독고 준, 황보지봉/황보 지봉, 한 밝은누리

10. 성명 이외의 고유 명사는 단어별로 띄어 쓰기로 하되, 단위별로 띄어 쓸 수 있다.

대한 중학교/대한중학교,
한국 대학교 사범 대학 부속 중학교/한국대학교 사범대학 부속중학교

11. 동식물명의 분류 단위나 우리말로 된 품종명은 붙여 쓴다.

가문비나무, 긴팔원숭이, 며느리발톱, 양치식물, 너도밤나무
진돗개, 조선호박

12. 전문 용어는 단어별로 띄어 쓰기로 하되, 붙여쓸 수 있다.

만성 골수성 백혈병/만성골수성백혈병
중거리 탄도 유도탄/중거리탄도유도탄
의유당 관북 유람 일기/의유당관북유람일기

13. 눈여겨 보아야 할 단어

┌ 보다못해
└ 하다 못 해

┌ 그 동안, 오랫동안
└ 요사이, 오늘날

┌ 잘 한다 — '재주나 요령이 좋다.' (예 네가 잘 해야 나도 잘 한다.)
└ 잘한다 — '버릇처럼 자주 하거나 훌륭하게 한다.' (예 술을 잘한다.)

┌ ~지 못한다 — 걷지 못한다.
└ 못 한다 — 운동을 못 한다.

┌ 잘못하다 — '실수하다.' (예 잘못하면 벌을 받는다.)
└ 잘 못하다 — '잘하지 못하다.' (예 일을 잘 못한다.)

┌ 맨 처음, 맨 끝, 맨 나중 — '온통, 가장'의 뜻.
└ 맨손, 맨주먹, 맨입 — '비어 있다'의 뜻.

┌ 여러 나라 간에, 이렇든저렇든 간에 — '사이, 어느 경우든지'의 뜻.
└ 형제간에, 피차간에, 국가간에 — 접미사

┌ 너같이 좋은 사람, 그림같이 예쁜 얼굴 — 조사
├ 우리 같이 가자 — 부사. '함께'라는 뜻.
└ 이 같은 말을 듣고 — 형용사

┌ 마음이 착한데다가 행동도 바르다. — 어미
└ 가까운 데다가 놓아라. — '데'는 의존 명사.

┌ 이것밖에 없다. — 조사. 뒤에 반드시 부정어를 붙인다.
└ 이것 밖에도 또 많이 있다. — '이외에도'의 뜻.

┌ 학년초에, 결혼초에 — 접미사
└ 20세기 초에, 1999년 초에 — 의존 명사

연습하기   다음 문장에서 띄어 써야 할 곳에 빗금을 그어 보시오.

1. 즉김박사는그사람들의행동이1년내내거의맹목적이라는것이다.다
   마고치가유행했을때그사람들은어린아이및노인들이아무나그것을
   가지고다니는것을당연하게여겼다.

2. 컴퓨터야말로없으면시대에뒤떨어진다고생각한것은물론이고,다른
   사람은다갖고있는데혼자만갖고있지않다는것을이상하다고생각했
   기때문이다.

3. 어쩌니저쩌니떠들면서도수킬로미터떨어진거리를마다하지않고갔
   다.그리고거기에도착한지사흘만에잘있다고연락을하였다.그것도전
   화가있었기에망정이지그렇지않았으면망신당할뻔하였다.

4. 어제같이한줄기비가쏟아지면그만큼날이시원할텐데라디오에서는
   시원한소식을들려주기는커녕열시삼십분쯤에고장이나버렸다.

5. 조금더빨리이만사천원에라도살수있었으면좋겠다.그러나이곳저곳
   을모두뒤져도찾지못해헛수고를했을뿐이었다.하다못해그것과비슷
   한것도없는것같았다.

6. 16세기초우리나라에맨처음온사람들은이렇게순박한사람이있을까
   싶었다고한다.그런데다가아무꾸밈없는삶에서더욱더매력을느꼈으
   며내것네것을가리지않고서로부둥켜안듯이사는것이신기했다고한
   다.

7. 철수는될성싶지도않은일을하느라고돈이될만한것을다팔았으나결
   국쓸데없는자존심탓에전사업체를남에게넘기고그것도모자라여기
   저기에빚덩어리를남긴채물러났다.

21 구별해야 할 말

1. '-이'와 '-기'의 구별

   떡볶이(음식) — 떡 볶기(떡을 볶기)

   손톱깎이(연장) — 손톱 깎기(손톱을 깎기)

   ① 내 취미는 등산하기, 떡 볶기, 음악 듣기, 손톱 깎기다.

   ② 떡볶이를 주문하며 가방을 열어 보니 휴지, 화장품, 손톱깎이
   가 있었다.

2. '-워'와 '-와'의 구별

   어간의 끝 'ㅂ'이 'ㅜ'와 'ㅏ'로 바뀌는 것이 있다.

   ① 가까워, 기워, 구워, 매워, 차가워, 아까워, 무거워, 미워, 쉬워,
   정다워, 놀라워, 괴로워, 외로워, 새로워, 까다로워, 안타까워,
   아름다워

   ② 도와, 고와

3. '이'와 '히'의 구별

   ① '이'로 적어야 하는 것('히'로 발음되는 예가 없음.)

   깨끗이, 산뜻이, 의젓이, 가까이, 고이, 겹겹이, 일일이, 집집이, 느
   긋이, 가까이, 반듯이(반듯하게), 적이, 버젓이, 틈틈이, 낱낱이, 번
   번이, 따뜻이, 의젓이, 날카로이, 대수로이, 헛되이

② '히'로 적어야 하는 것('히'로 발음하거나, '이, 히'로 발음되는 것.)
정확히, 솔직히, 가만히, 간편히, 나른히, 각별히, 과감히, 쓸쓸히,
고요히, 도저히, 조용히, 열심히, 딱히, 엄격히, 무단히, 소홀히, 꼼
꼼히, 분명히, 극히, 급히, 딱히, 속히, 특히, 심히, 급급히, 능히, 당
당히

4. '사이시옷'을 붙일 때와 안 붙일 때
  1) 순 우리말로 합성한 말이나, 순 우리말과 한자어로 합성한 말에
  서, 앞말이 모음으로 끝난 경우로 다음과 같은 때에 사이시옷을
  넣는다.
    ① 뒷말의 첫소리가 된소리로 나는 것
      고랫재, 귓밥, 나룻배, 나뭇가지, 냇가, 댓가지, 맷돌, 머릿기름,
      모깃불, 바닷가, 뱃길, 부싯돌, 선짓국, 쇳조각, 잇자국, 잿더미,
      조갯살, 찻집, 쾻대, 햇볕, 혓바늘, 귓병, 머릿방, 샛강, 아랫방,
      자릿세, 전셋집, 찻잔, 콧병, 탯줄, 텃세, 햇수, 횟가루
    ② 뒷말의 첫소리 'ㄴ, ㅁ' 앞에서 'ㄴ' 소리가 덧나는 것
      멧나물, 아랫니, 텃마당, 아랫마을, 뒷머리, 잇몸, 깻묵, 냇물, 빗
      물, 곗날, 제삿날, 훗날, 툇마루, 양칫물
    ③ 뒷말 첫소리 모음 앞에서 'ㄴㄴ' 소리가 덧나는 것
      뒷윷, 두렛일, 뒷일, 베갯잇, 깻잎, 나뭇잎, 댓잎, 가욋일, 사삿
      일, 예삿일, 훗일
  2) 한자어끼리 합쳐진 합성어에는 사이시옷을 쓰지 않는다. 그러나
  두 음절로 된 다음 한자어 6개는 사이시옷을 쓴다.
    庫間(곳간), 貰房(셋방), 數字(숫자), 車間(찻간), 退間(툇간), 回數(횟
    수)
  3) '차(茶)'로 시작하는 한자어에는 사이시옷을 붙인다. '차'를 한자
  로 쓰지만 원래는 순 우리말이었다.

찻잔(茶盞), 찻종(茶鍾), 찻장(茶欌), 찻주전자(茶酒煎子)

5. 직접 명령문과 간접 명령문

'명령문'은 무엇을 시키거나 행동을 요구하는 문장이다. 쓰임에 따라 '시킴, 지시, 권고, 제의'로 해석한다. 일반적으로 명령문은 동사에만 해당되나, 형용사에도 있을 수 있다. (예) 있어라, 성실해라, 부지런해라, 계십시오)

1) 직접 명령문 : 현장에서 얼굴을 맞대고 하는 명령문(구어체)으로 특정 대상을 가리킨다. '-아라/-어라'를 붙인다. (예) 얼른 <u>보아라</u>. 먹고 싶은 것을 골라라. 네가 가서 <u>재촉하여라</u>.) '-거라'와 '-너라'를 붙일 수 있는 것은 하나씩밖에 없다. 다른 것들은 문법에 어긋난 표기이다.

(○) (어서) <u>오너라</u>, (잘) <u>가거라</u>

(×) 오거라, 먹거라, 게 섰거라, 돌아서지 말거라, 잘 있거라

2) 간접 명령문 : 신문, 시험지 같은 매체를 통하는 명령문으로, 대상이 분명치 않다. '-(으)라'를 붙인다. 문어체, 간접 인용문에 쓰인다. (예) 창 밖을 <u>보라고</u>. 알맞은 답을 <u>고르라</u>. 정부를 <u>재촉하라</u>. 빨리 먹<u>으라며</u>)

6. '-으-'를 넣을 때와 안 넣을 때

1) '-으-'는 발음을 편하게 하려고 집어넣는 때가 있다. (예) 많으시다, 걸으시다, 먹으니)

2) 'ㄹ탈락 용언'은 받침 'ㄹ'이 'ㄴ, ㅂ, ㅅ, ㅇ' 앞에서 빠져나가야 한다. 그런데도 '-으-'를 넣고 'ㄹ'을 남겨 둔다. 어린아이들이 특히 심하다.

김치를 썰으시다 → 김치를 써시다(○)

하늘을 날으는 비행기 → 하늘을 나는 비행기(○)

걸레를 빨으니까 → 걸레를 빠니까(○)

녹슬은 무기 → 녹슨 무기(○)

낯설은 고장 → 낯선 고장(○)

물들은 단풍 → 물든 단풍(○)

뒤를 밀으는 운명 → 뒤를 미는 운명(○)

거칠은 행동 → 거친 행동(○)

하루이틀 살은 게 아냐 → 하루이틀 산 게 아냐(○)

너무 멀으니까 못 가 → 너무 머니까 못 가(○)

7. 뜻을 구별해 써야 할 말들

┌가늠하다—목표에 맞고 안 맞음을 헤아리는 표준.

        (예 가늠을 잡을 수가 없다. 소총의 가늠자)

│가름하다—함께 하던 일을 가르다. 구별하다.

        (예 일과 놀이를 가름하다.)

└갈음하다—같은 것으로 바꿔 대신하다. (예 인사에 갈음합니다.)

┌가르치다—글을 가르치다.

└가리키다—방향을 가리키다.

┌가진—가진 물건이 없다.

└갖은—갖은 고생을 다했다.

┌갈가리—종이를 갈가리 찢다.

└갈갈이— '가을갈이'의 준말.

┌갑절—어떤 수량의 두 배.

└곱절—어떤 수량의 세 배 이상. (예 세 곱절, 네 곱절)

┌개펄—갯가의 개흙이 깔린 벌판.

└갯벌—조수가 드나드는 모래톱.

114

거름—풀을 썩인 거름.
걸음—빠른 걸음.

거치다—영월을 거쳐 왔다.
걷히다—외상값이 잘 걷힌다.

-건대—생각건대(무성음 다음에)
-컨대—원컨대(유성음 다음에)

껍데기—조개 껍데기, 소라 껍데기.
껍질—사과 껍질, 복숭아 껍질.

너머—산 너머에 있는 마을. (명사)
넘어—산을 넘어 들로 나아갔다. (동사)

너비— 폭. (예 너비 6m 도로로 넓히고 있다.)
넓이— 넓은 정도. 면적. (예 운동장의 넓이가 15평쯤 된다.)

느리다—진도가 느리다.
늘이다—고무줄을 당겨 늘이다.
늘리다—집터를 늘리다.

다르다—이질적이다. '같다'의 반대. (예 물과 얼음은 다르다.)
틀리다—잘못이다. '옳다'의 반대. (예 그는 옳았고, 너는 틀렸다.)

다리다—다리미로 옷을 다리다.
달인다—한약을 달인다.

던/던지—과거. (예 먹던 떡. 얼마나 먹던지 아주 놀랐다.)
든/든지—선택. (예 가든 말든 마음대로 해. 하든지 말든지.)

돼—'되어'의 준말. (예 돼서, 됐다, 됐지만)
되—'돼'로 쓰는 말 나머지에. (예 되든 말든, 절대 안 된다.)

┌ 두껍다—구체적 사물. (예 두꺼운 책)
└ 두텁다—추상적 상태. (예 두터운 우정)

┌ 드러나다—겉으로 나타나다. (예 비밀이 드러나다.)
│ 드러내다—드러나게 하다. '드러나다'의 사동형.
│   (예 본심을 드러내다.)
└ 들어 내다—물건을 들어서 밖으로 내놓다.
           (예 전축을 마당에 들어 냈다.)

┌ -(으)러—목적. 뒤에 주로 '가다, 오다, 떠나다'가 쓰인다.
│   (예 공부하러 간다. 저녁 먹으러 가자.)
└ -(으)려—의도. 뒤에 주로 '하다'가 쓰인다.
           (예 서울 가려 한다. 저녁 먹으려 한다. 꽃이 피려 한다.)

┌ -(으)로서—자격. (예 학생으로서, 아들로서)
└ -(으)로써—도구. '가지고'의 뜻. (예 용기로써 물리쳤다.)

┌ -마는/만—뒤집음. (예 기분이 나빴지마는 할 수 없었다.)
└ -만은—단정. 유일함. (예 너만은 안 된다.)

┌ 목—목을 움츠리다.
└ 몫—다섯 몫으로 나누다.

┌ 바라다—희망하다. (예 우리의 바람이다.)
└ 바래다—색깔이 퇴색하다. (예 옷이 누렇게 바랬다.)

┌ 바치다—웃어른께 올리다. (예 나라를 위해 목숨을 바치다.)
└ 받치다— '받다'의 힘줌말. (예 우산을 받치다. 책받침을 받치다.)

┌ 박이—점박이, 차돌박이, 덧니박이.
│ 배기—나이배기, 세 살배기.
└ 뱅이—주정뱅이, 게으름뱅이.

┌ 받히다—쇠뿔에 받히다.
└ 밭치다—술을 체에 밭치다.

┌ 반드시—반드시 이기겠다.
└ 반듯이—반듯하게. (예 비뚤어지지 않게 반듯이 놓아라.)

┌ 발자국—발로 밟은 곳에 남아 있는 자국.
└ 발자취—발로 밟은 흔적. 지나온 과거의 자취.

┌ 벌이다—일을 베풀어 놓다.
│   (예 싸움을 벌이다. 가게를 벌이다. 상품을 벌여 놓았다.)
└ 벌리다—둘 사이를 넓히다. (예 틈을 벌리다. 입을 벌리다.)

┌ 부수다—흙덩이를 잘게 부수다.
└ 부시다—그릇을 깨끗이 씻다. 눈이 어리어리하다.
          (예 그릇을 부시다, 눈부시다.)

┌ 부치다—편지를 부치다. 힘이 부치다. 회의에 부치다.
└ 붙이다—우표를 붙이다. 불을 붙이다. 조건을 붙이다. 책상을 붙
          이다.

┌ 빌리다—빌려 주다. 빌려 오다.
└ 빌다—소원(용서)을 빌었다.

┌ 빗다 — 머리를 빗다.
└ 빚다 — 술을 빚다. 송편을 빚다.

┌ 삭이다—먹은 것을 삭게 하다.
└ 삭히다—발효시키다.

┌ 살진—몸에 살이 많은. (형용사)
└ 살찐—몸에 살이 많아진. 살이 오른. (동사)

┌ 시간—어느 때부터 어느 때까지의 '사이'.

```
┌        (예) 밥 먹는 시간은 30분이다.)
└ 시각―시간대 위의 한 '점'. (예) 출발 시각은 아홉시이다.)
```

```
┌ 아니하다―보조 용언. '-지 아니한다'의 모습으로 쓰인다.
│        〔예) 그 사람은 말을 하지 아니한다.(하지 않는다.)〕
└ 아니 하다―동사 '하다' 앞에 부사 '아니'가 붙은 것이다.
         〔예) 그 사람은 아침에 운동을 아니 한다.(운동을 안 한다.)〕
```

```
┌ 안―'아니'의 준말.(뒷 낱말과 띄어 쓴다.) 용언 앞에 붙어 부정 또는
│    반대의 뜻을 나타낼 때 쓰인다.(예) 안 가겠다. 안 먹겠다. 안 할
│    수 없다.)
└ 않―'아니하-'의 준말.(뒤에 오는 글자와 붙여 쓴다.) 동사나 형용사
     아래에 붙어 부정의 뜻을 보탤 때 쓰인다. '않다'의 어간이므
     로 '않고, 않으니, 않으면'으로 써야 한다. (예) 하지 않겠다. 가
     지 않겠다. 하지 않은 사람.)
```

```
┌ -오―종결형 어미. (예) 책이오. 짐승이오? 미시오. 하십시오.)
└ -요―연결형 어미. 또는 존대의 뜻을 나타내려고 어미 뒤에 덧붙
     이는 조사. 조사는 떼어도 말이 된다.
     〔예) 이것은 책이요, 저것은 붓이다. 미세요(미시어요). 읽어요→
     읽어. 좋지요→좋지〕
```

```
┌ 오죽―여간, 얼마나.
└ 오직―다만, 오로지.
```

```
┌ 옳다― 이 일은 옳지 않다. 옳은 일만 하자.
└ 올바르다― '올이 바르다'는 뜻이다.
         (예) 올바른 일이 아니다. 올바른 일만 하자.)
```

```
┌ 웃- ―위와 밑으로 구분할 때. 상하 대립이 없을 때.
│    (예) 웃마을, 웃수염, 웃거름, 웃기, 웃돈, 웃어른, 웃옷)
```

윗- —위아래로 구분할 때, '위의'라는 뜻이다.

    (예 윗부분, 윗글, 윗말, 윗니, 윗반, 윗배, 윗사람, 윗입술, 윗머리,

    윗자리, 윗도리)

위- —된소리, 거센소리 앞에 쓰인다. (예 위채, 위쪽, 위층, 위턱)

-웠- —기본형이 '-우다'나 '-ㅂ다'로 끝날 경우에 과거 어미 '-

        었-/-았-'이 결합하여 '웠'이 붙는다.

    (예 세웠다, 피웠다, 끼웠다, (빵을) 구웠다, 쉬웠다, 누웠다, 주

    웠다, 고마웠다, 추웠다)

-었-/-았- —과거를 나타낼 때 붙인다.

      〔예 이루었다, 주었다, (똥)누었다, (춤)추었다, 쑤었다,

      두었다, 폈다, 꾸었다, 별렀다, 골랐다, 겨누었다〕

웬—어찌, 무슨, 어떤. what. (예 웬일이야?)

왠—왜. why. (예 왠인지, 왠지 기분이)

일절—부사. '아주·도무지'라는 뜻. 사물을 부인, 금지할 때 쓴다.

    부정어가 뒤에 온다. (예 일절 다니지 못하게 하라.)

일체—모든(것), '통틀어·모두'라는 뜻.

    (예 모든 권한을 일체 너에게 맡긴다. 안주 일체.)

있으십니다— '있으시다, 없으시다'는 간접적으로 높이는 데 쓴다.

      (예 아무 말씀도 없으신 채. 돈이 없으셨어요.)

계십니다— '계시다, 안 계시다'는 주체를 직접 높이는 데 쓴다.

      (예 어머님이 집에 계셨고, 그 분도 앉아 계셨지요.)

자갈—작은 돌.

재갈—말의 입에 재갈을 물리다. 소문을 못 내게 재갈을 물렸다.

작다—크기가 작다. '크다'의 반대.

적다—분량이 적다. '많다'의 반대.

┌ 잘못하다—실수하다. (예 잘못하면 벌을 받아야지요. 그는 지금 일을
│　　　　　잘못하고 있다.)
└ 잘 못하다—잘하지 못하다. (예 그는 일을 잘 못한다.)

┌ 잘하다— 버릇처럼 자주 하거나 훌륭하게 한다.
│　　　　　(예 그는 노래를 잘한다.)
└ 잘 하다—동사 '하다' 앞에 부사 '잘'이 쓰인 것.
　　　　　(예 그가 잘 하니 나도 잘 한다.)

┌ 장사—상업. (예 요즘 장사가 잘 안 된다.)
└ 장수—상인. (예 그 사람은 엿장수다.)

┌ 장이—기술자에게 붙인다.
│　　　　(예 미장이, 유기장이, 칠장이, 도배장이, 땜장이)
└ 쟁이—성격, 버릇 따위에 붙인다.
　　　　(예 멋쟁이, 골목쟁이, 요술쟁이, 거짓말쟁이, 고집쟁이, 관상쟁
　　　　이, 월급쟁이, 환쟁이, 욕쟁이, 수선쟁이, 트집쟁이, 멋쟁이, 개구
　　　　쟁이, 소금쟁이, 담쟁이, 골목쟁이, 겁쟁이, 난쟁이, 빚쟁이, 발목
　　　　쟁이, 깍쟁이)

┌ 저리다—다친 다리가 비만 오면 저린다.
└ 절이다—김장 배추를 소금에 절인다.

┌ 점잖다—몸가짐이 묵중하고 높다. 품격이 야하지 아니하고 고상
│　　　　　하다.
└ 젊잖다— '젊지 않다'를 줄여서 하는 말.(자주 쓰이지 않는다.)

┌ 조리다—생선을 조리다.(통조림)
└ 졸이다—마음을 졸인다.

┌ 주리다—여러 날을 (굶)주렸다.
└ 줄이다— 비용을 줄였다.

지그시—슬그머니. (예 지그시 눈을 감다.)
지긋이—나이를 지긋이 먹었다. 나이가 지긋한 어른.

지피다—난로에 불을 지피다.
짚이다—짚이는 데가 있다.

-째—덩어리로. 그대로. 명사 뒤에 붙인다.
　　(예 통째, 뿌리째, 다섯 개째, 껍질째, 송두리째)
채—어떤 상태가 계속된 대로 그냥. 용언 뒤에 붙인다.
　　(예 신발을 신은 채 방에 들어 갔다, 산 채, 익은 채)
체—명사. '그럴 듯하게 꾸미는 거짓 태도'라는 뜻. '-ㄴ, -은/-는'
　　아래 쓰인다. (예 신발을 신은 체하다. 본 체 만 체하다)

친친—꼭꼭 감거나 동여매는 모양. (예 끈으로 친친 동여맸다.)
칭칭— '친친'의 사투리.

하노라고—공부를 하노라고 한 것이 이 모양이다.
하느라고—공부하느라고 밤을 새웠다.

하므로—~하기 때문에. 이유나 원인.
　　(예 내가 너를 좋아하므로 결혼하고 싶다.)
함으로—~해 가지고. 수단이나 방법.
　　(예 그는 너를 좋아함으로(써) 사는 가치를 느낀다.)

한참—시간이 상당히 지나는 동안. (예 한참 동안 말이 없었다.)
한창—가장 성하고 활기 있을 때. (예 18세면 한창 좋을 나이다.)

햇볕—해의 내리 쬐는 뜨거운 기운.
햇빛—해의 빛.
햇살—해가 내쏘는 광선.
햇발—햇살이 팔방으로 뻗친 것.

22 틀리기 쉬운 말

　많은 사람이 영어 단어 철자를 틀리면 부끄러워하면서도 우리말 맞춤법 틀리는 것은 예사로 생각한다. 그러면서도 국어 사전을 찾아보지도 않고, 입으로만 우리말이 어렵다고 한다. 국어 사전이야말로 말글살이의 기준이기 때문에, 국어 사전을 가까이 놓고 틈틈이 찾아보아야 우리말을 제대로 쓸 수 있다.

　생활하면서 우리말 쓰임을 정확히 알고 싶으면 '가나다 전화(02-771-9909, 2006년 8월 현재)'를 이용하면 된다. 이 전화는 '국립 국어 연구원'에서 운영하는 전화로, 우리말에 대해 연구원과 전화로 상담할 수 있다.

한글학회(www.hangeul.or.kr)
국립국어연구원(www.korean.go.kr)
한말연구학회(www.hanmal.or.kr)—어학 관련 홈페이지 300개 연결됨
국어문화운동본부(www.barunmal.com)
한글문화연대(www.urimal.org)
전국국어운동대학생동문회(www.hanmal.pe.kr)
한말글모임(www.urimal.id.ro)

잘못 쓰는 말	옳은 말	잘못 쓰는 말	옳은 말
가기 쉽상이다	⇒ 가기 십상이다	구룬내	⇒ 구린내/쿠린내
가던지 오던지	⇒ 가든지 오든지	구비구비	⇒ 굽이굽이
가랭이	⇒ 가랑이	귀멀다	⇒ 귀먹다(*눈멀다)
가리마/가름마	⇒ 가르마	귓대기	⇒ 귀때기
가을엘랑은	⇒ 가을에는	그람	⇒ 그램(g)
가정난	⇒ 가정란	그렇치만	⇒ 그렇지만
(한) 간	⇒ (한) 칸	글구	⇒ 글귀
값을 치루었다	⇒ 값을 치렀다	금새	⇒ 금세
강남콩	⇒ 강낭콩	~기 마련이다	⇒ ~게 마련이다
갖어오너라	⇒ 가져오너라	기차길	⇒ 기찻길
개발새발	⇒ 괴발개발	길앞잡이	⇒ 길잡이, 길라잡이
개이다	⇒ (날씨가) 개다	까탈스럽게	⇒ 까탈지게/까다롭게
객적다	⇒ 객쩍다	깡총깡총	⇒ 깡충깡충
거북치	⇒ 거북지, 거북하지	꺼꾸로	⇒ 거꾸로
거실리는 짓	⇒ 거스르는 짓	껍질채 먹었다	⇒ 껍질째 먹었다
거짓말시키지 마라	⇒ 거짓말하지 마라	꼬깔	⇒ 고깔
거칠은	⇒ 거친	꼭둑각시	⇒ 꼭두각시
게의치 마십시오	⇒ 개의치 마십시오	끄나불	⇒ 끄나풀
계시판	⇒ 게시판	끔쩍히	⇒ 끔쩍이
계재	⇒ 게재	나무가지	⇒ 나뭇가지
고은 마음	⇒ 고운 마음	나무래지 마세요	⇒ 나무라지 마세요
~고져	⇒ ~고자(*배우고자 하	나침판	⇒ 나침반
	니)	낚지볶음	⇒ 낙지볶음
곰곰히	⇒ 곰곰이	날이 개이는 대로	⇒ 날이 개는 대로
곱배기	⇒ 곱빼기	날자	⇒ 날짜
광우리	⇒ 광주리	남비	⇒ 냄비
괴로와	⇒ 괴로워	낮설은 타향	⇒ 낯선 타향
괴팍하다	⇒ 괴팍하다	내노라 하다	⇒ 내로라 하다
구렛나루	⇒ 구레나룻	내한테	⇒ 나한테
~구료	⇒ ~구려	냇과	⇒ 내과

잘못 쓰는 말	옳은 말	잘못 쓰는 말	옳은 말
넉넉치 않다	⇒ 넉넉지 않다, 넉넉하지 않다	더우기	⇒ 더욱이
		더웁다	⇒ 덥다
넌센스	⇒ 난센스	덥히다	⇒ (물을) 데우다
넓다랗다	⇒ 널따랗다	덩쿨	⇒ 넝쿨/덩굴
넓직하다	⇒ 널찍하다	도나쓰/도나츠	⇒ 도넛
넙적하다	⇒ 넓적하다	돌아가시요	⇒ 돌아가시오
넙쭉 절하다	⇒ 넙죽 절하다	돐	⇒ 돌
(쌀) 네 말	⇒ 너 말	동구능	⇒ 동구릉
(종이) 네 장	⇒ 넉 장	동내방내	⇒ 동네방네
네째	⇒ 넷째	될수록	⇒ 되도록
년중/년월일	⇒ 연중/연월일	두째	⇒ 둘째(＊열두째)
노느냐고/ 노는야고	⇒ 노느라고	뒷굼치	⇒ 뒤꿈치
		뒷편	⇒ 뒤편
노다지	⇒ 언제나	들려 만났다	⇒ 들러 만났다
녹혀야겠는데	⇒ 녹여야겠는데	들여마시다	⇒ 들이마시다
높따랗다	⇒ 높다랗다	들이붓고	⇒ (비가) 들어붓고
누누히	⇒ 누누이	디지탈/디지틀	⇒ 디지털
눈섭	⇒ 눈썹	딱다구리	⇒ 딱따구리
눈쌀을 찌푸리고	⇒ 눈살을 찌푸리고	때려 부시다	⇒ 때려부수다
늦장	⇒ 늑장	또아리	⇒ 똬리
닐리리	⇒ 늴리리	레파토리	⇒ 레퍼토리
님 그리워	⇒ 임 그리워	로타리	⇒ 로터리
다이알	⇒ 다이얼	마련하도록	⇒ 마련토록
닥달해라	⇒ 닦달해라	마져	⇒ 마저(＊너마저—마저 먹다)
달달이	⇒ 다달이		
담궈라	⇒ (발을) 담가라	(옷을) 마추다	⇒ (옷을) 맞추다, (정답을) 맞추다
대귀	⇒ 대구(＊경구, 인용구, 어구, 절구)		
		마후라	⇒ 머플러(목도리)
댓가	⇒ 대가(對價)	망서리다	⇒ 망설이다
댓사리/대싸리	⇒ 댑싸리	머리기름	⇒ 머릿기름

124

잘못 쓰는 말	옳은 말	잘못 쓰는 말	옳은 말
머릿말	⇒ 머리말	미다지	⇒ 미닫이
머물어	⇒ 머물러	미류나무	⇒ 미루나무
먹게금 하려고	⇒ 먹게끔 하려고	미스테리	⇒ 미스터리
먹던지 말던지	⇒ 먹든지 말든지	미십시요	⇒ 미십시오,
먹으신	⇒ 먹은, 잡수신		미세요, 미셔요
먹을고?	⇒ 먹을꼬?	미싯가루	⇒ 미숫가루
먹을껄	⇒ 먹을걸	미쟁이	⇒ 미장이
먹을께	⇒ 먹을게	바래지 말고	⇒ 바라지 말고
먹을소냐?	⇒ 먹을쏘냐?	(우리의) 바램	⇒ (우리의) 바람
먹을찌니/	⇒ 먹을지니/	바토 잡고	⇒ 바투 잡고
먹을찌라도	먹을지라도	밧데리	⇒ 배터리(전지, 건전지)
멀지않아	⇒ 머지않아/머잖아	발굼치	⇒ 발꿈치
멋장이	⇒ 멋쟁이	발자욱	⇒ 발자국
멋적다	⇒ 멋쩍다	백분률	⇒ 백분율
몇일 동안 굶었다	⇒ 며칠 동안 굶었다	벌을 서다(세우다)	⇒ 벌쓰다(벌씌우다)
몇일 전이었다	⇒ 며칠 전이었다	법썩대며	⇒ 법석대며
모거치/몳어치	⇒ 모가치	본넷/본네트	⇒ 보닛
모내기가 한참이다	⇒ 모내기가 한창이다	봉선화	⇒ 봉숭아/봉선화
모자르지 않다	⇒ 모자라지 않다	부주	⇒ 부조
모질라는/	⇒ 모자라는 돈	불나비	⇒ 부나비
모잘라는 돈		브러쉬	⇒ 브러시
몹씨	⇒ 몹시	비곗덩어리	⇒ 비곗덩어리
못지않는 솜씨	⇒ (그 사람) 못지않은 솜씨	비로서/비롯오	⇒ 비로소
무릎쓰고	⇒ 무릅쓰고	비지니스	⇒ 비즈니스
무리를 일으켰다	⇒ 물의(말썽)를 일으켰다	빌려주고	⇒ 빌려주고 빌려오다
		빌어오다/빌다	
무우	⇒ 무(*농산물)	빛갈	⇒ 빛깔
문귀/경귀	⇒ 문구/경구	뻐꿕이	⇒ 뻐꾸기
문여리	⇒ 무녀리	뻐스	⇒ 버스
물어 보십시오	⇒ 여쭈어 보십시오	(다리를) 뻐치다	⇒ (다리를) 뻗치다

잘못 쓰는 말	옳은 말	잘못 쓰는 말	옳은 말
사둔	⇒ 사돈		섭섭하지 않게
사람으로써	⇒ 사람으로서	성갈	⇒ 성깔
	(지위, 신분, 자격)	(쌀) 세 말	⇒ (쌀) 서 말
사람이였기에	⇒ 사람이었기에	세 번째 사위	⇒ 셋째 사위
사랑하므로써	⇒ 사랑함으로써	세째	⇒ 셋째
	(방법,도구)	(이삿짐) 센타/쎈타	⇒ (이삿짐) 센터
사랑함으로	⇒ 사랑하므로	소고기	⇒ 쇠고기/소고기
	(이유)	소금장이	⇒ 소금쟁이
사죽을 못 쓰고	⇒ 사족을 못 쓰고	(커피) 숖	⇒ (커피) 숍(가게)
삭월세	⇒ 사글세	수양/수쥐/수염소	⇒ 숫양/숫쥐/숫염소
산 째로 잡아	⇒ 산 채로 잡아	수강아지	⇒ 수캉아지
산구비	⇒ 산굽이	수개/숫개	⇒ 수캐
삵쾡이	⇒ 살쾡이	수자	⇒ 숫자
삼가하고	⇒ 삼가고	숫가락	⇒ 숟가락
삼가하도록	⇒ 삼가도록	숫나사	⇒ 수나사
삼가했으면	⇒ 삼갔으면	숫놈	⇒ 수놈
삼춘	⇒ 삼촌	숫병아리	⇒ 수평아리
새앙쥐	⇒ 생쥐	숫소	⇒ 수소
색갈	⇒ 색깔	쉐어웨어	⇒ 셰어웨어
생각컨대	⇒ 생각건대, 생각하건대	슈퍼마켙	⇒ 슈퍼마켓
생각타 못해	⇒ 생각다 못해,	시귀	⇒ 시구(詩句)
	생각하다 못해	시험을 치루다	⇒ 시험을 치르다
서슴치 않고	⇒ 서슴지 않고	실증	⇒ 싫증
서울나기/풋나기	⇒ 서울내기/풋내기	싫컷	⇒ 실컷
선지국	⇒ 선짓국	쌉살하다	⇒ 쌉쌀하다
설겆이	⇒ 설거지	쌍동이	⇒ 쌍둥이(*팔삭둥이, 귀
설농탕	⇒ 설렁탕		염둥이, 막둥이)
설레이는 가슴	⇒ 설레는 가슴	썩 히다	⇒ 썩이다
설레이는구나	⇒ 설레는구나	씁슬하다	⇒ 씁쓸하다
섭섭치 않게	⇒ 섭섭지 않게,	아니올씨다	⇒ 아니올시다

잘못 쓰는 말	옳은 말	잘못 쓰는 말	옳은 말
아름다와	⇒ 아름다워	오랜동안	⇒ 오랫동안
아뭏든	⇒ 아무튼	오랫만에/	⇒ 오랜만에/
아이들 등살에	⇒ 아이들 등쌀에	오랬만에	오래간만에
아지랭이	⇒ 아지랑이	오손도손	⇒ 오순도순
악세사리	⇒ 액세서리	옳바르다	⇒ 올바르다
안깐힘	⇒ 안간힘	옳바른 행동	⇒ 올바른 행동
안절부절하다	⇒ 안절부절못하다	왠일이니	⇒ 웬일이니
애닯다	⇒ 애달프다	요컨데	⇒ 요컨대
어데로	⇒ 어디로	우뢰	⇒ 우레
어떻하누	⇒ 어떡하누	우지 마라	⇒ 울지 마라
어떻해	⇒ 어떡해	우통/웃통/윗통	⇒ 위통
어름 과자	⇒ 얼음 과자	울궈먹다	⇒ 우려먹다
어서 오십시요	⇒ 어서 오십시오	웃읍다	⇒ 우습다
얼마던지	⇒ 얼마든지(무엇이든지,	웃입술	⇒ 윗입술
	뭐든지)	웬지	⇒ 왠지
없슴	⇒ 없음(없+음)	윗어른	⇒ 웃어른
에이는 듯한 추위	⇒ 에는 듯한 추위	윗옷	⇒ 웃옷
(가슴을) 에이다	⇒ 에다(*가슴을 에는 슬	윗층	⇒ 위층
	픔)	유모어/유우머	⇒ 유머
여기 있오	⇒ 여기 있소	육계장	⇒ 육개장
연거퍼	⇒ 연거푸	으레/으레이	⇒ 으레
엿질금	⇒ 엿기름/엿길금	으시대다	⇒ 으스대다
열쇄	⇒ 열쇠	으시시하다	⇒ 으스스하다
열심으로	⇒ 열심히	이리다구	⇒ 이리다오
영판	⇒ 아주	이맛배기	⇒ 이마빼기
예사일	⇒ 예삿일	익숙치 않아	⇒ 익숙지 않아,
예컨데	⇒ 예컨대		⇒ 익숙하지 않아
옛부터	⇒ 예부터(*옛 동산─관	일을 벌려 놓고	⇒ 일을 벌여 놓고
	형사)	일찌기	⇒ 일찍이
오뚜기/오똑이	⇒ 오뚝이	잇과	⇒ 이과(理科)

잘못 쓰는 말	옳은 말	잘못 쓰는 말	옳은 말
잇점	⇒ 이점(利點)	촛점	⇒ 초점(焦點)
있슴	⇒ 있음(있+음)	쵸코렡/초코렛	⇒ 초콜릿
있아오니	⇒ 있사오니, 있으니	추켜올리다	⇒ 추어올리다/
있읍니다	⇒ 있습니다		추어주다
자봉틀	⇒ 재봉틀	춥드라	⇒ 춥더라
잔듸밭	⇒ 잔디밭	치루다	⇒ 치르다(*값, 시험)
잠궜다	⇒ 잠갔다	칫과	⇒ 치과(齒科)
장난감/장얀감	⇒ 장난감	칼라	⇒ 컬러
재털이	⇒ 재떨이	케케묵은	⇒ 케케묵은
저만치	⇒ 저만큼/저만치	코메디	⇒ 코미디
저으기	⇒ 적이	티걱태걱하다	⇒ 티격태격하다
저의(희) 나라	⇒ 우리 나라	테레비/텔레비전	⇒ 텔레비전
저희 학교	⇒ 우리 학교	통털어 50명	⇒ 통틀어 50명
졸립거나	⇒ 졸리거나	트기	⇒ 튀기
좀체로	⇒ 좀처럼/좀체	판넬	⇒ 패널
(그렇게) 좋든가?	⇒ (그렇게) 좋던가?(*과 거)	패인 곳	⇒ 파인 곳, 팬 곳
		폭탄 폭팔	⇒ 폭탄 폭발
주책이다	⇒ 주책없다	푸르른 날은	⇒ 푸른 날은
죽으신	⇒ 죽은, 돌아가신	피기	⇒ 핏기
줏어라	⇒ 주워라	필림	⇒ 필름
지겟군	⇒ 지게꾼	하니바람	⇒ 하늬바람
지리하다	⇒ 지루하다	하던지 말던지	⇒ 하든지 말든지
짤리면 어떻하지	⇒ 자르면(잘리면) 어떡하지	하마트면	⇒ 하마터면
		학생이여요/	⇒ 학생이어요/
짭잘하다	⇒ 짭짤하다	학생이에요	학생이에요
찌게	⇒ 찌개	한갖 허상에 매달려	⇒ 한갓 허상에 매달려
찌푸리잖니	⇒ 찌푸리잖니	할런지도 모른다	⇒ 할는지(할지)도 모른다
참아 잡을 수	⇒ 차마 잡을 수	할려고	⇒ 하려고
참피온	⇒ 챔피언	핼쑥하다	⇒ 해쓱하다, 핼쑥하다
차겁다/차거웁다	⇒ 차갑다	햇님	⇒ 해님

128

잘못 쓰는 말	옳은 말	잘못 쓰는 말	옳은 말
했길래	⇒ 했기에	후앙/팬 커다	⇒ 환풍기 켜다
호르라기	⇒ 호루라기	훼미리	⇒ 패밀리
화이바	⇒ 파이버	휴계실	⇒ 휴게실
화일	⇒ 파일	흩으러지다	⇒ 흐트러지다
후라시/후라쉬	⇒ 플래시	히로뽕	⇒ 필로폰
후라이 판	⇒ 프라이 팬	힘겨웁다	⇒ 힘겹다

23 바꾸어 써야 할 말

정부에서 '행정용어 바르게 쓰기'로 발표한 것과 인터넷 한글 관련 누리집 게시판에 올라온 것을 참고하여 일상 생활에서 바꾸어 써야 할 말을 정리하였다.

이 중에는 긴 영어 단어를 일본에서 줄여 쓰는 것도 있고, 영어 단어를 일본말처럼 발음하는 것도 있다. 여기에 있는 한자어는 대개 일본에서만 쓰고 있는 '일본식 한자어'이다.

대상 낱말	바꾼 낱말	대상 낱말	바꾼 낱말
가가호호	⇒ 집집마다	가라(＊가라 영수증)	⇒ 가짜, 헛
가건물	⇒ 임시 건물	가라	⇒ 무늬, 바탕
가결하다	⇒ 통과하다	(＊가라가 예쁘다)	
가게 다마/가께 다마	⇒ 내기하기(＊당구)	가라꼬/가락구	⇒ 쿠션치기, 쿠션돌리기
가계약	⇒ 임시 계약		(＊당구)
가공할	⇒ 두려운, 두려워할 만한	가라오케	⇒ 노래 연습실, 노래방
가관이다	⇒ 볼 만하다	가리(＊외상할 때)	⇒ 임시
가교	⇒ 임시 다리	가매장하다	⇒ 임시 매장하다
가교실	⇒ 임시 교실	가면	⇒ 탈
가급적	⇒ 될 수 있는 대로, 되도록	가명	⇒ 가짜 이름
가꾸목(가쿠목)	⇒ 각목, 각재	가봉	⇒ 시침질
가다와꾸	⇒ 거푸집	각도	⇒ 눈금
가두 데모	⇒ 길거리 시위	간수	⇒ 교도관

130

대상 낱말	바꾼 낱말	대상 낱말	바꾼 낱말
감옥	⇒ 교도소	골절	⇒ 뼈 부러짐
개전의 정이 현저한	⇒ 뉘우치는 빛이 뚜렷한	곰장어	⇒ 먹장어
개찰구, 개표구	⇒ 표 보이는 곳	공기(*공기 그릇)	⇒ 빈 그릇
갤러리	⇒ 그림방, 화방	공병/공가	⇒ 빈 병/빈 집
갭	⇒ 간격, 틈	공장도가(격)	⇒ 공장에서 내는 값
갸꾸	⇒ 반대치기 (*당구)	공제하다	⇒ 빼다, 떼다
거래선(去來先)	⇒ 거래처	과오납	⇒ 잘못낸(*돈,세금)
거치 기간	⇒ 예치 기간	과잉	⇒ 지나침
건답	⇒ 마른 논	관계 요로에 진정	⇒ 관계 기관에 진정
게임	⇒ 놀이, 경기, 시합	관장하다	⇒ 맡다, 맡아보다,
게재하다	⇒ 싣다		처리하다
겐뻬이	⇒ 편가르기, 복식치기	쾌도	⇒ 거는 도표
	(*당구)	교대하다	⇒ 번갈다
겐세이	⇒ 견제하기, 수비(*당구)	교부하다	⇒ 내(어)주다
견본	⇒ 본, 본보기	구두로 결정	⇒ 말로 결정
견적	⇒ 보임셈, 어림셈	구루마	⇒ 수레, 달구지
견출(見出)	⇒ 찾아보기	구보	⇒ 달리기
경정하다	⇒ (다시) 고치다	구좌	⇒ 계좌
경질하다	⇒ 갈다, 바꾸다	굴착하다	⇒ 파다, 뚫다
계출	⇒ 신고	그라운드	⇒ 운동장, 경기장
고데	⇒ 인두, 인두질, 흙손	근속하다	⇒ 계속 근무하다
고수부지	⇒ 둔치, 둔치 마당	근절 요망	⇒ 없애기 바람
고아원	⇒ 보육원	기도	⇒ 문지기
고오바이/	⇒ 물매, 기울기	기레파시/기레빠시	⇒ 끄트러기
고바이/구배		기리까시	⇒ 빗겨치기(*당구)
고지	⇒ 알려드림	기리까에/기리까이	⇒ 바꾸기, 바꿔대기
고참	⇒ 선임(자)	기마에/ 기마이	⇒ 선심, 호기
곤로	⇒ 풍로, 화로	기소	⇒ 기초
곤색	⇒ 감색(감청색)	기스	⇒ 흠, 상처
곤죠/곤죠오	⇒ 근성, 본성, 고집	기일	⇒ 제삿날

대상 낱말	바꾼 낱말	대상 낱말	바꾼 낱말
기중(忌中)	⇒ 상중	다마치기	⇒ 구슬치기
기지(*양복 기지)	⇒ 천	다반사	⇒ 예삿일, 흔한 일
기합 주다/ 기합 넣다	⇒ 정신차리게 하다	단도리	⇒ 채비, 준비
깡기리	⇒ (병/통)따개	단스	⇒ 옷장, 장롱
나대지	⇒ 빈 집터	닭도리탕	⇒ 닭(고기) 볶음
나라시	⇒ 고루 놓기, 길들이기,	담수어	⇒ 민물고기
	고르기	담합하다	⇒ 짜다
나레이터	⇒ 해설자	당구 다이	⇒ 당구대, 당구 받침
나맥	⇒ 쌀보리	대부하다	⇒ 빌려주다
나시 티/소데나시	⇒ 맨팔, 소매 없는 옷	대여하다	⇒ 빌려주다, 빌려줌
나카마/나까마	⇒ 한패, 중간 시세,	대절	⇒ 전세
	동업자	대체하다	⇒ 바꾸다, 바꿈
난닝구/난닝	⇒ 러닝 셔츠	대출(貸出)	⇒ 빌려줌, 빌려주기
난방공	⇒ 열관리원	대합실	⇒ 대기실, 기다리는 곳
날인하다	⇒ 도장 찍다	데모꾼/디모	⇒ 곁꾼, 조수, 허드레꾼
납득(納得)하다	⇒ 알 수 있다, 이해하다	도/뒤모도	
내역	⇒ 명세	데파트	⇒ 데파트먼트
네다바이	⇒ 사기, 야바위	뎀뿌라/덴뿌라/	⇒ 튀김
노가다	⇒ 노동자	덴푸라	
노견(路肩)	⇒ 갓길	도구	⇒ 연장, 연모
노깡	⇒ 토관	도끼다시	⇒ 갈기(*건축)
노미	⇒ 정(*연모)	도벽	⇒ 훔치는 버릇
노후 교실	⇒ 낡은 교실	독립 가옥	⇒ 외딴 집
녹지대	⇒ 푸른 지대	동승하다	⇒ 함께(같이) 타다
누가 기록하다	⇒ 거듭 보태 적다	두발 확인	⇒ 머리(카락) 확인
누락하다	⇒ 빠지다, 빠뜨리다	드라마틱	⇒ 극적인
누를 범하다	⇒ 잘못을 저지르다	딜레마	⇒ 궁지, 진퇴양난
누출	⇒ 새나감, 새나옴	라이방	⇒ 보안경, 색안경
다다끼/다대기	⇒ 다진 양념	라이벌	⇒ 맞수, 경쟁자
다라이/다라/타라이	⇒ 함지, (큰)대야	라인	⇒ 줄, 선, 금

132

대상 낱말	바꾼 낱말	대상 낱말	바꾼 낱말
레저/레져	⇒ 여가	명패	⇒ 이름표
레크리에이션	⇒ 놀이(마당)	모도시(*운전할 때)	⇒ 되돌리기
로열티	⇒ 사용료	모션	⇒ 몸짓, 동작
룰	⇒ 규칙	모씨(*김 모씨)	⇒ 아무개, 누구
리더십	⇒ 지도력	무단이석	⇒ 마음대로(함부로, 허락
리모콘	⇒ 리모트 컨트롤,		없이) 자리 비움
	원격 조작(기)	무대뽀로/무댓포로	⇒ 미련스럽게, 고집스럽게
리어카/리야까	⇒ 손수레	묵과하다	⇒ 넘겨버리다
마대	⇒ 포대, 자루	미니차트	⇒ 작은 도표
마사토	⇒ 굵은 모래	미아	⇒ 길 잃은 아이
마이	⇒ 양복	미장	⇒ 흙 바르기
마이카 시대	⇒ 자가용 시대	미팅	⇒ 모임
마켓	⇒ 시장	믹스하다	⇒ 섞다
마포	⇒ 삼베, 자루걸레	바겐세일	⇒ 싸게 팔기
만땅/만땅꾸	⇒ 가득 채우기	바께쓰/빠께쓰	⇒ 양동이
만찬	⇒ 저녁(식사)모임	바란스	⇒ 균형
말소하다	⇒ 지워 없애다	바캉스	⇒ 휴가
맛세이	⇒ 찍어치기(*당구)	박스	⇒ 상자, 갑, 곽
매도하다	⇒ 팔다	박탈하다	⇒ 빼앗다, 없애다
매립(埋立)	⇒ 메우다, 메움	반려	⇒ 되돌려 보냄
매립지	⇒ 메운 땅	반입	⇒ 실어옴, 실어 들임
매몰되다	⇒ 묻히다	반출	⇒ 실어내기
매상고	⇒ 판매량(액)	발부	⇒ 발급
매수하다	⇒ 사들이다	발코니	⇒ 옥외 난간
매입하다	⇒ 사들이다	방조제	⇒ 갯둑
매출(*매출액)	⇒ 팔기(*판 액수)	방치하다	⇒ (내)버려두다
매표소	⇒ 표 사는(파는) 곳	방카이/방까이	⇒ 만회
머신	⇒ 틀, 기계	방화	⇒ 한국 영화
메다기/고메다	⇒ 계량기	배수	⇒ 물빼기
명도하다	⇒ 넘겨주다	백/빽	⇒ 가방, 자루

대상 날말	바꾼 날말	대상 날말	바꾼 날말
백묵	⇒ 분필	사라	⇒ 접시
백미	⇒ 흰쌀	사시미	⇒ 생선회
벽지	⇒ 외딴 곳	사시코미/사시꾸미	⇒ (전기)꽂개
변별하다	⇒ 가리다, 분별하다	사이비	⇒ 가짜, 겉비슷
병기하다	⇒ 함께 쓰다/적다	사정	⇒ 심사(조사) 결정
복개(*복개 공사)	⇒ 덮개, 뚜껑	사칭하다	⇒ 속이다, 속여 말하다
본인은	⇒ 나는, 저는	산간 오지	⇒ 두메 산골
부각	⇒ 드러남	살포	⇒ 뿌리기
부상하다	⇒ 떠오르다	삼인분	⇒ 세 사람치
부식토	⇒ 썩은 흙	삽입하다	⇒ 끼워넣다, 끼우다
부지	⇒ 터	상신하다	⇒ 올리다
부츠	⇒ 목 긴 구두	상이하다	⇒ (서로) 다르다
부케	⇒ 꽃다발	상정하다	⇒ 회의에 부치다, 올리다
분빠이/뿜빠이	⇒ 나눔, 분배	생맥주	⇒ 날맥주
불우한 이웃	⇒ 어려운 이웃	생방송	⇒ 현장 방송
불입	⇒ 납입	샤프한	⇒ 예민한, 날카로운
불하(拂下)	⇒ 팔아넘김, 매각	서빙	⇒ 봉사
브랜드	⇒ 상표	서훈된 자	⇒ 훈장을 받은 사람
브로커/쁘로카	⇒ 중개인, 거간	석발미	⇒ 돌 고른 쌀
블랙리스트	⇒ 감시 대상자 명단	선적하다	⇒ 배에 싣다
블럭	⇒ 구역	선창가	⇒ 부둣가
비행	⇒ 못된 짓, 잘못	성지 찾기	⇒ 성터 찾기
빠꾸	⇒ 뒤로, 퇴짜	세면(洗面)	⇒ 세수
빠우치다	⇒ 광내다	세척	⇒ 씻기
빵꾸	⇒ 구멍(구멍내기)	세탁하다	⇒ 빨래하다
뻬빠	⇒ 모래천, 사포, 페이퍼	셈베이/센베/센베이	⇒ 전과자
뻰치/뻰찌	⇒ 자름집게	셋트/세트	⇒ (한)벌, (한)판
삐까번쩍	⇒ 번쩍이는, 빛나는,		(*운동에서)
	화려한	소등하다	⇒ 불끄다
삐라	⇒ 전단	소라색	⇒ 하늘색, 연푸른색

대상 낱말	바꾼 낱말	대상 낱말	바꾼 낱말
소면/소오멩	⇒ 실국수	스킨로션	⇒ 피부 화장수
소정의	⇒ 정해진	스타트	⇒ 출발, 시작
소직은	⇒ 저는	스탠드	⇒ 세움대, 관중석
소치	⇒ 까닭	스탠드바	⇒ 선술집
소행	⇒ 평소의 행실	스트로우	⇒ 빨대
소환하고자	⇒ 나오시도록	스폰서	⇒ 광고 의뢰자, 후원자
송부하다	⇒ (물건을) 보내다, 부치다	스푼	⇒ (양)숟가락
쇼부치다	⇒ 결판내다	스프링클러	⇒ 자동 물뿌리개
쇼윈도/쇼윈도우	⇒ 진열장	슬로건	⇒ 표어, 강령
쇼크	⇒ 충격	습득하다	⇒ 줍다
수감	⇒ 수용	승강장	⇒ (차)타고 내리는 곳
수갑 차다	⇒ 쇠고랑 차다	시건	⇒ 잠금
수거하다	⇒ 거두어 들이다/가다	시그널 뮤직	⇒ 신호 음악
수속(手續)	⇒ 절차	시다	⇒ 보조원, 밑일꾼
수수	⇒ 주고받음	시달하다	⇒ 알리다
수수료(手數料)	⇒ 구전	시로오도/시로도	⇒ 서툰 사람
수순(手順)	⇒ 차례, 절차, 순서	시마이	⇒ 마감, 끝남
수위	⇒ 경비원, 방호원	시말서	⇒ 경위서, 전말서
수입(*총기 수입)	⇒ 손질	시방서	⇒ 설명서
수주하다	⇒ 주문받다	시아게	⇒ 끝손질, 뒷손질,
수취인(受取人)	⇒ 받는 이		마무리
수하물(手荷物)	⇒ 손짐(들짐)	시야시하다/	⇒ 차게 하다
수합하다	⇒ 모으다	히야시하다	
스시	⇒ 초밥	시정하다	⇒ (잘못을) 바로 잡다
스캔들	⇒ 추문, 좋지 못한 소문	시트	⇒ 좌석, 자리
스커트	⇒ 치마	시합	⇒ 내기, 경기, 겨룸
스케일	⇒ 규모, 축척	신병(身柄)	⇒ 몸체, 신분, 사람
스케줄	⇒ 일정(表), 계획(表)	신승	⇒ 겨우 이김,
스크린	⇒ 화면, 막		가까스로 이김
스킨	⇒ 피부, 살갗	심방하다	⇒ 찾아뵙다

대상 낱말	바꾼 낱말	대상 낱말	바꾼 낱말
심심한 사의를	⇒ 깊은 고마움을	야끼 만두	⇒ 군만두
심인	⇒ 사람 찾음	야마시	⇒ 속임수, 사기
십분 이해하고	⇒ 충분히 이해하고	약정	⇒ 정함
십장	⇒ 감독, 반장, 조장	양복지	⇒ 양복감
싱글	⇒ 단독	어패럴	⇒ 기성복
싸인	⇒ 서명, 수결	어필	⇒ 항의, 이의 제기
써클	⇒ 동아리, 모임	언도하다	⇒ 선고하다
쓰끼다시/스끼타시	⇒ 곁들이 안주	에리	⇒ 깃
쓰레기 하치장	⇒ 쓰레기 처리장	에피소드	⇒ 일화
	(부리는 곳)	엠티/MT	⇒ 수련 모임
쓰메끼리/쓰메키리	⇒ 손톱깎이	여과하다	⇒ 거르다, 걸러내다
씽크대	⇒ 설거지대, 개수대	여입하다	⇒ 도로 넣다
아까징끼	⇒ 머큐로크롬	역할(役割)/역활	⇒ 소임, 구실, 할 일, 노릇
아국	⇒ 우리 나라	연인(戀人)	⇒ 애인
아나고	⇒ 붕장어	연착하다	⇒ 늦게 도착하다
아다리	⇒ 적중, 수(＊바둑)	연초	⇒ 담배
아시바	⇒ 발판, 비계(＊건축)	열람하다	⇒ 훑어보다
아우트라인	⇒ 윤곽, 테두리	열악하다	⇒ 나쁘다, 좋지 않다
아이러니	⇒ 얄궂은, 야릇함	오너 드라이버	⇒ 손수 운전자
아이스 박스	⇒ 얼음 상자	오더를	⇒ 지시를, 청구를
아파트	⇒ 아파트먼트	오뎅	⇒ 꼬치(안주)
악세레이다/악셀	⇒ 액셀러레이터(가속기)	오디오	⇒ 음향 기기
앗사리한/앗살한	⇒ 깨끗한, 산뜻한	오리엔테이션	⇒ 진로 지도(안내)
애로	⇒ 어려움, 곤란	오리지널	⇒ 원본, 독창성
애매(曖昧)하다	⇒ 모호하다, 흐릿하다	오버했다	⇒ 넘었다, 초과했다
액면대로	⇒ 적힌 대로, 말대로	오봉	⇒ 쟁반
액세서리	⇒ 장식물, 노리개	오시	⇒ 밀어치기(＊당구)
액센트	⇒ 강조, 강세	오야/오야봉	⇒ 우두머리, 두목, 계주
앰프	⇒ 확성기	오이꼬시	⇒ 앞지르기
야기하다	⇒ 일으키다	오지	⇒ 두메

대상 낱말	바꾼 낱말	대상 낱말	바꾼 낱말
오차(＊물)	⇒ 차	인양하다	⇒ 건져내다, 끌어올리다
와리깡	⇒ 나눠 내기, 각자 부담	인입선	⇒ 끌어들임줄
와이샤쓰	⇒ 와이셔츠	인출하다	⇒ 찾다
왔다리갔다리하다	⇒ 왔다갔다하다	인하하다	⇒ 내리다, 낮추다
요대	⇒ 허리띠	일괄하여	⇒ 함께, 한꺼번에, 몰아서
요오지	⇒ 이쑤시개	일신상	⇒ 본인 형편
용도	⇒ 쓰이는 곳	일용(日傭)	⇒ 날품
용무	⇒ 볼 일	일용 잡급	⇒ 일용직
용법	⇒ 쓰는 법	일응(一應)	⇒ 일단
우동	⇒ 가락국수	일조 점호	⇒ 아침 점검
우라	⇒ 안(감)	일환으로	⇒ (~와) 하나로/
우송하다	⇒ 우편으로 부치다		한 가지로
우와기/우아기	⇒ (양복)저고리	입각하여	⇒ (~에) 따라서/근거를
우체국 일부인	⇒ 우체국 날짜 도장		두고
원목	⇒ 통나무	입구(入口)	⇒ 어귀, 들목
유고시	⇒ 사고가 있는 때	입바이/입빠이	⇒ 가득히, 많이
유착하다	⇒ 엉겨 붙다	입장(立場)	⇒ 처지, 태도, 견해
의거하여	⇒ 따라서, 좇아서,	입체금	⇒ 대신 낸 돈
	근거삼아	입하	⇒ 들어옴, 들여옴
의뢰하다	⇒ 맡김, 부탁하다	입회	⇒ 참여, 현장 출석
의료 수가	⇒ 치료비	자모회	⇒ 어머니회
이벤트	⇒ 사건, 시합	자바라/쟈바라	⇒ 주름, 주름 상자, 주름
이서(裏書)	⇒ 배서, 뒷보증		테, 주름 대롱
이수하다	⇒ 마치다, 밟다.	자부동/쟈부동	⇒ 방석
이월하다	⇒ 넘어가다, 넘기다	작금	⇒ 요즈음
익년	⇒ 다음해, 이듬해	잔고	⇒ 잔액
인도(引渡)	⇒ 넘겨줌, 건네줌	장물	⇒ 훔친 물건
인부(人夫)	⇒ 일꾼	장족의	⇒ 큰, 빠른
인상(引上)	⇒ 올림, 거둬들임	저촉되는	⇒ (법에) 걸리는, 어긋나다
인스턴트	⇒ 즉석 식품	적부	⇒ 알맞기

대상 낱말	바꾼 낱말	대상 낱말	바꾼 낱말
적요	⇒ 참고	차를 대절하다	⇒ 차를 전세내다
적자/아까지	⇒ 손실, 모자람, 손해, 결손	차압	⇒ 압류
적체 현상	⇒ 밀려 있는 상태	차양	⇒ 볕가리개
적하	⇒ (짐 따위를) 싣기, 쌓기	차인(잔액)	⇒ 뺌(뺀 나머지)
적환장(積換場)	⇒ 쌓는 곳	차입하다	⇒ 꾸어 들이다, 꾸다,
전기 다마	⇒ 전구		넣어주다(교도소)
전조등	⇒ 앞등	차출하다	⇒ 뽑아내다
절상/절하	⇒ 가치 높임/가치 내림	챠밍	⇒ 매력적, 매혹적
절취선	⇒ 자르는 선	천기도	⇒ 일기도
절취하다	⇒ 훔치다	천정(天井)	⇒ 천장
제스처	⇒ 몸짓	청부	⇒ 도급
조견표(早見表)	⇒ 얼른(보기)표	체결하다	⇒ (조약·계약을) 맺다
조기(*조기 청소,	⇒ 아침, 새벽	체납되다	⇒ 밀리다
조기 운동)		체류하다	⇒ 묵다, 머무르다
조깅	⇒ 건강 달리기	최고	⇒ 독촉, 재촉
조례	⇒ 조회, 아침 모임	최촉하다	⇒ 재촉하다/독촉하다
조제하다	⇒ 약짓다	추월(追越)/오이꼬시	⇒ 앞지르기
조퇴하다	⇒ 먼저 나가다	추출하다	⇒ 뽑아내다
조회하다	⇒ 알아보다	축제(祝祭)	⇒ 잔치, 축전
주지하다/시키다	⇒ 모든 이에게 알리다	출감	⇒ 출소
지변하다	⇒ 충당, 지급, 갚다, 갚음	출두 바람	⇒ 나와 주시기 바람
지분(持分)	⇒ 몫	출입구	⇒ 나들문, 출입문
지불하다	⇒ 지급하다, 치르다	출하	⇒ 실어내기
지양하다	⇒ 피하다	출하기	⇒ 제 철
지위 고하를	⇒ 누구든지	충당하다	⇒ 메우다, 채우다
지입(持入)	⇒ 들여옴/갖고 들어오기	취급(取扱)하다	⇒ 다루다
징크스	⇒ 불길한 일, 재수없는 일	취득한	⇒ 얻은
찌라시/지라시	⇒ 선전지, 낱장 광고	취소(取消)	⇒ 거두어들임, 지워 버림
차관선	⇒ 차관 공여자	취입(*음반 취입)	⇒ 녹음, 불어넣기
차광	⇒ 빛을 가림	취조	⇒ 조사, 심문, 신문

138

대상 낱말	바꾼 낱말	대상 낱말	바꾼 낱말
취하	⇒ 철회, 취소	프로(*영화 프로)	⇒ 프로그램
츄리닝/츄리링	⇒ 트레이닝(복), 훈련, 연습	프리미엄	⇒ 웃돈
치환(置換)하다	⇒ 바꾸다	피날레	⇒ 마지막
캐스팅	⇒ 출연	핀트	⇒ 초점
커브	⇒ 굽이길	필경	⇒ 마침내
컨닝구/칸닝	⇒ 커닝, 부정행위(*시험)	필하다	⇒ 마치다, 끝내다
컨트롤	⇒ 조절, 조정	하구언	⇒ 강어귀둑
코너	⇒ 모서리, 모퉁이, 구석	하꼬방	⇒ 판잣집
쿠사리	⇒ 면박	하등의	⇒ 아무런
쿠세	⇒ 버릇	하마평	⇒ 물망
타울	⇒ 수건	하물	⇒ 짐
타이루/다이루	⇒ 타일(*건축재)	하자/기스	⇒ 흠, 상처
타입	⇒ 모양, 생김, 새	하청	⇒ 밑도급, 아랫도급
터프하다	⇒ 거칠다	하회하다	⇒ 밑돌다
템포	⇒ 속도, 박자	할당하다	⇒ 배정하다, 배당하다
투입구	⇒ 넣는 곳	할인하다	⇒ 깎다
투자선	⇒ 투자자	할증금/할증료	⇒ 웃돈, 덧돈, 추가금
티켓	⇒ 표	해태하다	⇒ 게을리 하다
팀 멤버	⇒ 조원	해프닝	⇒ (우연히 일어난) 일, 사건
파지	⇒ 종이 부스러기	행선지	⇒ 갈 곳, 가는 곳
팡파르	⇒ 개막	협조전	⇒ 협조문
패용하다	⇒ 달기, 달다, 차다	호리가다	⇒ 땅속틀(*건축)
편도	⇒ 한쪽 길	혹성	⇒ 행성
편승하다	⇒ 붙여 타다	혼입	⇒ 섞어 넣음
편철하다	⇒ 매다, 묶다	화훼	⇒ 꽃
폐기하다	⇒ 버리다	화훼 단지	⇒ 꽃 재배지
포인트	⇒ 점(수), 요점	환급하다	⇒ 되돌려주다, 지급하다
품귀	⇒ 딸림	환불하다	⇒ 돌려줌, 바꿔줌
품신	⇒ 건의	환승하다	⇒ 갈아타다
품행이 방정	⇒ 행실이 바름	활어	⇒ 산 고기

대상 낱말	바꾼 낱말	대상 낱말	바꾼 낱말
회부하다	⇒ (경매에) 부치다	히가끼/히까끼	⇒ 걸어치기(＊당구)
횡령하다	⇒ 가로채다	히네리/히네루/	⇒ (비)틀어치기, 회전
후까시/후카시	⇒ 부풀리다	시내루	(＊당구)
흑판	⇒ 칠판	히키/시끼	⇒ 끌기, 끌어치기(＊당구)
흡입하다	⇒ 들이마시다		

2장

「문장 바로 쓰기」

1 문장을 짧게 쓰기

1. 조직 생활에서 만날 수밖에 없는 사람들과의 갈등과 그로 인한 인간에 대한 미움과 불신에서 벗어나 사람에 대한 사랑을 배우고 실천하려는 의지를 갖게 된 것이 산과 자연에 대한 사랑에서 비롯한 것인 만큼 산은 내 생활에서 소중한 선생님이었다.

2. 행정의 정치적 중립성을 강화하자는 뜻에 따라 법 개정에 앞장섰던 여당도 정당법을 위반한 고위 공직자에 대한 처벌을 미루는 등 위법 행위에 대해 책임지고 규명할 의지가 없다고 지적받고 있다.

3. 최근 우리 나라 혈액 수요가 급증 추세에 있으나 국민 헌혈량은 5% 전후임에 따라 대부분 혈액을 수입에 의존하고 있는 형편이며 특히 하절기와 동절기에는 학생 헌혈이 줄어듦으로써 혈액 확보에 어려움이 많다.

4. 그러한 장소로는 오락실, 당구장, 노래방 등이 있으며 그 중에서 학생들이 특히 많이 가는 곳이 오락실인데, 스트레스를 푼다는 이유로 가지만, 오락을 잘해야 스트레스가 풀리지, 못해서 계속 돈만 쓴다면 스트레스만 더욱 쌓이고, 돈 낭비와 시간 낭비에 시력 저하밖에는 남는 것이 없다.

글을 쓸 때 문장 길이에 어떤 제한이 있는 것은 아니다. 말하고자 하는 내용과 목적에 따라 길이가 달라진다. 짧은 문장은 짧아서 이해하기 쉬우며, 강하고 쾌활하고 분명해 보인다. 긴 문장은 한 주제를 중심으로 여러 내용을 담고 있어 부드럽고 꼼꼼해 보인다. 그러나 한 문장에 여러 내용을 담기 때문에, 논리가 흐트러져 논점을 벗어나기 쉽다.

문장이 자꾸 길어지는 것은 전달하려고 하는 정보를 한 문장에 많이 담으려고 하기 때문이다. 예를 들어 '운동장에서 학생들이 놀고 있다.'라는 문장에 다른 정보를 덧보태면 '넓은 운동장에서 많은 학생들이 함께 어울려 아주 신나게 놀고 있다.'처럼 길어진다.

문장 구조가 복잡하면 전달하려고 하는 내용이 무엇인지 파악하기 어렵고 문맥이 늘어진다. 긴 문장은 주술 호응 관계가 깨지기 쉬우며 완결성과 통일성을 잃기 쉽다. 또 문장이 길면 지루해지므로 읽는 이가 건성으로 읽게 된다. 문장이 복잡해져도 책을 잘 읽는 사람은 정보를 잘 찾아낸다. 그러나 잘 쓴 글이란 독자 능력에 상관없이 정보를 빨리 받아들일 수 있도록 서술한 글이다.

그러므로 한 문장에 되도록 이야기 하나만 담되, 한 문장을 30자 안팎으로 쓰는 것이 좋다. 문장이 길어지더라도 60자를 넘지 말아야 한다. 논술 원고량을 40으로 나누었을 때 나오는 수를 전체 문장수로 보고, 그 이상이면 짧은 문장이 많고, 그 이하면 긴 문장이 많다고 보면된다. 아주 짧은 문장만 늘어놓아 글이 딱딱해지면, 내용에 따라 성격이 비슷한 앞뒤 문장을 하나로 묶어서, 문장 길이에 변화를 준다.

‖ 다듬은 문장 ‖

1. 조직 생활에서 사람들과 만나 갈등이 생겼다. 그 때문에 인간을 미워하고 불신하였다. 그러나 산과 자연을 사랑하면서 사람 사랑하는 법을 배우고 사랑을 실천하려는 의지를 갖게 되었다. 산은 내

생활에서 소중한 선생님이었다.

2. 여당은 행정의 정치적 중립성을 강화하자는 뜻에 따라 법 개정에
앞장섰다. 그러나 고위 공직자가 정당법을 위반했는데도 처벌을
미루고 있다. 그래서 위법 행위를 책임지고 규명할 의지가 없다고
지적받고 있다.

3. 최근 우리 나라 혈액 수요가 급증하고 있다. 그러나 국민 헌혈량은
5% 전후이다. 그래서 대부분 혈액을 수입에 의존하고 있다. 특히
하절기와 ~ 어려움이 많다.

4. 그러한 장소로는 오락실, 당구장, 노래방 등이 있다. 그 중에서 학
생들이 특히 많이 가는 곳이 오락실이다. 물론 스트레스를 푼다는
이유로 간다. 하지만 오락을 잘해야 스트레스가 풀리지, 못해서 계
속 돈만 쓴다면 스트레스가 더욱 쌓일 것이다. 결국 돈과 시간을
쓰고도 시력 저하밖에는 남는 것이 없다.

연습하기 다음 문장에 빗금을 그어 문장을 짧게 끊고 문맥을 뚜렷하게 잡아
보시오.

1. 이제서야 개발보다 보존의 절박함을 생각하고, 경쟁보다는 공존의
존귀함을 깨닫는 시대를 맞아 나는 아주 오래 전부터 그런 모습으로
있어 왔을 바닷속 세계를 보면서 인간은 당연히 겸허할 수밖에 없는
존재라는 점을 배우게 된다.

2. 96년에는 경제 안정 기조를 조성하기 위한 재정 및 통화 정책이 실
시될 것으로 보이며, 설비 투자의 위축 및 엔고 퇴조로 인한 양적 확
대의 둔화로 경제 성장률은 7%선으로 하락할 전망이지만, 이것은
불황이라기보다는 실제 성장률이 잠재 성장률과 일치하는 연착륙으

로 보고 있다.

3. 이는 지난해 하반기부터 사회 간접 자본 시설에 대한 중앙 정부의
   발주가 크게 늘어남에 따라 공공 부문의 수주액이 크게 증가한 반
   면, 기업의 설비 투자 둔화와 주택 수요의 부진 등으로 일부 산업을
   제외한 대부분의 민간 부문에서 8월 이후 수주액이 감소하는 경향
   이 나타나고 있기 때문이다.

4. 수용권자가 반드시 국가 또는 공공 단체만이 아니라 때로는 사기업
   도 될 수 있도록 하는 것은 기업의 사익을 보호하기 위한 것이 아니
   라 오로지 그 사업이 사회 공공의 이익에 적합하고, 그 사업을 수행
   하도록 하는 것이 공익상 필요하기 때문이다.

5. 외부 강사를 활용하여 자살 우려자, 정신적 처우 곤란자 및 문제 수
   용자 등을 필요할 때 개별 상담하여 정신적 치료 및 심성 순화로 교
   정 사고 방지에 힘쓰고 있으며, 소년 수용자의 특성상 폭행 사고자
   가 많은 편이고 연령상 교육 효과가 클 것으로 기대되어 미결 소년
   수용자부터 희망자에 한하여 20명을 신청 받아 1주간 교육을 하였
   다.

6. 우리 부대는 내무반별 그룹 활동을 통한 한자 교습은 물론, 내무반
   별로 한자책을 구입 비치하여 휴식 시간을 통한 열의 있는 노력으로
   전 부대원이 한문 실력이 향상되었을 뿐만 아니라, 우수자를 포상
   조치하므로 부대원의 사기와 근무 의욕을 고취시키고 부대원들의
   인성 발달에 많은 도움을 주어 꾸준히 실시, 내년에도 한문 경시 대
   회를 개최하여 더 나은 효과를 얻을 수 있도록 이끌어 갈 방침이다.

7. 현대인의 바쁜 생활 속에서 조리의 간편화를 위한 냉동 가공 식품을
   다년간 연구비와 시설 투자로 많은 메뉴를 각 영업체의 특성에 맞게

개발하여 일반 통닭 영업소나 대리점과 같이 통닭 원육이나 파우더 및 부자재를 공급하는 사업과는 달리 체인점 유통뿐만 아니라 각 업체의 특성에 맞게 영업할 수 있도록 다양한 메뉴를 냉동 가공하였습니다.

8. 그냥 이게 내 운명인가 보다 하고 순응하며 사는 것보다는 자기가 원치 않던 일이 닥쳤을 때엔, 이것은 내가 받아들일 숙명이 아니다 여겨질 때엔 과감히 자신의 뜻대로 선택을 다시 해 밀고 나갈 수 있는 자신감이 필요한 것이다.

9. 물질적으로는 풍요롭지만 정신적으로는 그렇지 못한 서구인들이 정신적인 해탈과 마음의 평화를 얻기 위해 종교에 귀의한다는 것은 물질적인 행복 추구만으로는 인간이 만족할 수 없다는 것을 의미한다.

10. 충동적이고 호기심은 많았지만 세상사와 사람들이 모두 모호해 보였는가 하면, 어른도 아이도 아니면서 책임은 많되 할 수 있는 행동은 제한되어 있었던 시절, 자칫하면 범죄의 늪에 빠질 수도 있었지만 무사히 그 시절을 건너뛰어 정상적인 어른으로 변신할 수 있었던 것을 아슬아슬하게 돌이켜보게 된다.

2 문장 끝을 짧게 하기

1. 얼마나 감사한지 모르겠다.
2. 그것은 신의 축복이라 아니할 수 없었다.
3. 새로운 세상의 출범 선언에 다름 아니었다.
4. 더욱 지혜롭게 판단하시기를 바라마지 않는다.
5. 한자 교육을 하자는 주장은 여러 가지 이유로 옳지 않다고 본다.
6. 그런 일은 대학 연구소가 적당하지 않을까 하는 생각이 들었다.
7. 민족 문화는 오히려 뒷걸음치지 않은 것은 아닌가 하고 생각하지
   않을 수 없다.

　문장은 간결하고 뜻이 분명해야 한다. 그러므로 내용이 확실한 논거
는 구체적으로 확실하게 표현해야 한다. 주장이 분명한 글에서 말을
빙빙 돌리면 자신이 없어 보인다. 문장 끝을 돌린다는 것은 확신이 서
지 않았다는 것을 의미한다. 특히 '이중 부정' 문장은 자기 뜻을 곧바
로 전달하지 못한다.

　어떤 때는 쓰는 이가 자기 주장을 펴지 않고 여운을 남기며 독자에게
되묻기도 한다. 이렇게 한 문장에서 서술어 끝을 끄는 특성은 일본말
에서 많이 찾아볼 수 있다. 단호한 어투보다 정중한 어투를 더 좋아하
기 때문이라고 한다.

1과 2에서는 자기 생각을 바로 드러내지 못했다. 3에 있는 '~에 다름 아니다'는 일본말에 있는 서술어로 우리말에서는 쓰지 않는 표현법이다. 우리말 문장 머리에 쓰는 '다름 아니오라, 다름 아니옵고'와는 전혀 상관이 없다.

4에 있는 서술어도 우리말 표현법이 아니다. 5에 있는 '~라고 본다'는 자기 글에 자신이 없을 때 많이 쓴다. '~인 듯하다, ~라고 생각한다, ~일 것 같다, ~라는 측면에서 말이다, ~이 아닐까 싶다, ~이 아닌가 한다.' 따위와 비슷하다.

6~7에서는 여운을 남기며 읽는 이에게 판단을 미루었다. 소극적인 표현법이다. 특히 7은 부정 의문문으로, 우리 나라 사람들에게 익숙지 않아서 이해하기가 쉽지 않다. 그리고 이 문장은 이중 부정문이기도 하다.

┨ 다듬은 문장 ┠

1. 정말(굉장히, 아주) 고맙다.
2. 그것은 신의 축복이었다.
3. 새로운 세상의 출범 선언이었다.
4. 더욱 지혜롭게 판단하시오.(판단하시기 바란다.)
5. 한자 교육을 하자는 주장은 여러 가지 이유로 옳지 않다.
6. 그런 일은 대학 연구소가 적당하다.(적당할 것이다.)
7. 민족 문화는 오히려 뒷걸음친 것 같다.

연습하기 다음 문장을 단호한 표현으로 바꾸어 보시오.

1. 불쾌하기 그지없었다. 불쾌하기 짝이 없었다.

2. 벅찬 감이 없지 않습니다.

3. 그렇다고 아니할 수 없습니다.

4. 우리 사회의 보수성과 무관하지 않았다.

5. 그 사실을 어느 누구도 부정할 수 없다.

6. 크게 잘못되었다고 하지 않을 수 없다.

7. 인색할 이유가 없다고 할 수 있습니다.

8. 우리도 핵무기를 가질 필요가 있다는 것입니다.

9. 의원 입법의 문제점 또한 지적하지 않을 수 없다.

10. 사람이 성실해야 함은 두말할 필요도 없을 것이다.

11. 아이들의 말을 바로 잡는 일보다 더 급한 일이 없다.

12. 여간 쉽지 않았고 여간 보람 있는 일이 아니었다.

13. 여성이 진출하지 않은 곳을 거의 찾아보기 힘들다.

14. 정부가 못 하도록 했을 가능성도 없지 않다.

15. 대비책을 생각하지 않은 것은 아니나 어쨌든 엄청난 손실이 아닐 수 없었다.

16. 그에 따른 물적 피해가 아주 클 것임은 말할 것도 없다.

17. 그 소식을 듣고 우리는 놀라움을 금치 않을 수 없었다.

18. 의원들의 현명한 판단이 있을 것으로 믿어 의심치 않는다.

19. 사람이 성실해야 한다는 것은 아무리 강조해도 지나치지 않다고
    할 수 있습니다.

20. 해당 지역 주민의 의견과 여론을 무시한 일로 비난을 받아 마땅하
    다고 본다.

21. 옛날에 좋았던 추억의 재미를 느끼는 이도 없지 아니한 줄로 생각
    한다.

22. 언제나 주어진 처지에서 빠져 나오려는 현실 도피에 다름 아니었다.

23. 새 시대의 업무 처리 방식도 구 시대와 다름없다는 지적을 받고 있
    는 것도 사실이다.

24. 이런 예산을 소비로 생각하는 정책 당국자의 인식이 바뀌지 않으
    면 안 된다.

25. 현 정부가 과거 군사 정권과 무엇이 다른가라는 심각한 의문이 제
    기되는 시점이라 하겠다.

26. 낙태와 같은 간접 살인은 이 땅에서 반드시 사라져야 할 비도덕적
    인 행동이라 아니할 수 없다.

27. 그래도 사람은 일을 해야지만 진정 사람다울 수 있다는 것은 의심
    할 여지가 없다.

28. 나날이 발전하기를 바라마지 않습니다.

29. 이 회사가 나날이 발전하시길 빌며 축사에 대신합니다(갈음합니
    다).

30. 정말 끔찍한 일이 아닐 수 없었다

152

31. 그 사람 때문이 아니었을까 싶었다.

32. 그게 사실이지 않냐? 밥 먹으면 안 되요?

33. 옛날보다 더 위험한 생각이지 않냐는 의심을 받았다.

34. 그 사람은 비로소 나라는 존재를 인정하지 않을 수 없었다.

35. 이 방안이 최선이며 급선무임은 말할 것도 없다고 하겠다.

36. 그래도 이런 마음씨가 예쁜 것이 아닐까 생각해 봅니다.

37. 그 귀찮은 일을 일단 벗어난 것이 되지 않겠는가?

3 수식어를 피수식어 가까이 붙여 놓기

> 1. 자동 커피 판매기
> 2. 최근 법원의 보수적 분위기와 관련이 깊다.
> 3. 이런 경찰의 주장은 전혀 설득력이 없다.
> 4. 온통 방안이 고기 냄새로 배어 있다.
> 5. 하루에도 사치와 향락에 빠져 수백만 원씩 쓴다.

우리말에서는 관형어와 부사어가 다른 말을 꾸며 주면서 전달하고자 하는 내용을 넉넉하게 해준다. 관형어는 체언을 꾸며 주고, 부사어는 체언을 뺀 나머지 문장 성분을 꾸며 준다. 관형어가 체언을 꾸며 줄 때는 꾸며 주는 말(수식어)이 꾸밈 받는 말(피수식어) 바로 앞에 놓여서 관형어가 어떤 말을 꾸미고 있는지를 쉽게 알 수 있다. 즉, '새 책'과 '학교 건물'이라는 단어에서 '새, 학교'가 그 다음에 오는 말을 꾸미고 있다.

부사어는 어느 특정한 말을 꾸며 주면서도 놓이는 위치가 자유롭다. 예를 들어 '학생들이 학교로 다시 돌아갔다.'라는 문장에서 '다시'는 '돌아갔다'를 꾸며 주는 말인데도, 아무 곳에나 옮겨 놓을 수 있다. 강조하는 것을 드러내려고 쓰는 이 입맛에 따라 그 말을 문장 앞쪽으로 옮기기 때문이다.

하지만 글에서 수식어가 피수식어와 멀리 떨어져 있으면, 수식-피수

154

식 관계가 모호해지면서 그 수식어가 다른 말을 꾸며 주는 것처럼 보인다. 수식어 뒤에 피수식어가 두 개 이상 오거나, 여러 수식어가 한 단어를 꾸며 줄 때도 수식-피수식 관계가 모호해진다.

그러므로 논리를 펴는 글에서는 수식어를 덜 쓰는 것이 좋다. 수식어가 있을 때는 수식어를 피수식어 바로 앞에 놓아야 한다. 또 '관형절'로 된 긴 수식어는 되도록 한 문장으로 독립시켜야 한다. 문장을 짧게 쓰면 이런 문제를 거의 다 해결할 수 있다.

수식-피수식 관계가 모호할 때는 반점(,)을 이용하여 수식과 피수식 관계를 구별해 줄 수 있다. 위 예문에서는 '자동, 최근, 이런, 온통, 하루에도' 다음에 반점을 찍으면 된다.

다듬은 문장

1. 커피 자동 판매기
2. 법원의 보수적인 최근 분위기와 관련이 깊다.
3. 경찰의 이런 주장은 설득력이 전혀 없다.
4. 방안이 고기 냄새로 온통 배어 있다.
5. 사치와 향락에 빠져 하루에도 수백만 원씩 쓴다.

연습하기 다음 문장에서 수식어를 옮겨 뜻을 뚜렷하게 하시오.

1. 기쁜 우리 젊은 날

2. 더 우리 것을 알려고

3. 절대 비밀 보장, 절대 다른 차 출입 금지, 절대로 거짓말을 하지 않는다.

4. 급 차선 변경, 완전 서비스 공짜

5. 계속 혼잡이 크다.

6. 언제나 말이 없는 내가 좋아하는 아버지. (아버지가 말이 없는 것으로
   하여 고칠 것.)

7. 엄청난 건물과 재산 피해를 입었다.

8. 거대한 아마존 거머리 침샘에 항생제가 함유되어 있다. (거머리가 큰
   것으로 하여 고칠 것.)

9. 돈을 많이 번 강대국의 재벌들은 다국적 기업으로 변신하였다. (재
   벌이 돈을 번 것으로 하여 고칠 것.)

10. 대부분 청소년 비행이 어른들이 없는 집에서 발생한다.

11. 앞으로도 교통 수요 증가를 감안할 때 지금보다 더 나빠질 것이다.

12. 처음으로 재고를 처리하려고 상설 할인 매장을 개설하였다.

13. 나도 모르게 지난번에 즐거웠던 일이 생각나서 웃음이 나왔다.

14. 씩씩거리며 비로 패이고 꺼진 도로를 따라 철수가 올라오고 있었다.

15. 말과 따로 떼어 한자를 배우는 것으로는 정말 문제를 해결할 수
    없다.

16. 합리를 훨씬 벗어난 여당의 비상식적인 태도가 매우 실망스럽다.
    (태도가 합리적이지 않은 것으로 하여 고칠 것.)

17. 김 사장은 밝은 표정으로 환영 나온 사람들과 일일이 악수를 하였
    다. (김 사장 표정이 밝은 것으로 하여 고칠 것.)

18. 좀더 합리적으로 이 사업을 추진할 때 이바지하고자 합니다.

19. 더 늦기 전에 빨리 언론사부터 변해야 합니다.

20. 그 사람은 꾸준히 젊은 사람 못지않게 운동하였다.

21. 덕회는 힘껏 줄을 당겼다.

22. 신속히 정보를 획득해야 한다.

23. 비옥한 우리 조상들이 살았던 터가 물에 잠기게 되었다.

4 구조어 바로 쓰기

1. 사업장은 사업장대로 여간 힘들었다.
2. 그 사람이 <u>확실히</u>(틀림없이, 분명히, 아마) 빠졌을지 모른다.
3. 비록 밥을 먹을 수 없었으니, 기분이 좋았다.
4. 깜짝 놀라서 차마 볼 수 있었다.
5. 자칫 실수하여 떨어졌다.
6. 별로 기분이 좋아서 극장에 갔다.

　영어 숙어처럼 어떤 단어가 늘 같이 쓰일 때, 그 말을 우리말에서는 '구조어'라고 한다. 짝지은 단어가 제대로 쓰여야 구조적으로 문장이 완성된다는 뜻이다. 다만, 영어만큼 숙어가 다양하지 않은 것은 영어처럼 문장 중심으로 의미를 전달하지 않고 우리말이 단어 중심으로 의미를 전달하기 때문이다.

　우리말 구조어는 대개 부사어와 서술어가 짝을 이룬다. 즉, 어떤 부사어가 앞에 오면 반드시 뒤에 특정한 서술어가 와야 문장이 완성된다. 이때 앞에 있는 부사어는 생략할 수 있으나, 뒤에 있는 서술어는 생략하지 않는다. 물론 부사어를 넣으면 의미를 강조할 수 있지만, 부사어를 꼭꼭 쓰면 군더더기를 붙인 것 같아서, 어떤 때는 부사어를 빼야 세련돼 보인다.

위 예문을 읽어 보면 어딘가 어색해서, 구조어가 잘못되었다는 사실을 금방 알 수 있다. 앞뒤로 호응하는 구조어의 틀을 저절로 익혀 알고 있기 때문이다. 그런데도 사람들이 구조어 틀을 깨는 것은 '쓰는 내용'에 집착하여서 '뒤에 붙일 짝'을 잊어버리기 때문이다.

1에서 '여간'은 뒤에 '부정어'와 짝을 이루고 사실을 강조해야 한다. 2에서 문장 앞쪽에서는 '확실히'라고 해놓고 뒤에서는 '모른다'라고 하여 의미가 맞섰다. '확실히'를 빼거나, '추측'을 뜻하는 서술어와 짝을 지어야 한다.

3에는 '조건'을 뜻하는 연결 어미가 있어야 한다. 4에는 뒤에 '부정'을 뜻하는 서술어를 붙여야 한다. 5에서 '자칫'은 무슨 일이 조금 어긋날 때 붙이는 말이며, 전체 문장 서술부에 '그렇게 될 형편에 다다랐으나 그렇게 되지 않은' 상황을 붙여야 한다. 6에서 '별로' 다음에는 부정 서술어를 붙여야 한다.

‖ 다듬은 문장 ‖

1. 사업장은 사업장대로 <u>아주 힘들었다</u>.(여간 힘든 것이 아니었다.)
2. 그 사람이 **빠졌을지 모른다**.
   그 사람이 <u>확실히</u>(틀림없이, 분명히) **빠졌다**.
   그 사람이 <u>확실히</u>(틀림없이, 분명히, 아마) **빠졌을 것이다**.
3. (비록) 밥을 먹을 수 없었지만 기분이 좋았다.
   (비록) 밥을 먹지 못했지만 기분이 좋았다.
4. 깜짝 놀라서 차마 볼 수 없었다.
5. 자칫 실수하여 떨어질 **뻔했다**.
   자칫 실수하면 떨어지기 쉽다.
6. 기분이 별로 좋지 않아서 극장에 갔다.

여러 구조어의 쓰임

~도 ~려니와	'미래의 일, 가정적인 일이 그러하겠거니와'라는 뜻을 갖는다. 앞뒤에 같은 내용을 반복해야 한다. (예) 그는 학자도 아니려니와 정치가도 아니다. 너도 너려니와.)
~치고 ~것 없다	'전부 다'라는 뜻. 예외가 없다. 부정어를 뒤에 붙인다. (예) 네 물건치고 쓸 만한 것 없다.)
~치고는	예외일 때. (예) 서양 사람치고는 키가 작다.)
결코 ~없다(않다)/ ~ 아니다	'꼭'이라는 뜻. 부정어를 뒤에 붙인다. (예) 결코 용서할 수 없다. 결코 무섭지 않다. 결코 그것은 아니다.)
과연 ~구나(군)	'믿던 대로'라는 뜻. (예) 과연 아름답다. 과연 그렇군.)
그다지 ~않다(없다)	'별로'라는 뜻. 부정어를 뒤에 붙인다. (예) 그다지 나쁘지 않았다. 그다지 많이 없었다.)
기껏 ~해야	부정적인 상황에서. '고작, 힘껏'이라는 뜻. (예) 기껏 벌어봐야. 기껏 잘해야)
누가 ~랴	'모두 다'라는 뜻. 예외를 두지 않는다. (예) 누가 기분이 좋으랴.)
다시는 ~(하)지 않겠다/ ~(하)나 봐라	말하는 이의 '각오, 맹세'를 다질 때 쓰인다. (예) 다시는 술먹지 않겠다. 다시는 담배 피나 봐라!)
도대체(대관절) ~이냐	'대체'보다 뜻을 더욱 강조할 때 쓰인다. 반의. 뒤에 의문형 어미를 붙인다. (예) 도대체 어떻게 된 셈이냐?)
드디어 ~고야 말았다/ ~어 버렸다	'마침내, 결국'이라는 뜻. 기대했던 대로 이루어질 때. (예) 드디어 성공하고야 말았다. 드디어 가 버렸다.)
~를 ~듯이 한다	두 행위의 비유. (예) 굶기를 밥먹듯이 한다.)
마땅히(모름지기) ~야 한다	당연한 행위를 강조. '꼭, 반드시'라는 뜻. (예) 학생들은 마땅히/모름지기 공부해야 한다.)
마치 ~같다/듯이/처럼	비교할 때. (예) 마치 봄날씨 같다. 마치 천사처럼, 마치 미친 듯이)
만약(만일) ~ㄴ다면(~라면)	조건을 걸 때. (예) 만약 비가 온다면, 만일 내가 부자라면)

별로 ~없다(않다)	'이렇다 할 것 없는'이라는 뜻. 부정어를 뒤에 붙인다.
	(예 별로 할 일은 없다. 별로 예쁘지 않다.)
부디 ~하여라	희망·기원·부탁할 때.
	(예 부디 행복하여라. 부디 몸조심하십시오.)
비단 ~뿐만 아니다	'다만'에 내용을 첨가할 때. 부정어를 뒤에 붙인다.
	(예 비단 그 문제뿐 아니라)
비록 ~일지라도/ ~지만/~더라도/ ~어도	주어진 조건을 인정하면서 뒤에 더 나은 상황을 내놓을 때. (예 비록 나이는 젊지만, 비록 머리는 나쁠지라도, 비록 사람이 밉더라도 지은 죄만은 용서해야 한다. 비록 사람이 게을러도)
설령 ~ㄹ지라도/ ~고 하더라도/ ~다손치더라도	가정하면서 뒤에 더 나은 상황을 내놓을 때. 비슷한 것으로 '가령, 설사, 설혹'이 있다. (예 설령 그가 바보일지라도 그 정도는 할 수 있다. 설령 그가 천재라고 하더라도 노력해야 한다. 가령 내가 잘못했다손치더라도 그렇게 욕하면 안 된다.)
설마 ~까/~느냐	'아무리 하기로'라는 뜻. 반의. 뒤에 의문형 어미를 붙인다. (예 설마 죽을까? 설마 그럴 리가 있겠느냐?)
실로	어떤 사실을 인정. (예 실로 위대한 인물이다.)
아마(도) ~것이다	확실히 단정할 수는 없으나, 어느 정도 그럴 수 있는 말 앞에서 '거의, 대개'라는 뜻으로 쓰인다. '추측'의 뜻을 담고 있는 서술어가 있어야 한다. (예 아마 올 테지. 아마 지금쯤 끝났겠지. 아마 괜찮을 것이다.)
아무리 ~해도	앞 조건을 인정해도 뒤 상황이 불가능할 때. (예 아무리 예쁘다 해도 양귀비만 못하다. 네가 아무리 노력해도 그 일은 못한다.)
아무려면 ~까	반의할 때. 뒤에 의문형 어미를 붙인다. '아무러하면'의 뜻으로도 쓰인다. (예 아무려면 그가 갈까? 옷이야 아무려면 어떠냐?)
아무쪼록	소망·기원·부탁할 때. (예 아무쪼록 빨리 다녀오시오.)
어찌 ~랴	반의·감탄할 때. 뒤에 의문형·감탄형 어미를 붙인다. (예 어찌 슬프지 않으랴? 돈이 어찌 많은지!)

얼마나 ~까	반의·감탄할 때. 뒤에 의문형·감탄형 어미를 붙인다. (⑳ 얼마나 아플까? 이 얼마나 아름다운가!)
여간 ~않다	'여간'은 '보통으로'라는 뜻인데 뒤에 부정어를 붙여 '보통이 아닌, 아주'의 뜻으로 많이 쓰인다. (⑳ 여간 슬프지 않았다. → 아주 슬펐다. 여간 흐뭇하지 않았다. → 아주 흐뭇했다.)
오죽(이나) ~랴	반의할 때. 뒤에 의문형 어미를 붙인다. (⑳ 오죽 기쁘랴. 오죽이나 기분이 나쁘겠는가?)
왜냐하면 ~때문이다	까닭을 댐. (⑳ 왜냐하면 늦어서 기차를 놓쳤기 때문이다.)
응당	당연한 행위를 강조. (⑳ 응당 가야지.)
일절 ~않다(못하다)	'아주, 도무지'라는 뜻. 사물을 부인하거나 금지할 때. 부정어가 뒤에 붙는다. (⑳ 일절 먹으면 안 된다. 일절 출입하지 못한다.)
자칫	무슨 일이 조금 어긋날 때. '그렇게 될 형편에 다다랐으나 그렇게 되지 않았다'라는 서술어가 뒤에 와야 한다. (⑳ 자칫 잘못하여 죽을 뻔하였다. 자칫 쓰러져 죽는 줄 알았다.)
전혀 ~없다(않다)	'도무지, 아주, 온전히'라는 뜻을 가지고 강조할 때. 뒤에 부정어를 붙인다. (⑳ 이씨가 하는 일을 전혀 이해할 수 없다.)
정작 ~면 ~않다(없다)	'꼭, 막상, 정말로'라는 뜻을 가지고 조건을 걸 때. 뒤에 부정어가 붙는다. (⑳ 정작 오라고 하면 오지 않는다. 정작 집을 떠나려고 하니 발걸음이 떨어지지 않는다.)
차라리	여러 사실에서 더 나은 것을 선택할 때. 앞에 있는 것보다 뒤에 있는 것이 더 나을 때. (⑳ 앉아 있느니 차라리 가겠다.)
차라리 ~ㄹ지언정(-ㄹ망정)	행위를 가정하고 비교하여 선택할 때. 의미를 강조. (⑳ 차라리 죽을지언정 애원은 않겠다.)
차마 ~않다(없다)	'어찌, 감히'라는 뜻으로 부정어가 뒤에 붙는다. (⑳ 차마 눈뜨고 볼 수 없었다.)
하기는(하긴)	결정된 일을 긍정할 때. (⑳ 하기는 그 말이 옳아.)
하다 못 해 ~라도 해서	'정 할 수 없으면'이라는 뜻으로 양보하는 조건을 걸 때. (⑳ 하다 못 해 지게라도 져서, 하다 못 해 빵이라도 먹으면서)
하물며 ~하랴	비슷하면서 또 다른 상황을 덧붙이며 반의할 때. '하물

162

| | 며' 다음이 강조된다.
(예 개도 은혜를 아는데 하물며 인간에게 있어서랴. '검은 돈'을
수없이 거절했는데, 하물며 '향응'에 나가겠는가?) |
| 혹시 ~거든 | 가정할 때. (예 혹시 바쁘거든, 혹시 소식이 오면) |

연습하기 다음 문장에서 구조어의 짝을 맞춰 보시오.

1. 그 사람은 비록 바보였다.

2. 어느 누가 기분이 나빴다.

3. 그것이 별로 좋았다.

4. 깜짝 놀라서 차마 말을 해버렸다.

5. 그 일은 아마 벌써 끝났다.

6. 1등을 하여 너무 기뻤다.

7. 그 사람을 보고 정작 가라고 하면 간다.

8. 어찌 가슴이 많이 아팠다.

9. 왜냐하면 사람이 만물의 영장이다.

10. 사람들이 오죽하면 바보라고 하였다.

11. 여러 친구들이 권했다. 아내는 차라리 더 보챘다.

12. 중앙 은행은 마치 심장 구실을 하는 것이다.

13. 나도 못하는 일인데, 하물며 너는 못하겠지.

5 '것' 줄이기

1. 한식은 영양가가 풍부하다는 것과 약간 맵다는 것이 특징이라는 것이다.
2. 무조건 억제할 것이 아니라 비용을 부담하도록 하는 것이 합리적이라는 것이다.
3. 다른 국가들이 겪었던 경험과는 양적으로 질적으로 다른 것이 된 것이다.
4. 국정 조사를 못한다고 하는 것은 정부의 정치적 태도에 대한 본질적인 의문을 낳고 있다고 할 것이다. 이는 그 사람들을 증인으로 채택하지 못하는 처지를 드러낸 것이다. 현정부가 과거의 잘못을 조사하지도 못하면서 어찌 개혁을 내세울 수 있을 것인가 의심을 받고 있는 것이다.

우리말에서 '것'은 아주 다양하게 쓰인다. 첫째, 문장 속에서 어떤 사물을 대신 가리킬 때 '것'을 넣는다. 예를 들어 '이 빵은 맛있는 빵이다.'라는 문장에서 '빵'을 하나 빼고 '것'으로 대신한다. 둘째, '황금을 돌같이 보라는 것이다'처럼 남의 말을 인용할 때나, '그 사람도 많이 먹었다는 것이다'같이 남이 한 말을 듣고 다른 사람에게 전달할 때도 '것'을 넣는다.

164

셋째, '-ㄹ 것'이라는 형태로 어떤 사실을 '추측'할 때 쓰이며(예 집에 갔을 것이다), '-(느)ㄴ 것' 형태로 과거를 '회상'할 때도 쓰인다.(예 많이 먹었던 것이다.) 넷째, '강구해야 할 것이다, 검토해야 할 것이다, 기여할 수 있을 것이다.'처럼 '-ㄹ 것이다'라는 형태로 쓰여 '당위'를 좀 더 강조한다.

다섯째, 영어식 강조법(It is~ that~)에 따라 의미를 강조하려고 '것'을 붙인다. 예를 들어 '그 사람이 확실히 온다.'에서 '확실히'를 강조하려고 명사절을 만들어 '그 사람이 오는 것이 확실하다(It is certain that he will come.)'와 같이 글틀을 바꾼다.

말하자면 사람들이 자기 주장을 '빨리, 뚜렷하게, 강하게' 상대방에게 전달하려고 '것'을 넣어 문장을 뒤집고 있다. 그러나 강조해야 할 때 강조하지 않고 처음부터 끝까지 모두 강조하면 글쓴이가 궁극적으로 어느 것을 강조하려고 하는지 읽는 이가 알 수 없다.

그러므로 글을 쓰고 나서 자기 글 속에 '것'이 있는 곳을 표시한 다음, '것'이 꼭 있어야 하는지를 따져 본다. 그리고 '것'을 빼보거나 다른 단어로 바꾸거나, 문장 구조를 바꾼다. 이렇게 두 번쯤 고쳐 보면, 이 버릇을 고칠 수 있다.

1과 2에서 앞에 있는 두 '것'은 문장 끝에 '~(느)ㄴ 것'을 붙여 명사절을 만드는 데 쓰였으며, 끝에 있는 '것'에는 내용을 인용하여 강조하려는 뜻을 담았다. 이 문장은 명사절을 풀어 서술 어미를 붙이면 해결된다. 3에서 앞에 있는 '것'은 '경험'을 대신하였으며, 뒤에 있는 '것이다'는 강조하는 의미로 쓰였다. 4에서는 '것'을 '명사절, 강조'에 이용하고 있는데, 그 정도가 너무 지나쳤다.

‖ 다듬은 문장 ‖

1. 한식은 영양가가 풍부하고 약간 매운 것이 특징이다.

2. 무조건 억제하지 말고 비용을 부담하도록 해야 합리적이다.

3. 다른 국가들이 겪었던 경험과는 양적으로 질적으로 달랐다.

4. 국정 조사를 못한다고 하다니, 정부의 정치적 태도가 본질적으로 의심스럽다. 그 사람들을 증인으로 채택하지 못하는 처지를 드러 낸 셈이다. 현정부가 과거의 잘못을 조사하지도 못하면서, 어찌 개 혁을 내세울 수 있을까 의심받고 있다.

연습하기 다음에서 '것'을 완전히 빼고 문장을 다듬으시오.

1. 문제점이 있다는 것이다.

2. 기분 나빴던 것이었던 것이다.

3. 한마디로 말해 경쟁이 붙은 것이었다.

4. 범죄와 같은 어리석은 짓을 안 할 것이다.

5. 대단히 큰 것이라 아니할 수 없는 것이다.

6. 청소년들이 자기 앞날을 계획해 보아야 할 것이다.

7. 학생들은 문제를 더 많이 풀고 더 많은 것을 외워야 할 것이다.

8. 청결한 생활을 하지 않는 것은 자기를 오염시키는 것이다.

9. 일부 학교에서 책의 구입을 학생들에게 권유하고 있다는 것이다.

10. 왜라는 질문에 대답이 너무 간단했던 것이다. 도저히 수지 타산이 맞지 않는다는 것이다.

166

11. 실용 정보 및 오락 정보 제공이 언론의 주요 기능인 것처럼 인식되고 있는 것이다.

12. 실로 답답한 일이 아닐 수 없는 것이었다.

13. 사람의 힘으로 막을 수 있었던 사고라서 더 안타까운 것이다.

14. 커다란 사랑을 의미한다는 것을 말할 것도 없다는 것입니다.

15. 도시 규모를 어느 정도로 할 것인가 하는 것은 도시를 건설하는 목적에 따라 다양할 수 있는 것이다.

16. 근대화 과정에서 그 가치를 인정받지 못했던 것들이 세계화 과정에서 주목을 받을 수 있게 된 것이다.

17. 핵무기를 개발해서 보유하자는 것이다. 핵무기를 점점 갖기 힘들 것이다. 핵무기가 지구에서 없어지지도 않을 것이다. 그러므로 최후의 카드로 쓸 수 있을 것이다. 더 늦기 전에 핵무기 개발을 서둘러야 할 것이다.

6 명사문 줄이기

1. 도망은 죽음이다.
2. 우리 나라에서 가장 유명한 것은 현암사 '법전'이다.
3. 첫째는 계속되는 물가 상승과 이에 따른 생활고 압박이다. 둘째
   는 농촌의 상대적 빈곤 심화이다. 셋째는 부정부패 만연과 사회
   가치관 붕괴이다.
4. 한국 제약 회사들의 운명이 앞으로 4~5년 안에 결정될 처지다.
   신물질을 만들 것인가, 그렇지 않으면 외국 제약 회사의 도매상
   노릇을 할 것인가의 기로다.
5. 누구도 그분만큼 오랫동안 명성을 유지하지 못했다는 얘기다.
6. 눈앞에 나타났을 때의 견딜 수 없는 전율 같은 거 말이다. 역사란
   그저 지어낸 것으로만 알았단 말이다.
7. 우리 현실을 생각하면 이 문제는 더 이상 남의 얘기일 수 없음이
   다.
8. 이 단체가 복권을 이용하여 시민들의 사행심을 부추기고 있다는
   여론이다. 또 복권 수익 사업으로 생기는 '수익금' 내용도 공개할
   의무가 있다는 지적이다.

우리말의 기본 글틀은 서술어 성질에 따라 세 가지로 나눈다. 첫째,

동사문이 있는데, '철수가 간다.'처럼 '무엇이 어찌한다'식 문장이며, 동사가 서술어이다. 둘째, 형용사문이 있는데, '하늘이 푸르다.'처럼 '무엇이 어떠하다'식 문장이며, 형용사가 서술어이다. 셋째, 명사문이 있는데, '슬기는 여학생이다.'처럼 '무엇이 무엇이다'식 문장이며, 체언에 '-이다'가 붙은 것이 서술어이다.

우리말은 첨가어라는 특성 때문에 명사문보다 동사문과 형용사문이 더 풍부하다. 그리고 명사문을 써야 할 때와 동사문, 형용사문을 써야 할 때가 따로 있다. 그런데도 요즈음 영어에서 영향을 받아 우리말 동사문, 형용사문을 영어식 명사문으로 바꾸어 쓰는 사람이 많다.

영어는 서술어를 다양하게 바꾸지 못한다. 그래서 변하지 않는 단어를 연결하여 서술성을 보완한다. 예를 들어 'I am hungry. I am happy.'는 "나는 '배고픈'이다. 나는 '행복의'이다."로 '나는 배고프다. 나는 행복하다.'를 표현한 말이다. 심지어 동사를 명사로 만들어, 명사처럼 쓰고 있다. 영어에서는 이를 '동명사'라고 한다.(Teaching is learning. — 가르침이 배움이다.)

서술어를 '-이다'로 끝내면 자기 생각을 섬세하게 전달하지 못한다. 즉, 사물의 동작과 작용을 표현하지 못하며, 사물의 상태와 성질이 어떻다는 것을 설명하지 못한다. 우리말에서 '-이다'가 붙으면서도 자연스러운 것으로는 '그럴 것이다. 모자라는 편이다. 끝낼 계획이다. 신설할 예정이다. 필요 없기 때문이다. 먹을 따름이다. 그럴 뿐이다. 관리하는 셈이다. 모색할 때이다. 어려운 실정이다.' 정도가 있다. 물론 이 서술어도 주어와 잘 호응해야 쓸 수 있다.

따라서 어느 글에서 '-이다'로 끝낸 서술어에 모두 표시를 해놓고, 그 서술어가 거기에 꼭 있어야 하는지 따져 본다. 그래서 명사문을 동사문, 형용사문으로 바꿀 수 있으면 바꾼다.

1은 영어 동명사처럼 표현했다. 2에서는 영어식 강조법(It is~ that~)에 따라 정상적인 형용사문을 뒤집어 명사문으로 바꾸었다. 그러나 강조할 때 강조해야지, 글에 있는 모든 문장을 강조 문장으로 만들면 효과가 떨어진다. 3처럼 한자어 단어를 연결하며 우리말을 토로만 쓸 때도 명사문이 된다. 4에서는 공연히 관형절을 만들어 뒤에 있는 말을 꾸미는 바람에 명사문이 되었다.

5와 6은 말버릇을 그대로 글로 적어 명사문이 되었다. 앞 문장을 통째로 관형절로 만들어 끝에 있는 체언을 꾸며주고 있다. 갑자기 '-이다'로 끝내면, 문장 분위기가 딱딱해진다. 또 동사와 형용사로 상황을 설명하지 않아 자기 주장이 확실치 않아 보이거나 약해 보인다. 7에서는 문장에 '-음'을 붙여 명사절을 만들고 끝에 '-이다'를 붙여 명사문을 만들었다. '외래어 병'에 단단히 걸린 문장이다.

8에서는 주어 '이 단체가'와 서술어 '여론이다, 지적이다'가 호응하지 않는다. 주체가 분명하지 않다. 이런 문장은 신문에 많은데, 이와 비슷한 것으로 '~라는 생각이다, ~라는 반성이다, ~라는 계획이다, ~라는 설명이다, ~라는 전망이다'가 있으며, 때로는 '~라는 전망이 있다'처럼 '이다' 앞에 주격 조사를 넣고 '이다' 대신 '있다'를 붙이기도 한다.

문장의 주체를 만들어 '~라고 지적하였다, ~라고 지적받았다, ~라고 생각하고 있다'로 써야 옳다. 더 쉽게 바꾸자면 마지막 서술어를 빼고 '~(라)고 한다, ~것 같다, ~(라)는 것이다'를 붙이면 된다.

┤┠ 다듬은 문장 ┠├─

1. 도망가면 죽는다.
2. 현암사 '법전'이 우리 나라에서 가장 유명하다.
3. 첫째, 물가가 계속 올라서 생활이 어렵다. 둘째, <u>농촌이 상대적으로 더 가난해졌다.</u>(도시와 농촌의 소득 수준이 더 벌어졌다.) 셋째, 부정부패가 널리 퍼졌고 사회 가치관이 무너졌다.

170

4. 한국 제약 회사들은 앞으로 4~5년 안에 운명이 결정될 것이다. 신
물질을 만들지 못하면 외국 제약 회사의 도매상 노릇을 해야 한다.
5. 누구도 그분만큼 오랫동안 명성을 유지하지 못했다.
6. 눈앞에 나타났을 때 견디기 힘든 전율이 일었을 것이다. 역사는 그
저 지어낸 것으로만 알았다.
7. 우리 현실을 생각하면 이 문제는 더 이상 남의 얘기일 수 없다.
8. 이 단체가 복권을 이용하여 시민들의 사행심을 부추기고 있다고
한다. 또 복권 수익 사업으로 생기는 '수익금' 내용도 공개할 의무
가 있다는 것이다.

연습하기 다음 문장을 우리말답게 고쳐 보시오.

1. 가장 좋은 것은 보리차입니다.

2. 그 사람이 늘 분주함은 그것 때문이다.

3. 그것이 우리가 해결해야 할 과제라는 말이다.

4. 그런 사람이 많다는 얘기다.

5. 사람이 사는 게 별로다. 돈이 없어서이다

6. 더구나 기름진 농토도 없는 주제에 말이다.

7. 비싼 것은 차가 아니라 비행기다.

8. 나도 그런 아이를 낳을 수 있음이다.

9. 우리들 자신의 모습임을 부정할 수 없음이다.

10. 불법 시비가 잇따랐음은 물론이다.

11. 그런 학생이 대부분이다. 괴로운 것은 청소년이다.

12. 알아서 먹겠다는 식으로 말이다.

13. 원인은 정부의 재미 교포에 대한 무관심이다.

14. 영철이는 영락없이 꾸어다 놓은 보릿자루다.

15. 나쁜 선입관을 가지고 있는데, 그 사람들은 과격하다는 편견이 그
    것이다.

16. 내 학창 시절 고민 중의 하나가 이성 교제였다.

17. 그 둘 사이에서 안타깝기만 한 나였다.

18. 많은 구강 보건 선진국에서 시행하는 사업이 관급수 불화 사업이
    다.

19. 이 사회에서 무언가 보람찬 일을 해야 하는 40대이다.

20. 그 사람을 처음으로 부흥회에 데리고 간 사람은 다섯 살 적 어머니
    였다.

21. 이보다 더 놀랐던 것은 어느 주택가 놀이터에 갔을 적이다.

22. 문제는 장애자들을 위한 직업 교육의 부재였다.

23. 알뜰 시장에 내놓아 필요한 사람들이 싼값에 살 수 있도록 하기 위
    해서다.

24. 어른들의 무관심이다. 비행 청소년의 증가다.

25. 농부들이 들판을 1만 평이나 파헤쳤다. 포도나 대추를 심기 위해서다.

26. 이런 비극적 상황을 이미 지니고 있었다는 데 문제의 심각성이 있다.

27. 걸림돌은 가정 교육의 부재, 부모의 책임 회피이다.

28. 가장 심각한 문제 가운데 하나는 우리 대학의 국제 경쟁력 낙후다.

29. 지금 이 시점에서 가장 주목받는 것은 이번 사건을 보는 대통령의 시각이다.

30. 그 사람은 많은 사람의 가슴을 두드렸다. 혼자서가 아니라 2백 명으로 구성된 팀을 꾸려서다.

31. 사람들이 궁금해 하는 것은 종합 유선 방송 시대가 언제 올 것인가이다.

32. 사람들이 돈을 버느라고 열심이다. 그 일에 힘을 보탤 수 있었던 것이 큰 보람이다.

33. 어려운 살림에 성의껏 도시락을 싸주는 엄마는 고마움이다.

34. 우리가 두려워하는 것은 희망의 상실이다. 남북한 우리 민족은 깊이 반성할 일이다.

35. 참석은 필수입니다. 먹어 본 것 중에서 최고입니다.

36. 여야의 지루한 공방으로 더욱 무더운 여름이 될 전망이다.

37. 협상은 결렬이다. 지금은 위기이나, 힘들었던 삶을 보상하기 위함이니 좀더 참자.

38. 대통령이 고민하지 않을 수 없는 처지이며, 내줄 수밖에 없는 입장이다.

39. 그런 사정은 명단이 바뀔 수 있음을 보여주는 징후이다.

40. 많은 사람들이 영상매체를 더 선호하는 추세가 오늘의 현실이다. 활자 매체가 살아남을 수 있을지 의문이다.

41. 매우 실망한 것은 정부가 보여준 비상식적인 태도이다.

42. 가난이 불만이다. 그 사람이 주책이다.

43. 이런 타성에서 벗어날 때도 되었다는 생각이다.

44. 이러한 조치는 크게 환영할 대목이다. 그러나 좀더 근본적인 숙제는 획기적 정책의 마련이다.

45. 주택 시장 개방은 한국 주택 산업 전체를 긴장시키는 큰 요인이다.

46. 주택의 개념이 소유에서 거주로 전환되어 가는 추세이다.

47. 국민들의 기대도 무색하게 된 느낌이다. 잘 풀렸으면 하는 바람이다.

48. 목적에 따라 지역을 고려하지 않고 별개로 지정하는 것이 일반적이다.

49. 우리 문화의 없어짐이 이때부터이다. 토지 투기가 심각하게 나타나는 것은 이런 연유에서이다.

50. 기반 시설 규모의 절대적인 부족이다. 수많은 사고가 일어나고 있는 실정이다.

51. 마주하는 것보다 편지로 쓰는 것이 낫지 않겠냐는 생각이다.

7 주어, 목적어, 서술어 호응시키기

1. 휘발유 값이 또다시 내렸다.
2. 내 친구 영숙이가 시집을 가더니, 예쁘고 깜찍한 왕자님을 탄생하였다.
3. 원인은 정부가 국민을 위해 주지 못하는 데 있는 것 같았고, 속이 부글부글 끓어올랐다.
4. 경찰은 전경을 조계사 경내로 투입해 총무원 진입을 시도하던 승려들을 해산했다.
5. 잡음이나 화면이 멈칫거리는 일이 없다면 본인의 전화선 상태가 좋은 것입니다.
6. 그러면 왜 그렇게 우리의 환경이 파괴되었으며, 또 우리가 알아야 할 자연 보호의 진정한 의미와 그 필요성 여부에 대해서 알아보도록 하겠다.
7. 영수와 철수와 지수가 학교에 갔다.
8. 부모한테서 배운 말을 부끄럽게 여기고 잊어버리게 하는 훈련을 받았다.
9. 우리의 시장 개방으로 다른 나라의 시장 개방을 유도하여 우리 상품의 시장 개척과, 외국 상품과의 경쟁에서 살아 남기 위한, 내수 산업들의 노력으로 말미암은 구조적 모순과, 안이한 기업 정신의

퇴조, 이것이야말로 이 협정에서 우리가 얻을 수 있는 이득일 것
이다.

우리말에서는 맨 처음에 주어를 놓고 그 다음에 목적어/보어, 서술
어를 놓는다. 그러므로 '지수가 빵을 먹었다.'와 '빵이 지수를 먹었
다.'가 문법으로 따지면 정상이다. 그러나 사람들이 앞 문장만 옳다고
하는 것은 서술어 '먹었다'의 주체가 당연히 '지수(사람)'이고, 대상(목
적)이 '빵'이기 때문이다. 사람과 빵을 구별할 줄만 알면 아이들도 뒤
문장처럼 쓰지 않는다. 이때 앞 문장에서 '지수가(주어)'와 '먹었다(서
술어)'를 서로 호응한다고 하며, 뒤 문장에 있는 '빵(주어)'과 '먹었다(서
술어)'는 호응하지 않는다고 한다.

이런 이치대로 하면 '내가 개를 무서워한다.'와 '개가 나를 무서워한
다.'라는 문장은 모두 주어와 서술어가 호응하고 있다. 두 내용이 모두
있을 수 있기 때문이다. 하지만 '바람이 집을 흔들었다.'와 '술이 많이
취했다.'라는 문장은 둘 다 주어와 서술어가 호응하지 않는다. 무생물
이 서술어의 주체가 될 수 없기 때문이다. 이럴 때는 서술어와 호응하
는 주체를 주어로 써야 한다. 예를 들어 '집이 바람에 흔들렸다.'나
'(아저씨가) 술을 마셔 많이 취했다.'로 써야 맞는다.

주술을 호응시키지 못하는 것은 글쓰는 이가 앞에서 어떤 주어로 시
작했는지를 문장 뒤쪽에서 잊어버리기 때문이다. 우리말은 '장면 의
존'이 강하여 문장 성분을 잘 줄인다. 특히 주어를 잘 빼먹는다. 그래도
말에서는 듣는 이가 앞뒤 흐름으로 미루어 충분히 알 수 있다.

그러나 글에서는 주어가 없거나 목적어, 서술어가 없으면 글을 이해
하기 어렵다. 그러므로 문장이 길어질 때는 문장의 주체를 분명히 해
야 어느 주어가 어느 서술어와 호응하는지 알 수 있다. 이런 실수는 문
장을 짧게 하면 쉽게 해결된다. 그리고 사물을 주어로 쓰는 것은 영어

식이니, 사물을 주어로 쓰지 않아야 헷갈리지 않는다.

만약 문장이 길어지면 주어와 서술어 사이에 다른 말을 '많이' 넣지 말아야 한다. 문장이 복잡할 때는 빼먹은 주어와 목적어를 한 번 더 써 주어야 의미를 뚜렷하게 전달한다. 즉, 말에서는 뺐어도, 글에서는 밝히는 것이 좋다.

1은 '물주 구문'이다. 주격 조사 '이/가'를 붙이는 바람에 서술어와 호응하지 않는다. 2~4에서는 두 문장을 연결하면서 주체의 일관성을 잃었다. 4는 주어와 서술어만 남기면 '경찰은 ~투입해 ~해산했다'가 되어 '승려'를 해산시키는 것이 아니라 '경찰이' 해산한 꼴이 되고 만다.

5는 '잡음과'와 '화면이 멈칫거리는 일'을 '없다면'이라는 서술어에 함께 걸려고 하다가 호응시키지 못하였다. 잘못 연결하면 '잡음이 멈칫거리는' 상황이 벌어진다. '화면이 멈칫거리는 일'과 '잡음'이 놓인 자리를 서로 바꾸면 해결된다.

6에서는 '왜 ~파괴되었으며', '또 ~진정한 의미와', '그 필요성 여부' 세 개를 서술어 '알아보도록 하겠다.'에 함께 걸려고 하였다. 안긴 문장(관형절)의 각 서술 부분을 같은 성질로 맞추어야 한다. 7에서는 목적어와 서술어가 호응하였다. 여러 목적어를 서술어 하나에 걸고 있어 아주 '효율적'인 것 같다. 그러나 맨 뒤 서술어가 무엇인지도 모르면서, 서술어의 주체만 계속 읽는 것은 효율적이지 않다.

8에서 주어는 '우리가'인데 빼먹었다. 이 문장에서 '우리가'의 서술어는 '부끄럽게 여기다', '잊어버리게 하다', '훈련을 받았다'이다. 그런데 둘째 서술어가 주어와 호응하지 않는다. '아무개'가 '우리'에게 '잊어버리게 한(사동)' 것이다.

9에서는 알고 있는 지식을 한꺼번에 쏟아내려고 하였다. 어느 것이 주체이고 어느 것이 목적인지 분명하지 않아, 무슨 내용을 말하려 하는지 정확히 알 수 없다. 문장을 짧게 끊어야 한다.

━┤┃ **다듬은 문장** ┃├━

1. 휘발유 값을 또다시 내렸다.
   휘발유 값이 또다시 떨어졌다.
2. 내 친구 영숙이가 시집을 가더니, 예쁘고 깜찍한 왕자님을 낳았다.
3. 원인은 정부가 국민을 위해 주지 못하는 데 있는 것 같았다. 그래서 내 속이 부글부글 끓어올랐다.
4. 경찰은 ~ 경내로 투입해 ~ 승려들을 해산시켰다.
5. 잡음이 없거나(나지 않거나) 화면이 멈칫거리는 일이 없다면 본인의 전화선 상태가 좋은 것입니다.
6. 그러면 ~ 파괴되었으며, 또 우리가 ~ 진정한 의미는 무엇이며, 그 필요성이 있는지 없는지를 알아보도록 하겠다.
7. 영수가 학교에 갔고, 철수와 지수도 학교에 갔다.
8. 부모한테서 배운 말을 부끄럽게 여기고 우리가 그 말을 잊어버리도록 훈련을 받았다.
9. 우리 시장을 개방하여 다른 나라가 시장을 개방하도록 해야 한다. 그래야 상품 시장을 개척하고 외국과 상품 경쟁에서 살아 남으려고 내수 산업이 노력한다. 그러면 우리 산업 구조의 모순이 바로 잡히고 안이한 기업 정신이 퇴조할 것이다. 이것이야말로 이 협정에서 우리가 얻을 수 있는 이득이다.

연습하기 주어와 목적어, 서술어의 호응이 자연스럽도록 다음 문장을 다듬어 보시오.

1. 운동과 독서하는 사람으로 나누어라.

2. 단체가 난립하고 경쟁하여 발생했다.

3. 간접 경험을 확충하고 산 지식을 얻게 한다.

4. 손이 많이 다쳐 피가 아주 많이 나왔다.

5. 적어도 이번 일로 초래된 업무 정지와 유통 질서를 마비시킨 책임을 져야 한다.

6. 목화, 과수, 양잠, 기타 원예 작물을 이 지역에서 재배한다.

7. 나이가 먹을수록 팔짱이 끼고 싶다.

8. 노인의 아침은 심호흡과 단전 운동에서 시작한다.

9. 이 상표는 지난해부터 우리 회사에서 개발하여 전 상품에 부착하였습니다.

10. 너나없이 텔레비전을 끄고 신문을 감추어 버리고 싶었다.

11. 이 사진은 거미가 체액을 빨아먹는 장면이다.

12. 어린이들 중에는 단것만을 즐겨 먹어 건강을 해치기도 한다.

13. 큰 차는 뒷바퀴가 앞바퀴보다 안쪽으로 들어와 교통 사고를 당하기 쉽다.

14. 격일로 배달하거나 단독 주택이라고 배달을 기피하는 일이 있으면 다음 전화로 연락 주십시오.

15. 각종 사안에 대한 질문이 쏟아질 때마다 '할 말이 없다'는 대답말고는 대변인한테 다른 말이 듣기 어려웠다.

16. 민주당은 이 중매인들을 도매법인화하는 대신 현행 지정 도매 법

인을 해체한다는 것이다.

17. 이 사진은 행인들이 임시로 설치한 복권 판매대에서 즉석 복권을 사 당첨 여부를 확인하고 있다.

18. 설탕이 전혀 들어 있지 않은 아이스크림이며 몸에 유익한 자연 꿀과 유밀, 그리고 유당을 분해함으로써 그 단맛을 자연 그대로의 단맛으로 조절하였습니다.

19. 왜냐하면 중앙 행정부와 지방 자치 단체, 사업계와 언론계, 일반 학교와 대학교에서 각자 나름대로 연구하고 있기 때문이다.

20. 확실한 것은 그 사람들이 이제까지 잘못을 반성하고 앞으로 진실한 국민으로 살아갈 것입니다.

21. 그 규격에 꼭 맞춘 새로운 병은 어느 젖꼭지를 사용하더라도 새지 않으므로 안심하고 먹이실 수 있도록 만들었습니다.

22. 바다에서 불어오는 시원한 바람이 내 옷자락을 씻으며 스며들어, 내 가슴 구석구석을 정갈하게 씻고 싶었다.

23. 대출 받기가 어려웠던 은행들도 주택 자금 대출 상품을 경쟁적으로 내놓고 있다.

24. 또다른 특징은 인간종의 변형을 가져올 수 있다.

25. 아무리 남들이 경시하고 하찮아 보이는 욕망도 자신이 노력하기에 따라 달라진다.

26. 그런 편견은 회사뿐만 아니라 사회도 그렇게 여기고 있다.

27. 우리가 싸움에 진 이유는 그쪽을 너무 가볍게 보았다.

180

8 주어, 목적어를 서술어 가까이 붙여 놓기

1. 우리는 여성들이 더 적극적으로 사회 활동에 참여할 수 있도록 여성들의 능력을 인정해야 한다.
2. 공원은 시민들이 아직도 자기가 버린 쓰레기를 되가져 갈 줄 몰라서, 쓰레기로 몸살을 겪었다.
3. 영수는 철수와 같이 손잡고 웃고 뛰어 놀던 순이를 좋아했다.
4. 우리는 회사의 명예를 마지막까지 최선을 다해 지키겠습니다.
5. 내가 기억력이 그전 같지 않다는 것을 어제 가본 집이 생각나지 않아 느꼈다.

　　전체 문장 주어부가 서술어와 멀리 떨어지면 어느 주어가 어느 서술어와 호응하는지 판단하기 힘들다. 자칫하면 한 문장을 여러 뜻으로 해석하기 쉽다. 그런 문장은 여러 번 읽고 뜻을 새기거나 글쓴 이가 설명을 해주어야 이해할 수 있다. 목적어가 서술어와 멀리 떨어져도 마찬가지다.
　　그러므로 홑문장에서 주어와 서술어 사이에 수식어를 많이 넣지 말아야 한다. 그러나 대개는 홑문장일 때보다는 겹문장일 때 이런 문제가 생긴다. 즉, 주어가 나오고 '짧은 문장(절)'을 안고 맨 끝에 서술어를 붙이니까, 전체 주어부와 서술어가 멀어진다.

그럴 때는 주어와 목적어를, 짝이 되는 서술어 가까운 앞쪽에 옮겨 놓는 것이 좋다. 물론 주어를 목적어 앞에 놓는 것이 우리말의 일반적인 순서이므로 문장을 짧게 쓸 때는 '주어 + 목적어/보어 + 서술어' 순서로 쓴다.

전체 문장에 안겨 있는 짧은 문장을 독립시켜도 뜻을 분명히 전달할 수 있다. 또는 관형형 어미를 줄이고 연결 어미를 붙여 짧은 문장을 차례로 연결하면, 문장이 자연스럽고 의미가 뚜렷해진다. 물론 문장을 짧게 하는 것이 가장 좋은 방법이다.

다듬은 문장

1. 여성들이 더 적극적으로 사회 활동에 참여할 수 있도록 우리는 여성들의 능력을 인정해야 한다.
2. 시민들이 아직도 자기가 버린 쓰레기를 되가져 갈 줄 몰라서, 공원은 쓰레기로 몸살을 겪었다.
3. 철수와 같이 손잡고 웃고 뛰어 놀던 순이를 영수는 좋아했다.
4. 우리는 마지막까지 최선을 다해 회사의 명예를 지키겠습니다.
5. 어제 가본 집이 생각나지 않아 내가 기억력이 그전 같지 않다는 것을 느꼈다.

연습하기 주어 · 목적어를 서술어 가까이 놓아 보시오.

1. 그 사람의 생계는 교육시키지 않고 직업을 갖게 한 자식들이 유지하였다.

2. 내가 현철이가 어렸을 때부터 자라는 것을 지켜봤다.

3. 취미는 평소 직무 때문에 쌓이는 스트레스를 해소할 수 있어야 한다.

4. 자녀가 부모님 기대에 따라 직업을 선택하는 경향이 심하다.

5. 그 사람의 직업을 신분의 귀천을 결정하고 인격을 판단하는 기준으로 꼽는다.

6. 서양에서는 동양 사람들이 개고기 먹는 사실을 야만스럽다고 비난하고 있다.

7. 우리는 국어에 대해 많이 알지 않거나 국어 사전을 펴보지 않고도 살아갈 수는 있다.

8. 그 나라는 경제 협력을 석유가 안 나는 한국에 석유 탐사를 의뢰하여 다지고 있습니다.

9. 판소리는 넓은 마당에서 벌어지는 판놀음 끝에 부르는 것에서 이름이 유래되었다.

10. 박씨는 훈장을 탄 덕에 개인 택시를 받아 가족들 생활을 책임지고 있는 남편을 존경하고 있다.

11. 소장이 학생들이 편한 상태에서 의견을 자유롭게 이야기할 수 있도록 애쓰는 모습은 취임 뒤 처음인 것 같다.

12. 우리는 기업들이 자기에게 불리한 자료를 숨기려고 애쓰는 것을 평소에 느껴왔다.

13. 나는 구급약을 배가 아프다고 소리를 지른 사람에게 건네주었다.

9 어휘를 겹치지 않게 쓰기

1. 원고를 많이 투고하여 주세요. 그러나 투고한 원고는 돌려주지 않습니다.
2. 우수하고 더 나은 집단이 많습니다.
3. 직장인 남자의 대략 절반쯤은 담배를 피우지 않는다.
4. 버스 안에 탄 승객은 우리와 자매 결연을 맺은 분들이다.
5. 나는 아무 생각 없이 무심히 길거리를 도보로 걸었다
6. 너무너무 기분이 좋아서 많이많이 먹었다.
7. 길에서는 돈 때문에 싸우고, 집에서는 아이들 때문에 싸웠다.

한 낱말이나 한 문장에 같은 의미를 지닌 음절과 어휘가 겹치는 때가 많다. 이것은 쓰는 이가 의미를 강조하려고 일부러 반복하기도 하지만, 대개는 외국어(한문 포함)가 우리말로 바뀌는 과정에서 생긴 것이다.

예를 들어 '蹴球(축구)'에서 '축'에는 이미 '차다'라는 뜻이 들어 있고, 'sign(사인)'은 동사로도 쓰인다. 그런데 우리말로 만들 때 행위 접미사 '하다'를 붙이니까, 실제로는 " '공차다'를 하다, 'sign'을 하다"가 되어 '행위'가 겹친다. 어떤 사람은 '축구 차다, 여행 가다, 테니스 치다, 히트 치다'로 쓴다. 그러나 운동 종목 '축구'를 찰 수는 없다. 따라서 '축구하다, 여행하다, 테니스하다, 히트하다'로 써야 한다.

　같은 뜻을 지닌 말이라도 그 표현 방법에 따라 읽는 이가 조금씩 다르게 받아들인다. 그러므로 그 상황에 맞는 말을 잘 골라 써야 한다. 똑같은 말을 반복할 때는 비슷한 말을 이용하여 변화를 준다. 예를 들어 '말했다'를 계속 써야 한다면, '속삭였다, 부르짖었다, 설명했다, 주장했다, 밝혔다, 언급하였다, 거론하였다, 전했다, 우겼다, 호소했다'와 같은 단어로 바꾸어 준다.

　1에서 '투고'의 '고'에 이미 '원고'라는 의미가 들어 있다. 2에서는 '우수'와 '더 나은'이 겹쳤으며, 3에 있는 '대략'은 '쯤, 가량'이라는 뜻이다. 4에서는 '탄'과 '승(乘)'이 겹쳤으며, '결(結)'과 '맺은'이 겹쳤다. 5에서는 '생각 없이'와 '무심히', '도보'와 '걸었다'가 겹쳤다.

　6은 나이 어린 사람들이 많이 쓰는 말버릇이다. 우리말에서 '너무'는 '마음속으로 생각하는 기준'을 넘었다는 뜻으로, 대개 나쁜 상황에 쓰인다. '너무 슬프다'라고 하면 내가 생각하는 '슬픔'의 기준을 넘었다는 뜻이다. 밝은 뜻을 지닌 부사어로는 '아주, 매우, 무척' 따위가 있다.

　그리고 우리말에서는 의미를 강조할 때 같은 부사어를 반복하지 않는다. 대개 서로 다른 부사어를 결합하여 의미를 강조한다. 예를 들면 '아주 매우 기분이 좋아서, 엄청나게 많이 먹었다.'같이 쓴다. 7에서는 같은 단어를 반복하였다.

다듬은 문장

1. 원고를 많이 보내 주세요. 그러나 보내준 원고는 돌려주지 않습니다.
2. 우수한 집단이 많습니다.
　 더 나은 집단이 많습니다.
3. 직장인 남자의 <u>절반쯤</u>(대략 절반)은 담배를 피우지 않는다.
4. 버스 안에 탄 손님은 우리와 자매 결연한 분들이다.

5. 나는 아무 생각 없이 길거리를 걸었다
6. 아주 기분이 좋아서 굉장히 많이 먹었다.
7. 길에서 돈 때문에 싸우고, 집에 와서는 아이들 문제로 다퉜다.

연습하기 의미가 겹치지 않도록 문장을 다듬어 보시오.

1. 이사를 가는데 고생했다니, 박수를 쳐주십시오.

2. 들리는 소문과는 판이하게 다르다.

3. 머리를 삭발하고 앞으로 전진하겠습니다.

4. 조용히 해주시기 바라겠습니다.

5. 모범 공무원이 상장을 수여 받습니다.

6. 본격적인 농번기철이 되었다.

7. 뇌염 예방 접종을 맞아야 한다.

8. 아주 좋은 호평을 받았다.

9. 만날 때마다 꼭 인사를 했다.

10. 태어나면서부터 천재는 아니다.

11. 피해자가 계속 속출하고 있습니다.

12. 토지 매매 계약을 이행함에 있어서 이 계약을 어기면

13. 가장 큰 문제점으로 생각하는 문제점은 없다.

14. 다소 부족한 점도 있지만 성실한 사람이다.

15. 가사 노동에서 여성들이 벗어나야 한다.

16. 여러 모로 준비를 갖추어 김장을 담갔다.

17. 과반수 이상의 사람들이 찬성하였다.

18. 컴퓨터의 보급이 빠르게 늘고 있다.

19. 내 책을 읽은 독자라며 나에게 가까이 접근하였다.

20. 해외 여행 기간 동안에 많은 것을 보았다.

21. 그럴 수 있는 가능성은 누구에게나 있다.

22. 이런 결과로 인하여 경제가 어려워졌다.

23. 정부는 세계화라는 미명으로 명분을 세우지만

24. 거의 대부분 학교에서 학생들이 교복을 입는다.

25. 기타 다른 사람들이 한 것까지 참견하고 간섭하지 마시오.

26. 작년에는 전출 가신 분이나 전근 가신 분이 아주 많았다.

27. 빈 공간으로 치고 나가더니 먼저 선취점을 얻었다.

28. 아직 정신적 성숙이 미숙한 학생들에게는 자기 자신을 통제할

29. 술을 지나치게 과음한 사람들끼리서 싸우고 있었다.

30. 소위 이른바 오렌지족들이야말로 사회의 암적 존재이다.

31. 전혀 질서가 없는 무질서 속에서 이곳저곳 우왕좌왕 옮겨 다니고

있었다

32. 이런 원인으로 말미암았기 때문에 뜨거운 핫 이슈로 등장하였다.

33. 이 제품은 쓰이는 용도에 따라 다양하게 바꿀 수 있습니다.

34. 한여름에 물 때문에 생기는 수인성 전염병에 걸리지 않도록 해야 한다.

35. 겉으로 표출되어 나타난 사회악을 완전히 근절하여야 한다.

36. 커다란 피해를 입고도 가까운 측근에게 알리지 않았다.

37. 신문은 매일마다 배달되었으나 월간지는 매달마다 사보았다.

38. 실무적인 수준에서 비교적 성공적인 평가를 받았다.

39. 불법적으로 폐수를 밤중에 남몰래 방류하는 악덕 기업을 처벌해야 한다.

40. 일반적으로 산업의 전문화란 대체로 제조업 부문을 5백여 항목 이상으로 분류했을 때

41. 불행한 일이 다시 벌어지지 않기를 바라는 기대도 또한 함께 실려 있을 것이다.

42. 어떤 이는 50여 평도 더 되는 아파트에서 혼자 살고, 한쪽에서는 10여 평 남짓 되는 집에 여러 세대가 살기도 한다.

43. 고소득을 얻으려고 작품을 출품하더니 드디어 결실을 맺었다.

44. 탈출해 나온 사람들이 다시 재생하는 기분으로 살아야 수확을 거둡니다.

45. 보람 있는 삶을 살기가 어렵다고 주장하면서도 한쪽 편으로는 실 천하고 있다.

46. 문법에 안 맞고 맞춤법에 안 맞고 띄어쓰기가 안 맞는다.

47. 남의 문화도 받아들여야 하고 남의 말도 받아들일 것은 받아들여 야 한다. 우리 문화와 우리말에 보탬이 되는 것은 많이 받아들일 수록 좋다. 하지만 남의 것을 받아들이면서 내 것을 버려서는 안 된다.

48. 무궁화가 우리 나라의 국화라는 것을 모르는 사람은 없지만 무궁 화의 의미가 과연 무엇인지를 아는 사람은 아마도 얼마 없을 것이 다.

49. 좋은 장점을 살리고 나쁜 단점을 억제하는 정책이 필요하다.

50. 우리 아이가 어제 승용차에 치어 교통 사고를 당했습니다.

51. 관광객이 다치고 죽는 등 20명의 사상자가 있었다.

52. 우리가 존경하고 따를 수 있는 본받을 만한 어른들도 많다.

53. 태어나면서 타고난 선천적 본능 때문에 50% 이상을 훨씬 넘어서고 있습니다.

10 구체적으로 쓰기

> 1. 잘 살지 못하는 나라가 많다.
> 2. 우표를 제 위치에 붙여 주십시오.
> 3. 학생들이 잘 해야 나라도 잘 한다.
> 4. 청소년의 흡연은 어떻게 손을 써야 한다.
> 5. 이제는 배가 부른 것 같아요. 그래서 기분이 좋은 것 같아요.
> 6. 터널 근처에서는 사고를 일으킬 만한 운전을 하지 마십시오.

어떤 사람은 대상을 정하지 않은 채 처음부터 끝까지 막연히 서술하거나, 관념적이며 추상적인 어휘로만 서술한다. 즉, 무엇을 주장하는 것인지 알 수 없다. 자신이 하고 싶은 말을 일방적으로 드러내고, 읽는 이가 이해하든지 말든지 상관하지 않는다.

중의적으로 표현하여 읽는 이마다 그 뜻을 달리 받아들인다면 그런 글은 좋지 않은 글이다. 그러므로 쓰는 이는 구체적인 어휘를 골라 사전 풀이대로 서술하여 자기 주장을 분명하게 밝혀야 한다. 모호한 문장은 앞뒤에 구체적인 문장을 덧붙여 확실히 뒷받침한다.

1에서는 '잘'의 기준을 분명히 내놓아야 한다. 2에서는 '제 위치'를 확실히 아는 사람만 지시에 따를 수 있다. 3에서도 '구체적'으로 표현해야 한다. 4에서는 쓰는 이도 '어떻게' 해야 할지 모른다.

5같이 자신감 없이 돌려 표현하기도 한다. 예를 들어 '김씨인 것 같다. 밖에 비가 올 것 같다.'처럼 추측하거나 불확실한 사실을 말할 때 '같다'를 쓴다. 그러나 자기 심리 상태나 육체 상황은 자신이 판단할 수 있는 일이다. 6에서도 기준을 '구체적'으로 제시해야 한다.

┨ 다듬은 문장 ┠

1. 국민 소득이 높지 않은 나라가 많다.
   도덕적으로 타락한 나라가 많다.
   문맹률이 높은 나라가 많다.
2. 우표를 편지 봉투 앞면 오른 쪽 위에 붙여 주십시오.
3. 학생들이 건전한 사고 방식을 가져야 국가의 도덕도 바로 선다.
   학생들이 학생다운 몫을 해야 나라도 제 몫을 한다.
4. 청소년 흡연은 '금연법'을 만들어 해결해야 한다.
   청소년 흡연은 학교에서 전인 교육을 강화하여 해결해야 한다.
5. 이제는 배가 부릅니다. 그래서 기분이 좋습니다.
6. 터널에서는 다른 차를 앞지르지 말고, 차선을 바꾸지 마십시오.

연습하기 다음 문장에서 모호한 곳을 찾아, 의미를 뚜렷하게 전달할 수 있도록 고쳐 보시오.

1. 아침에 무리하게 엔진을 시동시키지 마십시오.

2. 고위 공직자들이 반성하지 않아 유감이다.

3. 농담 비슷하게 농담조로 튀어나온 말이었다.

4. 나는 편애 같은 건 하지 않았다.

5. 이 세상은 아름다운 꽃밭이다.

6. 그 계획은 싹도 나지 않고 햇빛도 보지 못한 채

7. 수녀는 신비로운 무엇인가를 감추고 있다.

8. 두서너 개 이상 먹으면 몸에 좋지 않다.

9. <u>얼굴이</u>(날씨가, 기분이) 좀 그렇다.

10. 큰 인물이 되려면 책을 많이 봐야 한다.

11. 그리 늦지 않은 나이에 영재 교육을 받게 하자.

12. 그 사람을 보면 이상한 생각이 든다.

13. 여당의 한계로 개혁에 소극적일 수밖에 없다.

14. 신과 인간 사이에 그 어떤 사랑으로 맺어졌다.

15. 청소년은 너무 늦기 전에 빨리 깨달아야 한다.

16. 청소년의 성 문제를 너무 소홀히 취급하였다.

17. 그것은 교육이 나아갈 길이 아니다.

18. 깨끗이 씻어 보관하였다가 재활용하든지 해야 한다.

19. 얼마 전까지만 해도 산골짜기에 있는 물을 그냥 마셨는데

20. 성을 약간 상품화하여 광고하는 것은 이해가 되지만

21. 관변 단체는 말못할 그런 것들이 많다.

22. 고위 당국자는 이날 금일봉을 성금으로 냈다고 한다.

23. 서독 축구도 뭔가 그런 쪽으로 조금 거시기한 면이 있다.

24. 인류 역사라고 할 수 있을 정도로 지속하여 왔다.

25. 그 문제에 국민들의 불만이 불씨로 남아 언제 타오를지 알 수 없다.

26. 삶을 지탱시켜 주던 어떤 것이 모두 사라져 버렸다.

27. 정부의 정책은 바람에 날리는 휴지와 같았다.

28. 'Made in USA'가 물밀듯이 쏟아져 들어오고 있다.

29. 그 약이 불티나게 팔려 우리 동네 돈의 씨를 말렸다.

30. 사회는 온통 자유의 물결이 넘실거리며 갇혀 있던 민중의 자각을 부추겼다.

31. 쌀 수입 개방의 둑이 무너졌다. 우리 나라는 총칼 없는 전쟁터에서 싸워 졌다.

32. 오락실에 간다거나 하는 것만 보고 무조건 나쁜 사람으로 대해서는 안 된다.

33. 국유지를 사용하게 한다든가 하는 국가적 지원이 있었으면 하는 바람이다.

34. 생활에는 여러 가지 불편이 따르게 마련이고, 그 불편이 좀 거시기 하더라도

35. 60년대 정치 사상의 영향을 받은 교육자들이 불합리한 교육에 앞장서 왔다.

36. 미사일 의혹을 풀지 않고 미국에 가서 사냥이나 낚시, 친구를 사귀
   는 행동을 할 수 없을 것이다.

37. 모호한 법을 근거로 청년들을 구속하는 이 정권에게 개탄과 분노
   를 표한다.

38. 요즘 커다란 광고와 신문 사이에 끼어 있는 전단 광고 등, 광고가
   많다.

39. 충고가 상대방의 가치나 능력을 무시하는 쪽으로 가거나 해서는
   안 된다.

194

11 부풀리지 않기

1. 나는 가끔 우울증에 시달린다.
2. 밀려오는 불안과 우울에서 자유로울 수 있었다.
3. 미국 문화가 우리의 하얀 머리를 노랗게 물들였다.
4. 달동네 출신의 청년이 그야말로 피눈물나는 고생 끝에 성공하였다.
5. 얼마 안 되는 쥐꼬리만한 임금을 주면서 말도 못하게 어려운 중노동으로 사람을 혹사하였다.
6. 남북 회담 사무국은 실무적인 일에서 안기부 뺨칠 정도로 철통같은 보안을 유지하고 있어 통일원 쪽 사람들도 돌아가는 내용을 잘 모를 정도라는 얘기가 나오고 있다.
7. 재킷을 열고 음악의 알몸을 대하는 순간, 이 모든 이미지들이 한낱 제스처였음을 깨닫는 데는 많은 시간이 걸리지 않았다.

구체어는 '진달래'처럼 가리키는 대상이 구체적으로 존재하는 낱말을 말하며, 추상어는 구체적인 대상의 성질을 통해 얻을 수 있는 상징을 담은 낱말을 일컫는다. 즉 '진달래, 개나리, 민들레' 같은 구체어에서 '꽃'이라는 추상어를 만든다.

그리고 일반어는 한 집합이나 종류를 가리키고, 특수어는 그 중에서

한 대상을 가리키는 단어이다. 예를 들어 '맹수'가 일반어이고, '표범'
이 특수어이다. 특수어는 지시 대상을 한정하기 때문에 모양이나 느낌
이 분명하다. 그래서 특수어로 서술하면 읽는 이에게 생생하고 분명하
게 의미를 전달할 수 있다.

　논리적인 글은 논거를 대고 상대방을 객관적으로 설득해야 한다. 그
러므로 자기 견해를 분명히 밝히려면 객관적 근거를 바탕으로 구체적
으로 서술해야지, 많은 것을 연상하게 해서는 안 된다. 따라서 논리적
인 글에서 본론은 주로 특수어와 구체어로 서술하고, 결론은 추상어와
일반어로 마무리하는 것이 좋다.

　1~3은 수다스럽기만 하지 내용을 잘 전달하지 못했다. 억지로 만든
문장이라서 읽는 이는 글쓴이가 뭘 말하려고 하는지 모른다. 산문과
운문이 다른데도, 심지어 어떤 사람은 자기 주장을 압축하여 시를 쓰듯
빗대어 표현하기도 한다.

　4~6에는 쓸데없는 말이 많다. 의미를 강조하려는 것이 지나쳐 편견
을 드러냈다. 7은 너무 화려하다. 논리와 상관없는 글이다. 무엇을 이
야기하고 있는지 글쓴이만 알고 있을 뿐이다. 일부 지식인이 이런 식
으로 말장난을 하지만, 따지고 보면 제대로 전달하는 것이 없어서 아무
말도 안 한 것과 같다.

다듬은 문장

1. 나는 가끔 우울해진다.
2. 이제는 더 이상 불안하지 않았으며 우울하지 않았다.
3. 미국 문화 때문에 우리 민족 문화는 순수함을 잃었다.
4. 가난하게 자란 청년이 힘든 고생 끝에 성공하였다.
5. 얼마 안 되는 임금을 주면서 사람을 중노동으로 혹사하였다.
6. 남북 회담 사무국이 실무적인 일에서 비밀을 철저히 지켜 통일원

196

쪽 사람들도 돌아가는 내용을 잘 모른다고 한다.

7. 재킷(겉봉투)을 열고 음반을 보자마자, 이 모든 상상이 한낱 허튼 생각이었다는 것을 금방 알 수 있었다.

연습하기 다음 문장을 간결하게 다듬어 보시오.

1. 너에 대한 나의 믿음은 변함없다.

2. 우리 살림이 조금씩 힘겨움으로 느껴졌다.

3. 피곤에 지쳐 길가에 아무렇게나 내 몸을 뉘었다.

4. 사회의 독초가 무시하지 못할 만큼 많이 자랐다.

5. 우리는 입만 열면 성실 성실을 강조하곤 한다.

6. 더 많이 늘어났으면 하는 바램도 가져 본다.

7. 오후 내내 밀려오는 근심을 면치 못하였다.

8. 내 발은 움직이려 하지 않았다. 내 입도 열리지 않았다.

9. 도대체 기억 속에 전혀 떠오르지 않는 얼굴이었다.

10. 해외 방문을 가로막는 수법에 다름 아닌 것이다.

11. 어느 새 잊혀져 가는 오대양 사건이야말로 더할 나위 없는 광신의 본보기이었다.

12. 학교에도 등록이 안 되어 있는 관계로 많은 피눈물 나는 어려움이 따른다.

13. 이 사람은 그 비싼 수업료를 내고 경영 전반에 대해 가르침을 받고 있다.

14. 지금은 온통 남의 말글의 홍수 속에서 떠밀려 가고 있는 상황이 되었다.

15. 같은 질이면 아니 그 이상 품질이 좋으면 우리 나라 제품을 애용합시다.

16. 어른들의 조언 속에서도 이런 생각의 흔적을 찾아볼 수 있다.

17. 생명을 가진 모든 것에 있어서 그들의 시작은 아무도 알지 못했다.

18. 농약은 몸 안에 쌓이면 죽음에까지도 이르게 하는 무서운 병이다.

19. 긍정적인 자세로 한 발짝 한 발짝 몸소 다가가 적극 이용할 수 있어야 한다.

20. 처음부터 끝까지 아주 정신을 들여 읽으면서 보태고 깎고 고치고 하여 다듬었습니다.

21. 나는 전혀 관련이 없을 것도 같은 두 사물 사이에서 서로 잘 맞아떨어지는 공통점을 찾아냈다.

22. 대다수 국민들이 지하철을 이용한 적이 있을 정도로 지하철은 국민의 대표적인 대중 교통 수단이 되었다.

23. 편견은 인간 관계 유지에 방해 요소가 될 뿐 그 이상의 뜨거운 가치를 갖지 않는 것이다.

24. 사람이 사람으로서 살아가는 진정한 존재 가치는 두말할 필요도 없이 일, 즉 노동을 한다는 것이다.

25. 죽음이라는 피할 수 없는 인간 한계에 부딪치게 됨으로써 신에 대한 믿음과 숭배는 인류 역사의 맥으로 지속되어 왔다.

26. 특별 활동 시간이 적당주의 아래 형식적으로 운영되거나 아예 이를 무시하고 교과 보충 시간으로 전환하는 식으로 공공연하게 이루어지고 있다.

27. 바위틈 사이로 얼굴을 내밀고 세상에 최초의 일별(一瞥)을 던졌다.

28. 하느님께서 우리에게 새로운 깨달음을 주시어 환희가 다가섰다.

29. 한국인이면 누구나 모국어를 훌륭하게 사용하기 위해 노력하지 않으면 안 된다.

30. 나의 인생관에 특별히 영향을 준 인물이 있는가 하고 생각할 때, 어떤 인물도 나의 인생관에 영향을 주지 않았다고 믿는다.

31. 철수가 어제부터 우울한 얼굴을 하고 있다.

12 번역체 문장 버리기

1. 나는 아이 셋을 갖고 있다.
2. 나의 살던 고향에 나의 친척이 아직도 있다.
3. 우리는 뜨거운 사랑―부모 마음 같은―을 실감했다.
4. 이런 짓은 사회 질서를 깨뜨리는 행동의 하나이다.
5. 우리 회사는 서울에 위치하고(자리하고) 있습니다.
6. 이런 사실을 아무리 강조해도 지나치지 않습니다.
7. 진지하고도 솔직한 설명이 있었다.

한 나라 언어는 그 나라 사람들이 오랫동안 쌓아온 문화이기 때문에, 그 나랏말답게 써야 가장 정확하게 전달할 수 있다. 예를 들어 '억지춘 향'은 안 되는 일을 억지로 우겨서 이루어지게 할 때 쓰는 말인데, 소설 「춘향전」을 모르면 그 뜻을 정확히 알 수 없다.

그런데도 오랜 세월 동안 효율적으로 정리된 전달 방식을 버리고, 외 래어 '글버릇'을 우리 것처럼 쓰는 사람이 많다. 외국어를 오랫동안 익 히면 처음에는 낯설던 문장이 나중에 익숙해지면서 그 말을 우리말인 것처럼 착각하기 때문이다.

물론 외래어가 반드시 좋지 않은 것은 아니다. 우리가 미처 생각지 못했던 부분을 채워주면서 우리말을 더욱 풍성하게 해주기도 한다. 예를 들어 '앞'이라는 뜻으로 한자어 '전(前)'을 쓰지만 '10시 10분 전'이면 10시에 10분이 못 미친 '9시 50분'이라는 뜻이지, '10시 10분'은 아니다. 즉 '앞'과 '전'이 각각 달리 쓰이면서 그만큼 우리 생각을 다양하게 표현할 수 있다.

그러나 어떤 외래어는 우리가 어떻게 쓰자고 약속한 문법을 무너뜨린다. 그런 말 때문에 우리말로 쉽게 쓸 수 있는 것도 사람들이 어렵게 표현하게 한다.

1에 있는 '갖다'는 'have'를 직역한 것이다. 우리는 사람을 인격체(존재)로 대했지, 사람을 사물로 보고 '소유'하려 하지 않았다. 2에서 우리나라 사람은 '나'보다 '우리'라는 말을 더 잘 쓰며(예 우리 남편), '나'를 쓰더라도 '나의'가 아니라 '내(제)'를 썼다.

4에 있는 줄표(—)는 우리말에서도 삽입, 해설, 전환, 생략 따위에 쓰인다. 그러나 엄밀히 따지면 우리 것이 아니다. 줄표 안에 있는 문장을 독립시켜 전체 문장 속에 넣어야 자연스럽다.

5에 있는 '~중의 하나'는 영어를 직역한 것이다. 6에 있는 '위치'처럼 '움직임'이 없는 말에 '하다'를 붙일 수 없다. '기초, 토대, 기반, 근거, 바탕, 이름, 기능, 자리'도 마찬가지다. 심지어 이런 단어에 '-시키다'를 붙여 '위치시킨다, 기초시킨다, 토대시킨다'처럼 쓰는 사람도 있으나, 모두 잘못된 말이다.

7에서는 영어 관용어를 직역하였다. 8은 영어 'There is ~'로 시작하는 문장을 직역한 것이다. '하다'를 없애면서 우리말이 지닌 '서술성'을 죽였다. '관형절'로 수식하는 것도 영어식 글버릇이다. 이런 문장은 행위의 주체가 분명치 않다. 이와 비슷한 것으로 '반성이 있다. 계획이 있다. 지적이 있다, 보고가 있다, 흐름이 있다, 관측이 있다.'가 있는데, 신문에서 많이 찾아볼 수 있다.

║ 다듬은 문장 ║

1. 나에게는 아이가 셋이 있다.
   우리 집은 아이가 셋이다.
2. 내가 살던 고향에 아직도 <u>우리</u>(내, 제) 친척이 살고 있다.
3. 우리는 부모 마음 같은 뜨거운 사랑을 실감했다.
4. 이런 짓은 사회 질서를 깨뜨리는 일이다
5. 우리 회사가 서울에 있습니다.
6. 이런 사실을 꼭 알아야 합니다.
   이런 사실을 강조하고 싶습니다.
7. 진지하고 솔직하게 설명했다.

연습하기   다음 '외래어 말버릇'을 우리말답게 바꾸어 보시오.

1. 국회 본회의에 야당 총재의 대표 연설이 있었다.

2. 그런 종류의 시위에 대한 보도가 여러 번 있었다.

3. 우리 사회의 소시민적 한계도 주목에 값한다.

4. 많은 고민을 갖고 있다. 느낌이 좋지 않다.

5. 나는 너를 필요로 한다. 나는 네가 필요하다.

6. 리얼리즘이 대중들로 하여금 감동을 불러일으킨다.

7. 교수라는 이름에 값하기 위해 부단히 노력하였다.

8. 우리 학생들에 대하여 많은 관심을 기울이고 있습니다.

9. 모든 사람이 도와주셔서 성공하였다고 해도 과언이 아닙니다.

10. 여러 성향이 섞여 있었는데, 그 중에 하나는 온건파다.

11. 하나의 허수아비에 지나지 않는다 해도 과언이 아니다.

12. 위법 사항을 여러 차례 지적해도 개선하지 않는다는 여론이 있다.

13. 집행부에서 종합적인 청사진을 제시하지 못했다는 지적이 있었다.

14. 그 사람은 미국 남부에 75마리의 소를 갖고 있었다.

15. 우리 조상들은 꿀물을 마시는 지혜로움이 있었습니다.

16. 정부의 실수는 결정적 호기를 잡지 못했다는 데 있다.

17. 이 문제는 이런 상황을 안고 있었다는 데 문제의 심각성이 있다.

18. 학교 생활에 적응하도록 — 학습 태도가 좋도록 — 적극 협조하여 주신 데 대하여 감사합니다.

19. 이 광고가 '공공 홍보'가 아닌 것은 기저귀나 비누 광고가 그렇지 않은 것과 마찬가지다.

20. 사회 간접 자본 확충에 비용이 많이 들지만 그래도 발상의 전환을 필요로 한다.

21. 국민을 불안에 몰아넣은 사람들의 반성과 사죄 또한 마땅히 있어야 한다.

22. 우리 산업 구조는 경쟁력을 높이기 위해 대대적인 구조 개혁을 필요로 하고 있다.

23. 우리 사회는 지도자의 신속한 결단력을 필요로 한다.

24. 내가 가진 많은 고민 중의 하나가 진학이었다.

25. 그 사실은 나로 하여금 실망을 하게 하였다.

26. 그 사람은 대중들에게 가르침을 펴고자 생명을 버려, 대중들에게 큰 감명을 주기에 부족함이 없다.

27. 대부분의 청소년들이 가장 필요로 하는 것은 사랑이다.

28. 텔레비전은 덜 성숙된 시청자로 하여금 폭력적인 행동을 하게 한다.

29. 다음 보기에 대하여 공부하고 주관식 문제인 경우는 정답을 주관식 답란에 적으시오.

30. 정부 부서로 기능하고 있는 시청에서 불법을 기반하여 만든 규정에 따라 단속하고 있다는 것을 잘 웅변해 준다.

31. 화기애애한 토론의 시간을 갖고 서로 이야기(대화)를 나누었다.

32. 이러한 현실을 극복하는 방법은 무엇보다도 종업원의 해고를 줄이는 데에 있다.

33. 수많은 지지자들이 80%라는 높은 투표율을 보였다.

34. 현대를 살아가는 데 있어서 경제적 자립에 기초한 자유야말로 아주 소중하다.

35. 기계론적 세계관에 대해 반성의 움직임이 나타나고 있다.

36. 사랑에 빠졌던 사람이 그 소식을 듣고 커다란 충격에 휩싸였다.

37. 신랑 입장이 있겠습니다.

38. 한국과 러시아 문화 교류가 활발히 이루어져야 하며, 발상의 전환

이 있어야 한다.

39. 선거를 통해 정권 교체가 이루어져야 한다며 긴급 모임을 갖고 대책을 논의하기로 하였다.

40. 글쓴이는 어떤 성격의 소유자인가를 확인하여 회원 가입을 고려에 넣도록 해야 한다.

41. 어느 누구도 경제 위기에 대한 책임으로부터 자유로울 수 없다.

42. 운영위원들이 만남의 시간을 갖고 사회적 임무에 대해 진지한 토론이 있었다.

43. 그런 기억을 지닌 사람들은 자기 자신에게 만족감이 없다.

44. 유교 사상의 철저한 이론적 정립과 실천을 필요로 한다.

45. 그것을 언론 탄압이라고 주장하는 견해가 있는 것은 불신에 기반을 두고 있었다는 사실에 기인한다.

13 문장에서 주체 세우기

1. 대통령은 외무 장관에게서 방미 결과를 보고 받았다.
2. 거센 바람이 집을 마구 흔들었다.
3. 이 물건은 3,500원 되겠습니다.
4. 자동차 시동이 꺼지면 당황돼요.
5. 꼬마가 동네 사람들에 의해 천재로 불리워진다.
6. 개방의 문이 열어지고 정의로운 사회를 실현시키고
7. 지금은 우리의 각별한 경계가 요구되는 시점이다.

　우리말에서는 의미로 따져 '업다 → 업히다'처럼 피동 접사(-이-, -히-, -리-, -기-)가 있을 때, '오해를 풀었다 → 오해가 풀어졌다'처럼 '-아/-어 지다'가 있을 때, '해결하다 → 해결되다'처럼 '되다, 당하다, 받다'가 있을 때를 '피동'으로 본다.

　우리말에서는 능동으로 행동할 수 있는 주체를 주로 사람으로 제한한다. 한 문장에 여러 사람이 나오면 '위아래'를 따져 윗사람을 문장의 주체로 삼는다.(예 사장이 과장에게 보고 받았다.) 사람과 사물이 있으면 사람을 주체로 내세운다.(예 할머니가 벌에 쏘였다.) 물론 한 문장에 사람과 사물이 있을 때 사물을 강조하려면 사물을 앞세운다.(예 꼬마가 차에 치였다. → 차가 꼬마를 치고 달아났다.) 한 문장에 여러 사물이 등장할 때는 강조하려는 것을 주체로 세운다.

　영어에서는 문장의 주체를 제한하지 않아서 사물도 문장에서 주체가 될 수 있다. 그래서 무생물을 주어로 하는 문장(물주 구문)이 아주 흔하다. 즉, 'Business brought him to Seoul.'을 풀이하면 '일이 그 사람을 서울로 데리고 왔다.'이지만, 실제는 '그 사람은 일이 있어 서울에 갔다.'로 번역해야 한다.

　그런데 우리말이 영어의 영향을 받아, 피동문과 물주 구문이 많아졌다. 심지어 두세 겹 '피동'을 만들기도 한다.〔예 '약화되어졌다'에는 '화(化), 되다, -어지다'가 겹쳐 있다〕

　1은 시대가 바뀌었으니 주체를 바꾸어야 자연스럽다. 때로는 2처럼 사물을 능동의 주체로 만들고 '의인법(활유법)'으로 표현한 것이라고 우기나, 문법으로는 잘못된 문장이다. 3~4에 있는 '-되다'는 '해결, 마련, 정돈'과 같은 동사적 명사에 붙어, 그 '움직임이나 상태가 스스로 이루어짐'을 나타낼 곳에 써야 한다. 그러므로 '3500원이거나, 당황할' 수는 있어도 억지로 '3500원되거나, 당황될' 수는 없다.

　4~5에 있는 '-지다'는 동사 어미 '-아(어)' 아래에 붙여 그 동사를 피동으로 만드는 보조 용언이다. 이 말을 형용사 어미 '-아(어)' 아래에 붙이면 그 형용사가 동사로 바뀐다.(예 예뻐지다, 넓어지다, 길어지다) 따라서 이 말을 붙일 때 문장에서 어떤 것이 주체가 되는지 잘 알아야 한다. 5는 영어식 수동태 문장이다. 우리말에 '불리워지다'라는 말은 없다.

　6에서는 '-하다'만 붙여도 되는데, '하게 하다(사동)'라는 뜻을 지닌 '-시키다(접미사)'를 붙였다. 원래 '시키다'는 '심부름시키다, 공부시키다, 입원시키다'같이 다른 사람에게 무슨 일을 하게 할 때 붙이는 말이다. 7에서는 사람이 자기 의지로 행동하면 되는데, 사물이 행위의 주체가 되었다.(물주 구문)

┌─┤ **다듬은 문장** ├────────────────────┐

1. 외무 장관이 대통령에게 방미 결과를 보고했다.
2. 거센 바람에 집이 마구 흔들렸다.
3. 이 물건은 3,500원입니다.
4. 자동차 시동이 꺼져서 (내가) 당황했어요.
   자동차 시동이 꺼지면 (누구라도) 당황하게 돼요.
5. 동네 사람들이 꼬마를 천재로 부른다.
6. 개방의 문을 열고 정의로운 사회를 실현하고
7. 지금 우리는 각별히 경계해야 한다.

└──────────────────────────────────┘

연습하기 다음에서 우리말답게 문장의 주체를 바로 세우시오.

1. 건물이 여기저기 많이 세워지는데

2. 모든 사람들로부터 결국 신뢰를 잃게 될 것이다.

3. 형에게서 편지가 왔다.

4. 고장난 차가 치워졌습니다.

5. 지금 많은 기대가 되고 있습니다.

6. 공부방이 이사를 했다.

7. 요즈음 글이 잘 안 써졌다.

8. 이 어려움은 극복되어져야 한다.

9. 꼬마들이 자주 거짓말시켰습니다.

10. 독서는 미래 사회에서도 더 강하게 요구될 것이다.

11. 붕괴된 건물 틈에 사람이 매장되어졌다.

12. 정부는 교육을 개혁시킬 만한 힘이 없었다.

13. 잘 익은 벼가 수확될 것입니다.

14. 위급한 상황으로 보여집니다.

15. 이 단체는 김 선생님에 의해 이끌어져 왔다.

16. 내 얼굴이 화면에 나오게 되면 엄마에게 알려질 거예요.

17. 도서관에 읽혀질 만한 책이 많다고 생각된다.

18. 지금은 중국에 쉽게 갈 수 있게 되었다.

19. 결국 틀에 박힌 사회를 낳게 될 것이다.

20. 그 문제는 해결되지 않았다.

21. 이 문제는 다시 검토될 필요가 있다.

22. 사이비 종교가 일부 사람들에 의해 믿어지고 있다.

23. 끓여 마시니까 애들한테도 안심이 되요.

24. 그런 행동은 민족 자존심을 훼손시킬 뿐이다.

25. 국민 불안을 해소시켜 편안하게 살게 돼야 한다.

26. 타종교에 대해 비방할 수 없게 되어 있다.

27. 이러한 결의가 환자의 건강을 염려해서 의료적 차원에서 나왔다.

28. 지금도 논산에서 불리우는 민요입니다.

29. 많은 사람들에게서 그래서는 안 된다는 의견이 나왔다고 한다.

30. 지역 주민들에게 거센 비난을 사고 있다.

31. 예전 같으면 당원들에게 봉투나 수건이 돌려졌다.

32. 계획대로 내년에 시작될 수 있을지 우려되고 있다.

33. 오늘날 각 경제 주체의 고통 분담이 요구되고 있다.

34. 농촌의 피폐를 더욱 가속화시킬 것으로 우려되고 있다.

35. 속임을 당해 사들인 불법 건물이 끝내 말썽을 빚었다.

36. 차분히 검토하여 입체적으로 접근할 것이 요구된다.

37. 1주일 뒤에 제네바에서 열릴 것이 확실시된다고 내다보고 있다.

38. 승용차가 오토바이를 들이받아 사람을 숨지게 했다.

39. 그런 정신에 의해 계획한 과학 기술 정책에 어떤 변화가 올까?

40. 공해 물질로 일컬어지는 각종 쓰레기가 사람들에 의해 여기저기에
    버려졌다.

41. 성실한 자세로 지내 왔음을 설문 결과는 잘 말해 주고 있다.

42. 목청을 가다듬기 위해 폭포를 찾는 모습이 많은 이들에게 목격됐다.

43. 이런 사례는 광역 상수도가 더욱 확충되어야 함을 대변해 준다.

44. 삽살개는 현재 삽살개 보존회에 의해 200여 마리가 길러지고 있으
    며, 정부에 의해 천연기념물 368호로 지정되어 있다.

45. 여러 모로 어려움을 불러왔었으나 지금은 해결되었다.

46. 사람들 모두 두꺼비가 가진 항생 물질에 착안하고 있었음을 말해 주는 것이다.

47. 30여 명의 기자들이 열띤 취재 경쟁을 벌인 것으로 알려져 있다.

48. 잠시 후 교장 선생님 말씀이 계시겠습니다.

49. 유권자들을 감싸안는 변신이 요구된다.

50. 이 약은 피로를 회복시켜 주며 주근깨 형성을 예방시키고 피부를 부드럽게 합니다.

51. 부상을 당한 신부를 구속시킨 현정권에 대해 책임을 묻고 싶다.

52. 그 사람은 자기 글에 가해지는 여러 비판에도 불구하고 굽히지 않았다.

53. 자연 과학은 많은 기술의 개발을 가능하게 하였다.

54. 이런 조건하에서 일반인들의 신청을 접수받는다.

55. 가격이 변동된 우표는 그 당시 통화 사정을 말해 주고 있다.

56. 산업 사회가 정보 사회로 이행되는 것으로 이해되어질 수 있다.

14 서술성 살리기(1) 압축한 문장 풀기

> 1. 수도 동파 위험
> 2. 다시는 재발 않도록 조치했다.
> 3. 구성원 상호간의 비판과 타협 역시 민주주의의 한 양식이다.
> 4. 오등은 자에 아 조선의 독립국임과 조선인의 자주민임을 선언하노라.
> 5. 이 차의 개발 컨셉트는 '높은 기능성과 고품질을 겸비한 새로운 대중차의 실현'이다. 이에 걸맞게 이 차는 스포티하면서도 스타일리시한 디자인, 동급 최고의 경제성을 기본 개념으로 실현코자 최선을 다했다. 외관은 생기 넘치는 경쾌함과 기능적인 'Lively' 스타일을 디자인 테마로 삼고 있다. 이 차는 이제껏의 여타 서브 컴팩트카에서는 볼 수가 없었던 스포티하면서도 스타일리시한 매력을 한껏 실현하고 있다.

　언어학자들은 우리말을 '첨가어'로 분류한다. 첨가어의 가장 큰 특징은 서술 어미가 다양하게 변한다는 것이다. 중국 한자는 형태가 고정되어 놓이는 위치에 따라 뜻이 조금씩 달라진다. 물론 그것만으로는 뜻을 자세히 구분하지 못하므로 음의 높낮이, 길이로 보완한다. 그래서 중국말은 말의 억양 변화가 심하다.

영어는 서술 어미가 약간 바뀐다. 현재형에 뭐를 붙이면 과거형이 되고, 뭐를 붙이면 과거 분사형이 되는 식이다. 그러나 영어도 그 정도뿐이라서 중국 한자처럼 단어를 어떻게 늘어놓느냐를 아주 중요하게 여긴다. 단어 순서가 조금만 바뀌어도 뜻이 통하지 않는다.

그러나 첨가어인 우리말은 어미를 다양하게 붙이며, 그 서술 어미에 따라 뜻과 기능이 확실히 구분된다. 예를 들어 '먹-'에 '자'를 붙이면 청유, '어'를 붙이면 명령, '냐'를 붙이면 의문을 의미한다. 그러므로 그 단어가 어디에 있든지 뜻을 분명히 전달한다. 즉, '밥을 먹냐'나 '먹냐, 밥을'이나 그리 큰 차이가 없다.

게다가 우리말은 말과 글이 일치하는 언어이다. 말과 글이 일치한다는 것은 '나만 집에 갑니다'라고 말하고 글로도 그렇게 쓸 수 있는 상황을 말한다. 즉 우리에게 한글이 없어 '나만 집에 갑니다'를 아직도 한자로 '唯我歸家'라고 표기하고 있다면 말과 글이 일치하지 않아서 굉장히 불편할 것이다.

그러나 우리 역사에서 한자를 지배 계급이 쓰던 적이 있어, 피지배층인 백성과는 다르게 표현하던 버릇이 우리말에 아직 많이 남았다. '어머니께서 힘이 없어 넘어지는 바람에 얼굴을 긁혔다.'하면 될 것을 '母親(모친)이 氣盡(기진)하여 顚倒(전도)한 緣故(연고)로 顏面(안면)에 擦過傷(찰과상)이 發生(발생)했다.'로 쓴다. '말 따로 글 따로'인 셈이다.

1은 내용을 압축하여 요점만 전하려고 한자어로만 썼다. 읽는 이가 한눈에 빨리 볼 수 있도록 압축하였지만 우리 문장의 서술성을 죽이면서, 본래 의미를 전달하지 못한다. '수도가 동파'하면 폭발하여 '수도 꼭지'가 날아가기라도 하는지? 이런 것은 신문 표제어, 글 제목에 많다. 이처럼 내용을 확실히 전달하지 못해서 나중에 다시 더 설명해야 한다면 오히려 '비경제적인 문장'이다.

2에서는 글자 수를 줄이려고 서술 어미를 뺐다. 그러나 서술 어미가 문법 관계를 알려 주기 때문에 우리말에서는 서술 어미를 줄이지 않는다. 3에서도 우리말이 겨우 조사나 어미로만 쓰였다.

　4는 '독립선언문(1919)'의 첫머리로 '한자에 중독된' 글이다. 이보다 앞서 1896년에 서재필이 〈독립신문〉을 창간하였는데, 우리말로 쓴 창간 논설은 지금 읽어도 뜻을 알 수 있다. 1896년은 현대적 문체가 자리잡지도 않았을 때였다. 5는 '영어에 중독된 글'로, '독립선언문'보다 나을 것이 없다. 한글로 쓰여 있을 뿐이지, 우리글이 아니다.

┤┃ **다듬은 문장** ┃├

1. 수도를 꼭 잠그지 마세요.
　수도가 얼지 않도록 수돗물을 약간 틀어 놓으세요.
2. 다시는 재발하지 않도록 조치했다
3. 구성원이 서로 비판하며 타협하는 자세도 민주주의가 지닌 한 양식이다.
4. 우리는 오늘 우리 조선이 독립 국가이며, 조선 사람이 자주 민족이라는 것을 선언한다.
5. 이 차를 '기능성이 뛰어나면서 품질이 좋은 대중차'로 개발하자는 데에 목표를 두었다. 또 날렵하고 맵시 있는 디자인, 최고의 경제성 따위에도 최선을 다했다. 겉모습에 살아 움직이는 느낌을 살렸고, 기능이 다양하면서도 기운찬 모습을 지니도록 하였다. 이 차는 지금까지 보았던 다른 중소형차와 달리 날렵하면서도 아름다운 매력을 한껏 자랑하고 있다.

연습하기　다음 문장에 서술성을 주어 의미를 뚜렷하게 하시오.

1. 낙석 주의

2. 내 중학 시절에는

3. 안전 사고에 유의. 희망원 조속 제출. 피로 회복제.

4. 관리 소홀과 시설의 노후로 인해 문제가 많았다.

5. 다른 루트를 확보하여 빅 뉴스를 캐치한 특종맨에게 비행기 티켓을 주겠음.

6. 주차장 이용은 인접 장소를 선택하십시오.

7. 조심 운전으로 인해 사고가 대거 감소하였다.

8. 가능하면 농안법 개정 않기로 하고, 농성 중인 사람들을 검거 말도록 지시했다.

9. 해외 마케팅을 확대하려고 새로운 플랜을 세웠다.

10. 이번 부조리 척결 대회에서 구치소의 완벽한 청정 지대화를 핵심 결의 사항으로 채택하였다.

11. 공무원의 경직된 이미지를 탈피하기 위한 방편으로

12. 장기간 사용하면 자연히 탈색과 변질 등으로 인하여 미관상 좋지 않고

13. 이날 행사는 시종일관 화기애애한 분위기 속에서 진행되었다.

14. 두피와 모발 보호는 물론 자연의 신선한 향기를 느낄 수 있습니다.

15. 용도에 따라 재료를 구입 누구나 쉽게 조립할 수 있습니다.

16. 사회에 대한 불만으로 인해 사회에 적응하려는 노력보다 범죄 쪽으로 눈을 돌린다.

17. 최근 빈발하고 있는 비리 척결에 기관장들이 각고의 노력을 아끼지 말아야 한다.

18. 도심에 위치한 보안 시설물을 외부에 노출하지 않고도 친근한 이미지를 주도록

19. 노후한 시설을 제거하고 현대식 시설을 신축하기 위해 매진하겠다.

20. 학습 의욕을 고취시킴은 물론 의식 개혁으로 건전한 시민으로 생활할 수 있다.

21. 이 기계 시스템은 매뉴얼이 없으면 콘트롤하기 힘들다.

22. 대표를 비롯, 부장 그리고 과장이 참석하였다.

23. 토지 가격 불안정과 투기 심리로 인한 불합리한 지가 형성, 지가 급격한 상승 등은 자원의 효율적인 이용을 저해한다.

24. 소득 증가와 생활 수준 향상으로 생활 환경에 대한 국민적 욕구가 고조되면서 쾌적한 도시 환경 조성 필요성이 증대하고 있다.

25. 물질적 행복은 생산력 증대와 부의 고른 분배를 통해 실현할 수 있다.

26. 외국 유명 브랜드를 붙인 캐주얼 슈즈가 붐을 일으켰다.

27. 수출입 화물의 수송에서 가장 애로를 겪고 있는 것은 항만 시설의 부족으로 인한 통관의 지연, 수출입 화물의 컨테이너화에 필요한 내륙 화물 기지의 부족 등이다.

28. 루키들이 데스크에 놓인 메모를 보고 미팅에 참가했다.

29. 이것은 공해에 대한 무감각과 오염 물질에 대한 무지에서 비롯하였다.

15 서술성 살리기(2) 조사 풀기

---

1. 오늘날에 있어서의 인류에게 닥친 위기로부터의 기회이다.
2. 산책으로의 사색. 이상에로의 도달, 부천에서의 축제
3. 형식상(上) 문제가 많아 협상차(次) 비밀리(裡)에 떠났다.
4. 이런 조건 아래에서는 대안이 없는 한 서로 적대시할 것이다.
5. 신물질의 창출은 크게 3가지 방법으로 이루어진다. 화학적 합성에 의한 것, 천연물질로부터의 추출, 미생물에 의한 창출이 그것이다.

우리말은 서술 어미를 붙여야(서술성을 살려야) 우리말다우며 효율적으로 표현할 수 있다. 그러므로 우리가 평소 자연스럽게 쓰는 말을 한 글로 쓰는 것이 좋다. 자기 생각을 그대로 글로 쓰면, 읽는 이는 그 생각을 글자 그대로 읽어들이기만 하면 된다.

그런데도 어떤 사람은 글을 쓸 때 입으로 하던 말을 버리고, 머리를 쥐어짜서 억지로 쓴다. 예를 들어 영어처럼 명사와 조사를 묶어 표현한다. 그래서 한 문장에서 겨우 조사나 서술 어미만 우리말로 쓴다. 심지어 그것도 더 줄이려고 서술 어미를 빼고 조사끼리 억지로 결합시켜 서술성을 아예 없애기도 한다.

우리말에서는 격조사와 보조사를 묶기는 해도, 격조사끼리 묶어 쓰

는 예는 흔치 않다. 우리말이 조사가 잘 발달했으나, 말할 때는 오히려 격조사를 많이 줄인다. 예를 들어 '내가 오늘 너를 보니 집에 가고 싶은 마음이 달아났어.'에서 조사를 다 빼고 '내 오늘 너 보니 집 가고 싶은 마음 달아났어.'로 쓰기도 한다.

조사 여러 개를 묶어 문장의 서술성을 죽이는 것은 일본말에서 받은 영향이다. 일본말은 조사끼리 묶어 문장을 압축하려는 경향이 강하다. 우리말에서 그렇게 영향을 받았다고 보는 말로 '와(과)의, 에(로)의, (으)로의, 에서의, (으)로서의, (으)로부터의, -에 있어서(의), 나름대로의, 마다의, 부터의' 따위가 있다.

1에 있는 '-에 있어서의, -로부터의'를 우리말답게 풀어야 한다. 2에서는 평소 입으로 쓰지 않던 조사를 억지로 만들어 붙였다. 3에서는 한자어 접사가 우리말의 서술성을 죽였다. 이와 비슷한 것으로 '-용(用), -시(視), -하(下), -한(限), -화(化), -시(時)' 따위가 있다. 4에 있는 '아래'는 한자어 '-하(下)'를 우리말로 바꾸었을 뿐이다. 5에서는 한자어와 조사만 묶어 우리말의 서술성을 죽였다.

┤┃ 다듬은 문장 ┃├

1. 오늘날 인류에게 닥친 위기에서 벗어날 수 있는 기회이다.
2. 산책하며 사색하기, 이상에 도달하기, 부천에서 하는 잔치
3. 형식에 문제가 많아 협상하러 비밀로(남몰래) 떠났다.
4. 이런 조건에서는 대안이 없으면 서로 적으로 대할(볼, 여길) 것이다.
5. 신물질은 크게 세 방법으로 만들어낸다. 화학적으로 합성하기도 하고, 천연물질에서 뽑아내기도 하며, 미생물을 이용하기도 한다.

연습하기 다음 문장에서 압축된 곳을 찾아 우리말답게 풀어보시오.

1. 민족 통일에의 희망이 담긴 곳.

2. 이 길은 고향에로의 길.

3. 그 학생과의 약속이 깨졌다.

4. 불의와의 타협은 더 이상 없다.

5. 사랑에의 욕망이 불러들인 비극이었다.

6. 선거에서의 패배를 가능한 한 빨리 잊고 싶다.

7. 도덕 높은 종교인에로의 길이 어렵다.

8. 어려움으로부터의 자유를 만끽하자.

9. 한인과 흑인과의 갈등이 증폭되었다.

10. 공공 장소에서의 노름을 자제하자.

11. 야권으로의 표 집합이 어렵다.

12. 이 흐름을 막는 것은 역사에의 역행이다.

13. 오래 전부터의 억울함을 떨쳐 버리려면

14. 나의 인생에 있어서의 진정한 친구는 누구인가?

15. 소설가로서의 그 사람이 살아온 생애가 화려하다.

16. 단순화한 연극이 성황리에 종료했다.

17. 그런 현실 위에서의 삶은 자신을 바보시할 수밖에 없다.

18. 이것이 위에서의 주장이 나오게 된 배경이 되었다.

19. 대학 교수로서의 학자 양심에 따라 강의하였다.

20. 외국인 노동자들이 우리 나라에서의 차별을 견디고 있다.

21. 친구와의 대화를 경하게 생각하는 사고가 팽배해 있다.

22. 성인용 영화를 새로 만들 시에 참고할 것이 확실시된다.

23. 성인용 만화를 구입차 출장시에 서점에 들렀다.

24. 행정상 제도하에 분리 수거를 하지 않는 한 그 속에 있는 수은은

25. 오늘이 내 인생에 있어서의 가장 기쁜 날이었다.

26. 사람은 저마다의 처지와 목표가 다르므로 전과자에게도 나름대로
    의 애환이 있다.

27. 그것을 금기시한 것은 우리 현대 정치사에 있어서의 불행이었다.

28. 억압으로부터의 해방을 얻기까지 고생이 많았다.

29. 그 사람의 회사에서의 노동과 집에 와서의 공부가 생활의 전부였다.

30. 이해 당사자들을 형식상 설득하려는 자세를 갖지 않는 한 그 반대
    편 역시 극단적인

31. 수도권으로의 과도한 인구와 산업의 집중을 억제하고

16 관형절 줄이기

> 1. 내 가슴에 아직 많은 사랑이 남았습니다.
> 2. 자기 이익만을 추구하는 극단적인 이기주의에 빠져 있다.
> 3. 고객 여러분께 실망과 걱정을 끼쳐드린 데 대한 용서를 구하고자 합니다.
> 4. 인간에 대한 전통적 정의의 하나인 '인간은 이성적 동물이다.'가 논리적으로 만족스러운 정의일 수 있는가에 대해 제기된 다음의 비판적 의문 중에서 적절하지 못한 것은?
> 5. 기회 있을 때마다 각료의 잦은 경질을 비판해 온 대통령으로서 집권 14개월 만에 두 번째 총리를 그것도 넉 달 만에 갈아치운 데 대한 진지하고도 솔직한 설명이 있어야 한다.
> 6. 최근 우리 국민들은 분단 반세기 만에 최초로 개최되는 남북 정상 회담에 설레는 마음을 가눌 길 없으면서도 우리 사회 한쪽에서 벌어진 대립과 분열, 갈등으로 인한 상처 때문에 심정이 착잡하기 그지없습니다.

우리말에서는 용언이나 한 문장 끝에 관형사형 어미 '-(으)ㄴ, -는, -(으)ㄹ, -던'을 붙여 관형절(안긴 문장)로 만들고, 그 관형절로 체언을 꾸민다. 예를 들어 '멋진 양복이 많다.'는 '멋지다' 어간에 '-ㄴ'을 붙여 '양복'을 수식한 문장이다. 또 '밥을 먹은 기억이 없다.'는 '밥을 먹다'에 '-은'을 붙여 관형절을 만들고 뒤에 있는 '기억'을 수식한 문장이다. 우리말에서는 관형어가 다음 말을 수식해도 대체로 짧은 관형절을 관형어로 이용한다.

그런데 우리말에서 상황이 많아 문장이 길어질 때는 관형사형 어미를 쓰지 않고, 연결 어미 '-고, -(으)며, -(으)나, -지만, -어서, -니까, -려고, -(으)면, -고자, -거든, -ㄹ수록, -듯이, -게, -도록, -다가…' 따위를 붙여 상황을 연결한다.

그러나 영어는 작은 문장을 묶어 겹문장을 만들 때 관형절이 많이 섞이면서 수식-피수식 관계가 복잡해진다. 여러 상황을 '시제도 맞추고, 앞뒤 수식 관계도 재어' 문장 구조에 맞추어야 한다. 그러므로 한 문장에서 앞 관형절이 뒤 체언을 꾸며 주기도 하며, 뒤 문장이 앞 체언을 꾸며 주기도 한다. 그래서 전체 문장이 길어진다.

영어는 우리말 '언어 인식 체계'와 달라서 우리는 그 전체 문장을 한꺼번에 받아들이지 못한다. 영어로 대화하면 외국인이 하는 말을 알아들으면서도, 영어 뉴스를 알아듣지 못하는 것은 영어 뉴스가 말이 아니라, 기사로 작성된 '긴 글'이기 때문이다.

그런데도 어떤 사람은 '비효율적인' 영어의 영향을 받아 아주 효율적인 우리말 표현법을 버리고, 문장에 관형절을 많이 넣는다. 심할 때는 관형절 몇 개를 연속으로 묶어 다른 말을 꾸며 준다. 그런 문장은 읽는 이가 시간을 많이 들여야 의미를 제대로 새길 수 있다.

이런 것은 문장을 짧게 끊으면 간단히 해결된다. 그리고 짧은 문장을 묶어 긴 문장을 만들 때는 관형사형 어미를 이용하지 말고, 연결 어미를 붙여서 일어난 상황을 순서대로 서술한다. 또 관형어를 없앨 때는 피수식어 뒤로 보내 부사어, 서술어로 바꾼다.

1에서 보듯이 관형절은 우리말을 어색하게 한다. 이런 식으로 관형절이 늘고 문장이 길어지면 의미를 쉽게 전달하지 못한다. 2에서는

222

'추구하는, 극단적인'과 같은 두 관형어가 '이기주의'를 수식하였다. 3에서는 연결 어미를 붙여 간단히 표현할 수 있는 것을 복잡하게 서술하였다. 4~6은 문장이 긴 편이다. 짧게 끊으면 해결된다. 그러나 문장이 길어도 연결 어미를 붙이면 뜻을 쉽게 전달할 수 있다는 것을 보여주려고 '다듬은 문장'에서는 일부러 끊지 않았다. 반점(,)이 있는 곳을 끊으면 된다.

║ 다듬은 문장 ║

1. 내 가슴에 사랑이 아직 많이 남았습니다.
2. 자기 이익만을 추구하려고 극단적으로 이기주의에 빠져 있다.
3. 고객 여러분께 실망과 걱정을 끼쳐드려서 <u>미안합니다.</u>(용서를 구하고자 합니다.)
4. 전통적으로 '인간은 이성적 동물이다.'라고 정의하였는데, 이것이 논리적으로 만족스러운지에 대해 비판이 제기되었으니, 다음 비판적 의문 중에서 적절하지 못한 것은?
5. 기회 있을 때마다 대통령은 각료가 자주 바뀌는 것을 비판했으면서, 집권 14개월 만에 두 번째 총리를 그것도 넉 달 만에 갈아치웠으니, 그 까닭을 진지하고 솔직하게 설명해야 한다.
6. 남북 정상 회담이 분단 반 세기만에 최초로 개최되어, 최근 우리 국민들은 마음이 설레어 가누지 못하면서도, 우리 사회 한쪽에서 대립하고 분열하여 갈등이 일어나고 상처가 생겨, 심정이 <u>착잡하기 그지없습니다.</u>(착잡합니다.)

연습하기   다음에서 관형사형 어미를 줄이거나, 문장을 짧게 끊으시오.

1. 독자들의 많은 참여를 부탁 드립니다.

2. 직업 훈련에 대한 정부 투자가 적은 편이다.

3. 실력자 사이에 소리 없는 싸움이 벌어졌다.

4. 증인으로 채택되면 정치 생명에 적지 않은 타격을 받는다.

5. 마감 시간 전에 문의하지 않았다는 이유로 접수하지 않았다.

6. 뭘 먹은 사실을 기억하지 못하는 애를 혼내면 뭐해?

7. 우리의 만화에 대한 선입관을 갖지 말아야 한다.

8. 남녀 차별로 인한 피해를 받지 않으려면

9. 이런 교육을 받은 학생이 적성과는 상관없는 직업을 선택한다.

10. 교통이 통제되는 관계로 심한 정체를 빚고 있습니다.

11. 가장 중요한 위치에 있는 학교는 이런 폐단을 없애야 한다.

12. 적성을 개발할 수 있는 지도에 힘써야 한다.

13. 이런 협상이 쉬운 까닭이 없을 것이다.

14. 나는 젊은 사람 못지않은 봉사 활동에 꾸준히 매진하였다.

15. 정원에서 살해된 한 남자에 대한 사체를 경찰이 확인하였다.

16. 금년 들어 전면 중단했던 연금 대부를 2월 25일부터 다시 시작한다.

17. 오늘도 건강한 하루 되시기 바랍니다.

18. 많은 수요를 창출할 수 있는 좋은 민간 투자 여건을 가졌다.

19. 현 체제를 바꾸기 원하지 않는 이 단체에서는 그 문제에 관심을 두지 않는다.

20. 월드컵 대회 출전을 기념하기 위한 체육 복권을 발행하였다.

21. 다른 과목을 소홀히 하는 것을 방지하고자 만든 내신 제도는 많은 문제점을 안고 있다.

22. 정부 기관이 자본금의 84.7%를 소유하고 있는 한국중공업은 우리나라 발전 설비를 독점하고 있는 대표적인 기간 산업 시설이다.

23. 증인 채택은 절대 받아들일 수 없다는 태도를 완강히 고수하던 당 지도부에 변화의 조짐이 나타났다.

24. 깨끗하고 신선한 국민 정치 세력으로 거듭 태어나기 위한 신당을 시작하니 새 당명을 지어 주시기 바랍니다.

25. 지난해 부산에서 근무를 하게 된 나는 14년 만에 다시 바다에 뛰어들 수 있었다.

26. 어떠한 움직임도 거칠 것이 없는, 어머니의 자궁 같은 바다에서 나는 새롭게 태어나는 것 같았다.

27. 교내 식당에서 판매하는 음식이 질이 떨어진다는 문제점을 제기해도 개선되지 않는 데 대한 항의 표시로 교내 식당에 대한 불매 운동을 벌일 계획이다.

28. 세계 초일류 기업만이 살아 남을 수 있는, 국경 없는 무한 경쟁 시대에 놓인 민간 기업의 세계화 경영 능력을 키워야 한다.

29. 미국 국가 보안법에 따라 창설된 미 중앙 정보국(CIA)은 소련의 KGB와 함께 냉전 시대의 상징이었던 이 거대한 정보 조직이 냉전이 사라진 후 사방에서 쏟아져 오는 개편 해체 압력으로 크게 시달리고 있다.

30. 북한이 자세를 바꿀 수 있는 기회를 줘야 한다.

31. 이 특강에 많은 참여와 호응에 감사합니다.

32. 생활을 위한 산업 활동으로 인한 환경 파괴를 어느 정도 인정하고 있다.

33. 면허증 2천만 명 시대에 접어든 우리는 본격적인 자동차 시대를 맞이하였다.

34. 민간 전문가로 구성한 심사 위원에 의해 선발된 신지식 공무원에 대해서 훈장을 수여한다.

35. 수원시청에서 제작한 15분짜리 홍보 비디오를 시민들에게 보여 주었다.

36. 교통 사고 예방을 위한 안전 운전 의식을 고취해야 한다.

37. 공직자로서 국가적 난국을 타개하는 개혁의 선봉이 되어야 한다.

38. 졸업생들에게 사회에 헌신하는 건전한 국민으로 생활할 것을 당부하였다.

226

17 명사절 없애기

1. 북쪽에 사람 오고감을 계속해야 한다
2. 그대 있음에 나는 행복하였다.
3. 결국 불법 건물임이 밝혀져 말썽을 빚고 있다.
4. 가동했다는 증거를 찾지 못했음을 시인했다.
5. 공부를 계속함으로써 졸업할 수 있었다.
6. 가격이 오름에도 불구하고 그 물건을 계속 찾았다.
7. 대학에 가기 위해 공부하고 있다.

우리말에서는 용언 끝을 아주 다양하게 바꾼다. 예컨대 '먹다'의 '먹'에 '-어서, -어, -자, -게, -어라, -는, -느냐, -었다' 같은 활용 어미를 붙이기만 하면 여러 모로 쓸 수 있다. 어떤 단어는 이런 활용 어미를 백수십 개나 붙일 수 있다고 한다.

말하자면 우리말은 기본 용언 하나에 활용 어미만 바꿔 '먹고, 먹어, 먹는데, 먹었는데, 먹자마자, 먹을까, 먹듯이, 먹는구나, 먹든지, 먹느니, 먹으니까, 먹으면, 먹는다해도'와 같이 의미를 백수십 개로 쪼개 전달한다.

그런데도 이렇게 편리한 활용 어미를 이용하지 않고, 영어의 영향을 받아 홑문장 끝에 '-기, -(으)ㅁ'을 붙여 억지로 명사형(명사절)을 만들고 명사처럼 쓴다. '-기, -(으)ㅁ'을 붙여 '먹다'를 '먹음, 먹기'과 같은 명사절로 바꾸면, 활용 어미의 서술성을 죽여 말뜻을 섬세하게 전달하지 못한다. 그래서 어떤 사람은 그 말에 조사를 붙이고, 그것도 불안하니까 한자 서술어를 붙여 서술성을 되살린다.

즉, '먹어서, 먹어도(먹는데도), 먹으니까, 먹자마자, 먹는다해서, 먹는다해도, 먹는다손치더라도, 먹으면, 먹으려고'같이 쉽게 쓸 수 있는데도, '먹음으로 인하여, 먹음에도 불구하고, 먹음에 의해, 먹음과 동시에, 먹음을 이유로, 먹음을 가정하고, 먹음을 조건으로, 먹음을 전제로, 먹기 위해서'같이 어렵게 쓴다.

우리말처럼 보이는 '먹음으로 말미암아, 먹음에 있어서, 먹음을 바탕으로, 먹음 아래에서, 먹음 위에서, 먹음에 따라, 먹음으로써, 먹음으로 해서, 먹음으로 하여금, 먹음에도, 먹기 때문에'는 한자 서술어를 우리말로 바꾸었을 뿐이지, 우리 글틀이 아니다.

오히려 작은 문장을 명사절로 안아 겹문장으로 만들기로 하면 우리말에서는 '-(으)ㅁ'보다 '-는(-ㄴ) 것'을 더 많이 썼다. 예를 들어 "그 사람 결백하다는 게(것이) 밝혀졌어."라고 하지, "그 사람의 결백함이 밝혀졌어."라고 하지는 않는다.〔예) 수지가 착한 게(것이) 사실이야.(○), 수지의 착함이 사실이야.(×)〕.

1에서는 우리말로 바꾸려고 하였으나 '왕래'만 '오고감'으로 바꾸었다. 2~5에서는 명사형에 조사를 보탰으며, 6은 '명사형＋조사＋한자 서술어'로, 7은 '명사형＋한자 서술어'로 묶었다.

┤▌다듬은 문장 ▐├

1. 사람이 북쪽에 계속 오고가야 한다
2. 그대가 있어서 나는 행복하였다.
3. 결국 불법 건물로 밝혀져 말썽이 되고 있다.

228

4. 가동했다는 증거를 찾지 못했다고 시인했다.
5. 공부를 계속하여 졸업할 수 있었다.
6. 가격이 <u>올라도</u>(오르는데도, 오르나) 그 물건을 계속 찾았다.
7. 대학에 가려고 공부하고 있다.

연습하기 다음 문장에서 영어식 글버릇을 찾아, 활용 어미를 이용하여 서술
성을 살리시오.

1. 누군가를 기다림은 아름답다.

2. 그럼에도 불구하고 사람은 일을 해야 한다.

3. 당국자는 재난을 예방하기보다는 사건을 은폐하기에 바쁘다.

4. 이런 위법 상태를 해소하기 위해 해당자들이

5. 물고기가 물을 떠나서는 살 수 없음과 같이 사람도 사랑 없이는 못
산다.

6. 소매치기가 도주했음에도 불구하고 곧 승객들에게 붙잡혔다.

7. 그것에 의해 따져 보면 먹기 위하여 사는 것 같다.

8. 당신에게 말을 걸어옴은 당신과 친해지고 싶음입니다.

9. 그 사람은 무의식중에 발생한 실수임을 강조했다.

10. 민주 발전에 이바지함을 목적으로 한다.

11. 한 고위 당국자는 별다른 문제가 없음을 주장했다.

12. 그래서 술 제조에 어려움을 겪어 왔다.

13. 배 저장의 어려움으로 인해 제 값을 받지 못했다.

14. 감동을 주기보다는 흥미를 끌려고만 한다.

15. 낱말을 연결한 것들의 서로 다름으로 인해 뜻이 달라진다.

16. 비난을 계속 받았음에도 불구하고 그런 행동을 서슴지 않는다.

17. 요구가 받아들여지지 않음에 따라 손해 배상 소송을 제기했다.

18. 우리는 운명적으로 태어났음으로 내일을 위해 살아야 한다.

19. 국제적 승인을 얻으려고 움직임을 서두를 것이다.

20. 끊임없는 노력에도 불구하고 어려움으로 그 일을 포기했다.

21. 새 회사를 설립함으로써 이때 겪었던 경영 위기를 간신히 극복했다.

22. 이번 행사를 통해 대원들의 사기를 진작시킴은 물론 부모님들을 위안할 수 있었다.

23. 이 제조 기술을 활용해 술을 만듦으로써 농가 소득이 오를 것 같다.

24. 사랑으로 감싸고 이해하면 모든 걸 극복해 나갈 수 있음을 굳게 믿었다.

25. 한국 도자기가 세계에서 가장 으뜸이 됨에 어깨가 절로 으쓱해졌다.

26. 사람들이 그렇게까지 하지 않았으면 하는 바램이다.

27. 거제도 지역은 물부족의 어려움이 없었다.

28. 하천을 개수함으로써, 용수 공급 체계를 구축함으로써, 경제 규모

를 확대함으로써 이 지역이 바뀌었다.

29. 모든 공무원이 쓰레기 치우기에 나서고 있음에도 어림도 없다는 것이다.

30. 한 연구 위원이 사견임을 전제로 이를 허용해야 한다는 주장을 제기했다.

31. 일본 제국은 한민족의 민족성을 비판함으로써 각 개인이 행동했어야 할 역사적 사명을 다른 사람에게 돌림으로써 자기 책임을 회피하게 하였다.

32. 교통 소통의 원만함을 위해 21미터로 조정해 공사를 진행했다. 그리고 병목 현상이 생길 우려가 있기 때문에 도로 폭을 축소했다.

33. 토론회를 너무 많이 개최함으로써 효율성을 떨어뜨렸다.

34. 이런 특징에 대해 살펴보기로 함은 상투적인 수법임에 다름 아니다.

35. 피해를 줄이기 위해 투자를 많이 함에도 불구하고 매년 피해가 반복된다.

36. 대출 절차에 변화를 가져오게 됨으로써 토지 취득에 따른 어려움이 없었다.

37. 여건이 조성되지 않음에 책을 읽을 기회가 없는 어려움이 있었다.

38. 기쁜 마음으로 생활할 수 있는 은혜를 받음이 고마웠다.

18 평서문으로 쓰기

1. 학교 문법에서는 문장을 다섯 종류로 나누고 있다. 즉, 문장에는 평서문, 의문문, 감탄문, 청유문, 명령문이 있다. 이 문장 종류는 각각 달리 쓰이기 때문에, 평소에 사람들이 말로 드러낼 때 주어진 상황에 가장 효과가 큰 것을 선택한다. 예를 들어 아이 엄마가 아이에게 '청소한다, 청소할래, 청소하겠구나, 청소하자, 청소해라' 중에서 어떤 것이 가장 효과가 있을지를 판단하여 표현할 것이다.

글에서도 마찬가지다. 주어진 곳에 가장 효율적인 문장이 어떤 것인지를 판단하여 표현하면 된다. 예를 들어 '더불어 살아야 한다.'를 '더불어 살아야 하지 않을까?'로 표현할 수 있다. 이것은 몰라서 묻는 것이 아니라, 상대방에게 은근히 동의를 구하려고 의문문으로 쓴 것이다.

그러나 평서문을 뺀 나머지 문장은 쓰는 이의 개인적 의도가 조금씩 섞여 있어 객관성을 잃기 쉽다. 그러므로 하고 싶은 말을 곧바로 평서문으로 쓰면 되지, 빙 돌려 '은근히 동의'를 구할 필요가 없다. 심지어 어떤 사람은 의문문을 죽 나열하며 채점자에게 묻는다. 누가 누구를 평가하는지를 잠시 잊은 셈이다. 다음 문장은 논리를 펴는 글로는 좋지 않은 문장이다.

① 설마 정부에서 그럴 리가 있겠는가? 우리 나라가 강대국일까?

② 당신에게 친구가 있는데 나쁜 일을 했다고 치자. 그러면 당신이 할 수 있는 일이 무엇이 있겠는가? 아마 몇 가지가 있을 것이다.

③ 사회가 불안할수록 새로운 종교가 탄생하였다는 사실을 우리는 역사에서 배워 충분히 알고 있지 않은가? 그 문제만은 우리 민족이 너무나도 잘 알고 있지 않은가?

④ 어떤 다른 꽃보다 가장 많이 만인의 사랑과 정성을 받으며 보급되어야 할 무궁화를 잘 볼 수 없는 것은 왜일까? 자라는 데 어떤 특별한 조건을 필요로 해서 그런 것일까? 그래서 우리 나라에서는 기후나 여러 다른 조건이 맞지 않아서 잘 자랄 수 없는 것일까? 아니다. 그런데 무궁화가 많이 보급되지 못하는 이유는 무엇일까?

2. 논술글은 '논리의 객관성'이 중요하다. 그래서 청유문도 논술글에서 쓸 수 있는 문장이 아니다. 예를 들어 서론 끝에 '이런 사실을 이 글에서 살펴보자.'고 청유문으로 표현하였다면 청유 대상은 '채점자'가 될 것이다. 그러나 그것은 수험생 처지로는 그렇게 할 수 없는 상황이다. 논술 시험은 어떤 문제를 수험생 '혼자' 살펴보고 채점자가 '점검'하는 상황이지, 어떤 문제를 '같이' 검토할 수 있는 상황이 아니기 때문이다. 그러므로 이 말을 쓰려면 '살펴보기로 하겠다. 살펴볼 필요가 있다.'처럼 평서문으로 바꾸는 것이 좋다.

3. 감탄문과 의문문을 평서문으로 바꾸어 자기 생각을 밝혀야 한다. 꼭 넣기로 하면 문제를 제기하고 이야기의 흐름을 잡아 실마리를 끌어낼 때 서론에 한 번쯤 의문문을 넣을 수 있다. 다음 예문은 서론 끝(또는 본론 처음)에서 실마리를 끌어내는 의문문이다.

① 강대국은 어떤 논리로 자신들의 이익을 추구할까?
② 그렇다면 고교 교육의 정상화는 어떻게 가능할까?
③ 뇌사 인정이 정말 가족들의 고통을 덜어줄까?

4. 자기 글에 빠져 글쓰는 이가 말을 스스로 주고받기도 한다. 글쓰기
   훈련이 덜 된 사람이 논리를 정리하지 못하고, 자기 혼자 질문을 만
   들어 대답하는 식이다. 다음 문장에서 밑줄 친 '그렇다' 따위를 빼
   고, 개인 감정을 넣은 부분을 평서문으로 바꾸어 객관적으로 표현해
   야 한다.

① 그렇다. 우리는 그것을 수용하고 지지해야 한다.
② 그렇다. 군이 이런 통계가 아니더라도 전체 인구의 9%가 각종 장
   애로 ………
③ 그러면 우리 민족은 이렇게 세상을 탓하며 한숨만 쉬고 있어야
   하는가? 그렇지 않다. 일어서야 한다. "두껍아! 두껍아! 헌집 줄
   게, 새집 다오!" 그렇다. 헌것은 헐어 버리고 버릴 것은 과감히
   버리자. 근 세기 동안 억압받던 암울한 기억을 잊자. 아니 잊지
   못하겠으면 그 기억을 새집의 튼튼한 버팀목으로 바꾸도록 노력
   하자. 목재와 돌은 충분히 마련되었으니 우리는 모두 새집을 짓
   는 목수가 되어야 한다.

5. 문장 끝을 명사(형)나 말줄임표로 끝내면 안 된다. 글쓰는 이가 자기
   생각을 제대로 정리하지 못한 것이기 때문이다. 끝까지 서술해야 자
   기 뜻을 정확하게 전달할 수 있다. 문장을 제대로 완성하지 않은 문
   장은 자신의 논리를 구체적으로 표현한 것이 아니라, 자기 글을 읽
   는 이가 알아서 이해해 주기를 바라고 있는 셈이다. 이런 형식에 글
   쓰는 이의 편견을 담기 쉽다. 아래 예문은 논리를 펴는 글에서는 좋

지 않은 글이다. 방향을 잃고 '신세를 한탄'하였다.

①사회의 혼란. 청소년들의 타락. 대책이 없는 기성 세대! 우리가
  그 동안 나태하게 살아온 것은 아닌지······.

②많은 사람들이 절실하게 호소하고 있다. 마음에 깊이 다가오고
  우리를 혼동 속에 빠뜨린다. 이 세상에서 차별 받지 않으려면 좋
  은 대학에 가야만 한다. 그렇게도 일류 대학이 좋다는 말인가? 그
  렇겠지! 사회가 엘리트를 원하니 좋은 대학을 가야만 할 것이다.
  그럼 우리가 사회에서 인정받고 성공하고 잘 살면 뭐 하는가? 행
  복해질 보장도 없는데······.

③인생의 목적은 무엇이며 왜 하필 신은 우리를 이 세상에 보냈을
  까? 그저 열심히 공부해서 사회에 성공하고 남도 좀 도와가며 가
  정도 꾸리며 행복하게 살기 위해서? 글쎄, 난 하나도 모르겠다.
  정말 모든 것이 어지럽다. 이 세상은 모순투성이이다. 나는 그 속
  에서 방황만 하고 있다. 가치관의 혼란일까?

6. '~라는 것이다, ~인 것 같다, ~인 듯하다' 같은 표현은 한마디로
   끊지 않고, 때로는 상대방에게 한 번 더 생각할 기회를 준다. 그러나
   이런 말은 자기 주장에 확신이 서지 않을 때도 쓴다. 자신감이 떨어
   지고 문장이 간결하지 않으므로 쓰지 않는 것이 좋다.

7. 우리 문장은 보통 '주어, 목적어/보어, 서술어' 순서로 글을 쓴다.
   그러므로 '서술어'가 먼저 나오고 '주어, 목적어/보어'가 뒤에 오는
   것은 '순서가 바뀐(도치된)' 문장이다. 수사법에서 '도치'로 설명한
   다는 것은 문장에 기교를 넣었다는 뜻이다. 즉, 문장을 도치하여 의
   미를 강조하는 때가 많다. 그만큼 쓰는 이의 감정을 담고 있으므로
   논리를 펴는 글에서는 삼간다. 다른 방식으로도 얼마든지 의미를 강

조할 수 있다. 다음 문장은 도치된 문장들이다.

① 그럴 수는 없다. 이 땅에 사는 우리들이.
② 그럴 가능성이 전혀 없다. 학교에서는.
③ 이렇게 말하고 싶다. 우리에게 암울했던 시대에 우리를 위로해
주었던 무궁화를 사랑하라고. 그리고 무궁화를 널리 보급하라고.

연습하기 다음 문장을 객관적인 평서문으로 바꾸시오.

1. 한국인! 그들은 정말 좋은 사람이다.

2. 이 얼마나 이상적인 삶인가!

3. 죽은 송장이 아니고 무엇이겠는가?

4. 얼마나 귀한 삶이 될 것인가?

5. 이제는 사회에서, 아니 국가적으로 이 운동에 나서야 한다.

6. 현 사회가 과연 과거 봉건 사회와 무엇이 다른지 알 수 없다.

7. 엔세대! 이 말은 일상 생활에서 낯설지 않은 말이 되었다.

8. 그런 학생이 얼마나 될까? 과연 믿을 수 있는 것인가? 그렇게 생각하
는 사람이 있다는 말인가? 내가 너무 많은 것을 요구하는 것일까?

9. 분단이 어디서 온 것인가? 열강들의 세계 지배 구도에서 온 것이 아
닌가? 우리 의사와는 상관이 없었지 않았던가?

10. 많은 사람이 비참하게 살해되었으니 어찌 증오가 아니 생길 수 있
었겠는가? 그렇게 당하고 어찌 증오가 없을 수 있겠는가? 이런 경

험을 가진 사람이 어디 한둘인가?

11. 위세를 떨치며 살았을지도 모를 일이 아닌가?

12. 하고 싶은 일을 해서 번 돈을 쓸 때의 그 희열감을 생각해 보라.

13. 인간이 자연 생태의 일부라는 생각은 생태주의자만의 생각일까? 그렇지 않다.

14. 반성해야 한다. 어른들은.

15. 하지만 아직은 먼 얘기이다. 주민들의 반대 때문에.

16. 푸른 빛 바다 속에 춤추는 피조물들! 찬연히 빛나는 햇살.

17. 나는 듣고 싶었다. 그 사람이 겪은 여러 가지 어려움을요.

18. 시민들 역시 변하고 있었다. 바뀌어 버린 역사적 위치에 혼돈을 느끼며…….

19. 안전이 문제라면 횡단 보도의 설치, 탈선이 문제라면 유해 시설 이전. 이래야 한다.

20. 노력을 했다. 내가 최선을 다해야 살아갈 수 있다는 생각을 품고서.

21. 어찌 같을까. 겉만 멀쩡하고 속이 썩어 빠진 사람과 겉은 뒤틀렸지만 고운 감정을 가진 사람이.

22. 그래서 늘 주장했다. 여자들도 피해 의식에서 벗어나야 한다는 것. 그래야 당당할 수 있다는 것.

23. 김씨는 가장 마음 아파하는 것이 이러한 일반인들의 인식이다. 장애인을 죄인으로 취급하려 드는.

24. 전액 면제해 주기로 했는데도, 다시 통보서가 나왔다는 것. 특히 같
    은 처지에 있는 다른 사람은 안 나왔다는 것.

25. 늘 피해 의식에 젖어 살 수밖에 없는 서민들, 남이 시키면 시키는
    대로 살아야 했던 일들, 내 집을 갖기 위해 뛰었던 나날들.

26. 제2차 대전에 사용했던 원자 폭탄. 아직까지 그 후유증으로 고통을
    겪는 사람이 많다.

19 내용에 객관성 주기

1. 논리를 담은 글은 논거를 가지고 상대방을 객관적으로 설득해야 한다. 논거를 밝혔는데, 남들이 '충분히 그럴 수 있겠다.'고 받아들인다면 객관성 있는 글이다. 따라서 글에 자기 주장을 담을 때는 편견이나 선입관에 젖어 일방적으로 서술하지 않아야 한다.

그런데도 수박 겉을 핥듯이 쉽게 단정하는 사람이 많다. 타당한 근거를 제시하지 못하고, 과정이 없이 결과를 내놓는다. 논술글은 과정이 있는 글이지 직관으로 쓰는 글이 아니다. 감정을 떨치고 확실한 근거를 대며 자기 주장을 상대방에게 논리적으로 증명해야 한다. 아래 글은 객관적인 근거도 없이 선입관과 추측만으로 쓴 글이다.

① 그 모습을 보고 사람들이 모두 감동하였다. 나도 예외가 아니어서 몹시 감격하였다. (＊사람이면 그 장면에 당연히 감동해야 하는 것으로 표현했다.)

② 무궁화를 보고서 예쁘지 않다고 생각하는 것은 잘못된 판단이다.

③ 발음 나는 대로 이름을 붙인 상품은 어린이들의 언어를 혼동시키고 정서 순화에도 나쁜 영향을 끼친다. (＊정서 순화에 나쁘다고 말할 수 있는 근거는?)

④ 깨끗한 정치를 강조하는 대통령은 고위 공직자의 위법을 상당 기간 몰랐을 가능성이 크다. 아니 알면서도 상당 기간 어떤 조처를

취하지 않았을 가능성도 있다.

⑤ 검찰이 이 사건을 수사하는 과정에서는 고위층의 외압이 작용한 것 같지는 않다. 그러나 수사를 일단락하는 과정에서 대검 및 청와대 등 상층부와 교감이 있었던 흔적이 엿보인다.

2. 논술글이 자기 경험을 바탕으로 하여 자기 주장을 담는다 해도, 그 주장을 남들이 인정해야 한다.

자기 경험이나 생각에서 벗어나서, '맞아, 그럴 수 있지.'로 가려면 '여러 사람'을 기준으로 하여 논거를 '일반화'해야 한다. 그러므로 논술글에서는 모든 문장에서 '나(1인칭 주어)'를 빼야 한다. '나'를 넣는 것은 논거를 일반화하지 못하고 아직 개인 수준에서 벗어나지 못하고 있다는 뜻이다. 또 어떤 사람은 원고지 열 장쯤 되는 글을 쓰면서 자신을 '필자'라고 한다. 그러나 '필자'도 '1인칭 주어'이므로 빼야 한다.

① 나는 어른들이 먼저 각성해야 한다고 생각한다.(×)

어른들이 먼저 각성해야 한다.(○)

② 얼마 전 한 대형 서점에 갔다. 휴일도 아니었는데, 사람이 정말 많았다. 그곳뿐만 아니라 다른 곳도 발 디딜 틈이 없었다. 영상 매체가 종이책을 없앤다던 예상이 보기 좋게 빗나가고 있다는 생각이 든다. 실제로 현대는 영상 매체가 가득하다. 텔레비전, 컴퓨터 없이 살기는 불가능하다고 생각한다. (*'갔다, 없었다'의 주어가 모두 '나'이다. 서술어 '~라는 생각이 든다, ~라고 본다, ~이 아닌가 한다, ~인 듯싶다, ~일 것 같다, ~라고 느꼈다, ~라고 생각한다'도 주어가 모두 '나'이므로 이런 서술어도 쓰지 말아야 한다. 그러므로 이 글은 수필에 가깝다.)

240

3. 판단 기준이 막연하여 객관성을 잃기도 한다. 가령 '엄청난 피해, 최상의 서비스, 아주 심각한 문제, 최단 시일 안에, 아주 엉뚱한 짓이며, 반드시 해결해야 할'이라고 표현하였다면 이 말을 뒷받침할 만한 근거를 대야 한다. 즉, 주어진 논거를 근거로 하여 읽는 이가 판단하게 하는 것이 좋으나, '엄청난 피해'라고 읽는 이에게 직접 일러주고 싶다면 글쓰는 이는 그 근거를 정확히 제시해야 한다. 그래야 독단에서 벗어나 독자를 객관적으로 설득한다. 아래에 있는 단어들은 논리를 펼치는 글에서는 되도록 쓰지 말아야 할 말들이다.

① 개인 감정이 들어 있는 부사 : 가장, 아주, 매우, 몹시, 무척, 굉장히, 상당히, 퍽, 꽤, 제법, 조금, 약간, 마땅히, 물론, 진실로, 확실히, 정말, 과연, 모름지기, 으레, 응당, 반드시, 꼭, 기필코, 결코, 아무리, 도무지, 왜, 어찌, 혹시, 설마, 아마, 만일, 설령, 가령, 비록, 아주 탁월한 성능, 아주 무척 많이, 아주 굉장히 심각한
② 최상급 표현 : 결사 반대, 절대 반대, 시베리아 대장정, 완전 박살, 대명제, 초능력, 초특급, 초호화, 대파동, 대파란, 대집회, 대잔치, 학생들의 절대 다수가 반대한다, 최대한 반영, 최첨단 정보 시대, 초대형 건물, 맨 마지막, 맨 끝, 맨 처음 사람, 최대한 빨리, 최단 시일 내에, 절대 최고의 품질, 최선의 뛰어난 선택, 세계 최초의, 다시는 이 땅에 절대 발붙이지 못하도록, 이 사회에서 아주 영원히 격리시켜야 할

4. 논거를 충분히 대고 객관성을 주어야 논리가 선다. 논리를 담은 글은 자신의 주장이 분명히 드러나야 하나, 막연한 논거에 편견을 섞어 자기 주장만 강하게 표현하면 '억지'가 된다. 자기 논거를 충분히 제시하지 못할 때는 널리 인정된 사례를 대는 것이 좋다.
널리 인정된 사례로는 '보편적, 역사적인 사실'이 있다. 자연 법칙이

나 실험으로 확인된 사실도 좋다. 또, 통계 자료나 격언을 끌어와 뒷받침해도 좋다. '통계에 따르면 사람은 ~한다고 한다.'나, '일찍이 격언에 인생은 짧고 예술은 길다고 하였다.' 같은 식으로 자기 주장에 객관성을 보탤 수 있다.

그리고 남을 끌어들여 자기 글을 객관적으로 만들 수 있다. 끌어들이는 사람이 채점자도 알 만한 사람이면 더 좋다. 예컨대 소크라테스, 니체, 칸트를 데려오든지, 이율곡이나 헤세를 인용한다. 자기 주장을 자세히 뒷받침해야 하는 부담을 덜 수 있다. 자기 정서를 드러내더라도 나 혼자만 그렇게 생각하지 않는다는 것을 강조하는 셈이다.

5. 객관성을 잃지 않으려면 보조사와 보조 용언을 조심해서 써야 한다. 예컨대 '빵까지 먹고 말았다.'에서 보조사 '까지'는 글쓰는 이가 마음속으로 생각하는 기준이 있다는 것을 드러낸 말이다. 그리고 보조 용언 '말았다'는 본용언 '먹고'를 보조하여 의미(행위의 완료)를 더욱 확실히 하고 있는 말로, '그 기준을 넘어 안타깝다.'라는 심정을 드러낸 말이다.(1장 11~12절을 참조할 것.)

6. 의미를 강조하려고 영어식 '물주 구문'으로 표현하다가 객관성을 잃는다. 예를 들어 '하나의 독립 국가가 이루어지게 되는 것이다.'라는 문장에서는 피동을 만드는 요소가 두 개(-어 지다, -게 되다) 겹쳤다. 독립 국가가 '반드시, 당연히' 되지 않으면 안 되는 것처럼 의미를 강화하였다. '목수가 책상을 만들었다.'라고 표현하면 그냥 가볍게 넘어갈 텐데, '책상이 목수에 의해 만들어지게 되는 것이다.'라고 표현하여 억지로 힘을 넣었다.

7. '한심한, 역겨운, 주제넘은'처럼 상대방을 비웃는 말을 넣으면 객관

성을 잃는다. 또 '안타깝다, 한스럽다, 슬프다, 애석하게, 유감스럽게도' 같은 개인 감정을 듬뿍 넣은 말을 써도 안 된다. 그리고 '펄쩍, 고래고래, 엉엉' 따위의 의성어와 의태어도 쓰지 말아야 한다.

8. 독자가 객관적으로 인식할 수 있도록 확실한 사실만 서술해야 한다. 막연한 논거를 바탕으로 하여 추측만 계속하기도 하는데, 추측한 논거가 무너지면 글이 모두 무너진다. 객관적인 자료에 논리적인 타당성을 주며 논지를 뚜렷하게 펼쳐야 한다. 사실과 추측과 추론을 확실히 구분하여야 한다.
추론은 한 개 이상의 판단에서 다른 한 개를 판단해 내는 사고 과정이다. 크게 귀납 추론과 연역 추론으로 나누는데, 귀납 추론이 구체적 사실을 일반화하는 과정이라면 연역 추론은 일반적인 원리에서 특수한 사실을 끌어내는 과정이다.
추론이 근거를 확실히 댄다는 점에서 추측(상상, 공상)과 근본적으로 다르다. 추측은 확실한 근거 없이 느낌(짐작, 감)으로 판단하는 것이다. 예를 들어 '저 애 머리가 빨간 색인 것을 보니, 아마 성질이 더러울 거야.'라는 식으로 표현하는 것이 추측이다. 머리 색과 성질을 연결할 만한 근거를 확실히 대지 않고 느낌이나 선입관(편견)으로 상대방을 평가하였기 때문이다.
특히 미래 사회를 조망하거나, 환경 오염과 과학 발전에 대해 서술할 때 근거를 확실히 대야 한다. 자칫 잘못하면 공상 과학 영화를 떠올리며 상상한 것을 정리하는 글이 되고 만다.

9. 말을 하다가 자기 말에 빠져 흥분하는 사람이 있듯, 때로는 글을 쓰다가 자기 글의 분위기에 젖어 흥분하기도 한다. 논리도 필요 없고 논거도 없이 자기 주장만 늘어놓는다. 쓸데없이 흥분하여 어떤 사실을 부정적으로 진술하는 것보다 희망적이고 낙관적이며 긍정적인

자세를 유지하는 것이 읽는 이에게 좋은 인상을 준다. 아래 예문은
자기 기분에 빠져 흥분한 글이다.

① 청소년이 병들면 우리 사회의 미래도 병든다. 그러나 기성 세대
들은 말로는 청소년을 아끼는 것처럼 하면서 실제로는 우습게 안
다. 자기들은 하고 싶은 것을 다하면서 ……. / 비행 청소년은 어
른들이 만든 것이다. 그렇게 무시당하고 안 나빠지는 것이 이상
하다. / 물론 우리 청소년에게도 문제가 많다는 것은 나도 안다.
그러나 기성 세대의 책임이 더 크다. 그러면서 어떻게 우리보고
잘 하라고 하는지 한심스럽다. 아무튼 어른들은 모두 반성해야
한다.〔* '나(우리)'와 '청소년(학생)'을 구별하지 못한다. 객관적으로
비판하지 않고, 한쪽의 시각에서 다른 쪽을 '비난'하고 있다.〕

➡ 객관적으로 다듬으면 : 청소년이 병들면 우리 사회의 미래도 병
들 것이다. 그런데도 기성 세대는 자기 책임을 다하지 않는다. 대
책이 있다해도 행동이 따르지 않는다. 청소년 문제를 심각하게 생
각하지 않는 것 같다. / 청소년 비행은 청소년에게 문제가 있어서
발생한 것으로 보고 싶지 않다. 사회 구조가 잘못 되었거나 기성
세대가 무관심해서 일어난 것이다. / 청소년에게 문제가 있다면
그것을 바로 잡아줄 책임도 기성 세대에게 있다. 따라서 청소년에
게 모범이 될 수 있도록 기성 세대부터 반성해야 할 것이다.

② 존경받는 선생님도 많다. 하지만 그렇지 못한 선생님도 많아서
눈살을 찌푸리게 한다. 그런 선생님들의 행동이야말로 학생으로
하여금 선생님을 선생님으로 보지 않게 한다. / 예를 들어 술을
먹고 학생을 구타하거나 체벌을 가한다. 학생들을 짐승 다루듯
한다. 이것은 체벌이 아니라 폭력이다. 학생이 잘못해서 때리는
면보다 스승이라는 우월주의에 빠져 잘못된 사고 방식에서 비롯
된 것이다. / 더욱 우리를 화나게 하는 것은 그런 선생님들의 위

244

선이다. 자기는 선생을 해온 이래 한번도 학생을 때린 적이 없다고 한다. 그 선생님에게 직접 발로 채이고 맞은 학생이 바로 눈앞에 앉아 있는데……. 그런 선생님들을 볼 때마다 나는 정말 저 선생님이 학생을 아끼고 사랑하는지 의심스러워진다.

➡ 객관적으로 다듬으면 : 존경받는 교사도 많다. 그러나 일부 교사는 교사로서 학생들에게 존경받지 못하고 있다. / 예를 들어 교사가 술에 취해 학생들을 때린다면 정당한 교육 활동으로 보지 않고 폭력으로 볼 수밖에 없다. 맞는 학생은 자기가 잘못했다고 생각하지 않고 교사니까 때린다고 생각할 것이다. / 이런 상태에서 교사가 학생들 앞에서 도덕을 이야기하면 학생들은 교사의 태도를 위선으로 받아들인다. 결국 학생들이 교사의 모든 것을 신뢰하지 않는다.

10. 논술 글에서 객관성을 잃는 것은 필자가 대부분 자기 주장을 지나치게 강조하다가 이성을 잃기 때문이다. 그러므로 필자는 감정을 절제하여 이성적으로 글을 서술하되 '내가 이러니 저러니 길게 설명하고 강요해야 아무 소용 없다. 모든 것은 독자가 읽고 냉정하게 판단한다.'라는 생각을 항상 잊지 말아야 한다.

연습하기 다음 문장에 객관성을 주시오.

1. 그 사람은 역시 막내답게 붙임성이 있었다.

2. 한글만 쓰기는 어차피 시대의 대세이다.

3. 사람들은 좋은 자동차를 부의 척도로 삼는다.

4. 명연설가가 그렇듯, 그 사람도 결코 타고나지는 않았다.

5. 이런 음란 테이프는 일본에서 몰래 들여온 것이다.

6. 남자들은 동물을 단지 고기라고만 생각한다.

7. 고교 시절은 대학을 가기 위한 과정이다.

8. 폐수 방출 업체를 무조건 처벌해야 한다.

9. 대입 제도는 내신 성적, 수능 고사, 본고사로 되어 있다.

10. 물질 문명이 발달할수록 윤리적으로 타락한다.

11. 당연히 반대해야 할 학생들이 이런 만행을 그대로 보고 있다니 참
    한심하다.

12. 모두 찬성하는데 혼자만 반대하고 있다. 상식적으로 이해할 수 없
    는 사람이다.

13. 허생은 이인이라서 그런지 돈과 권력에 관심이 없었다.

14. 지구 온난화로 남극의 얼음이 녹는다. 해수면이 상승하여 육지 곳
    곳이 바다에 잠긴다.

15. 과학은 객관적인 판단으로 사실을 관찰하는 학문이다. 그러므로
    당연히 가치 중립일 수밖에 없다.

16. 생명의 시작은 어느 누구도 알지 못했다. 그래서인지 그 미궁에 있
    는 진리를 파헤치고자 노력하였다.

20 문장 부호 바로 쓰기

　　문장 부호란 각 어절의 논리 관계를 분명히 하고, 의미를 확실히 전달하려고 붙이는 기호를 말한다. 예를 들어 '대학에 안 갈래'라는 문장 끝에 온점(.)을 붙이느냐, 느낌표(!)나 물음표(?)를 붙이느냐에 따라 의미가 완전히 달라진다. 즉, 글은 말이 지닌 현장감이 없는데, 문장 부호는 그 현장감을 보완하려고 만든 것이다. 따라서 문장 부호를 제대로 붙여야 읽는 속도를 높이며, 뜻을 바로 전달한다. 여기에서는 기본으로 알아야 할 몇몇 쓰임만 간단히 설명하기로 하자.

1. 마침표에는 온점(.)과 물음표(?)와 느낌표(!)가 있다. 주로 문장을 끝마칠 때 붙이는 부호들이나, 때에 따라서 특별하게 쓰인다.
    1) 표제어나 표어에는 온점을 붙이지 않는다.

    　　　압록강은 흐른다(표제어)

    　　　바른 예절 싹트는 믿음(표어)
    2) 아라비아 숫자만으로 연월일을 표시할 때 온점을 붙인다.

    　　　1919. 3. 1.
    3) 특정한 어구 또는 그 내용에 대해 빈정거림, 비웃음 등을 표시하거나 적절한 말을 쓰기 어려울 때는 소괄호 안에 물음표를 넣는다.

    　　　그것 참 훌륭한(?) 일이군.

우리 집 고양이가 가출(?)했어요.

4) 한 문장에서 선택적인 질문이 몇 개 겹쳤을 때에는 맨 끝에만 물음표를 붙인다. 그러나 각각 독립하여 물을 때는 묻는 곳마다 물음표를 붙인다.

너는 한국인이냐, 중국인이냐?

언제 왔니? 어디서 왔니? 무엇 하러 왔니?

5) 의문형 어미로 끝나더라도 놀람이나 항의를 표현할 때는 물음표 대신 느낌표를 붙인다.

이게 누구냐!

내가 왜 나빠!

6) 의문형(감탄형) 어미로 끝나더라도 묻는 정도가 약할 때는 물음표 (느낌표) 대신 온점을 붙일 수 있다.

이 일을 도대체 어쩌란 말이냐. (물음표 대신)

봄이 오긴 왔구나. (느낌표 대신)

2. 쉼표에는 반점(,), 가운뎃점(·), 쌍점(:), 빗금(/)이 있다. 주로 문장 안에서 쓰이는 부호이나, 때에 따라서 특별하게 쓰인다.

1) 같은 자격으로 열거할 때 반점을 붙이나, 조사로 연결할 때는 붙이지 않는다.

근면, 검소, 협동이야말로 우리가 지켜야 할 덕목이다.

근면과 검소와 협동이야말로 우리가 지켜야 할 덕목이다.

2) 짝을 지어 구별해야 할 때 반점을 붙인다.

닭과 지네, 개와 고양이는 상극이다.

3) 바로 다음 말을 꾸미지 않을 때 반점을 붙인다.

성질이 급한, 철수 누이동생이 화를 냈다.

4) 도치된 문장에 반점을 붙인다.

이리 오세요, 어머니.

5) 문장 첫머리에 붙는 접속어나 연결어 다음에 반점을 붙인다. 그러나 일반적으로 쓰이는 접속어(그러나, 그러므로, 그런데…) 뒤에는 붙이지 않는다.

　　첫째, 몸이 튼튼해야 한다.

　　아무튼, 나는 집에 돌아가겠다.

　　그러나 너는 실망하지 말아라.

6) 수의 폭이나 개략의 수를 나타낼 때 반점을 붙인다.

　　5, 6세기　　　　　　　6, 7세

7) 가운뎃점은 되도록 쓰지 않되 열거한 여러 단위가 대등하거나 밀접한 관계일 때 붙인다.

　　경상도 · 전라도 · 충청도

　　철수 · 영이, 영수 · 순이가 서로 짝이 되었다.

8) 전체적으로 공통된 격을 만들 때에 가운뎃점을 붙인다.

　　언론 · 출판의 자유

　　집회 · 결사의 권리

　　보통 · 직접 · 비밀 선거

9) 특정한 날을 나타낼 때도 가운뎃점을 붙인다.

　　3 · 1 운동　　　8 · 15 광복　　　6 · 25 전쟁

10) 결합한 형태로 오랫동안 쓰여 굳어진 말은 가운뎃점을 붙이지 않는다.

　　나당 연합군, 남북한 교류, 청일 전쟁

　　동식물, 농어촌, 농수산물, 위아래, 예체능

　　입출항, 입퇴원, 총학장, 휴폐업, 석박사

11) 내포되는 종류를 들 적에 쌍점(:)을 붙인다.

　　문방사우 : 붓, 벼루, 먹, 종이

12) 대응하거나, 대립하거나, 대등한 것을 함께 보여 줄 때 빗금을 붙인다.

백이십오 원/125원   착한 사람/악한 사람

맞닥뜨리다/맞닥트리다

3. 말줄임표(……)와 줄표(─)

  1) 말줄임표는 할 말을 줄였을 때나 말없음을 나타낼 때 붙인다. 다만, 말 처음과 중간에는 점을 3개 붙이고, 말 끝에는 점 6개를 붙이며, 말 전체를 줄일 때는 9개를 붙인다.

    거…거란인이다!

    한심하다, 한심해…….

    그럴 수 있니? 말해 봐! "………"

  2) 줄표는 문장 중간에서 이미 말한 내용을 다른 말로 부연하거나, 정정하거나, 변명할 때 붙인다. 그러나 '곧'이나 '즉'으로 바꾸어 쓸 수 있으므로 되도록 붙이지 않는 것이 좋다.

    그 신동은 네 살에─보통 아이 같으면 천자문도 모를 나이에─벌써 시를 지었다.

21 원고지 바로 쓰기

1. 제목은 첫 줄을 비우고 둘째 줄에 쓰되, 줄 한가운데에 오도록 쓴다. 소속은 넷째 줄 가운데쯤에서 시작하여 오른쪽으로 써 나간다. 이름도 이와 같은 요령으로 쓴다. 본문은 이름이 있는 줄에서 한 줄 띄우고 시작하되, 첫 칸을 비운다.

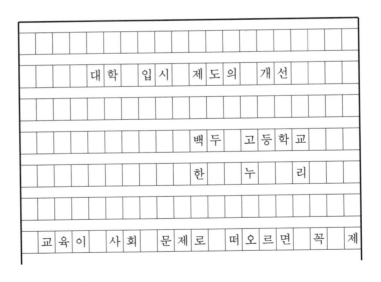

		대	학		입	시		제	도	의		개	선						
								백	두		고	등	학	교					
								한			누			리					
교	육	이		사	회		문	제	로		떠	오	르	면		꼭		제

2. 아라비아 낱숫자와 알파벳 대문자는 한 칸에 한 자씩 쓴다.

5	일	이	나		굶	었	다	.								
W	T	O		체	제	가		G	A	T	T	의		뒤	를		이	었

3. 아라비아 덩어리 숫자와 알파벳 소문자는 한 칸에 두 자 정도씩 쓰되, 세로 줄을 무시하고 자연스럽게 붙여 쓴다. 숫자는 끝에서 세 자리마다 반점(,)을 찍는다.

2,500	원	에		10,000	원	을		보	태	면			
father		와		mother		를		parent		라	고		부	르	며

4. 문장 부호도 한 칸에 하나씩 쓴다. 줄임표(……)와 줄표(—)는 두 칸에 쓰되 역시 세로 줄을 무시하고 자연스럽게 붙여 쓴다. 물음표(?)와 느낌표(!)와 줄임표(……) 다음에는 한 칸을 비우고 글을 쓰며, 그밖의 문장 부호는 띄우지 않고 쓴다. 줄임표 다음에 쓰는 온점(.)과 반점(,)은 줄임표 마지막 칸에 함께 쓴다.

생	이		끝	났	다	.		이	제		행	복	이		오	겠	지	?		그
렁	다	면	……	.		영	수	—		제		정	신	이		아	니	어	서
미	쳐		버	린		듯	한		—		는		황	홀	했	다	.		아	름	다
운		인	생	,		축	복	받	은		삶	이	여		!		하	지	만		이

5. 따옴표(큰따옴표, 작은따옴표) 속에서 대화를 마칠 때 끝에 찍는 온점
   과 반점은 따옴표 뒷부호와 함께 한 칸에 같이 쓴다.

"그	렇	게		할	게	요. "								
"고	맙	지	만. "											
말	을		이	을		듯	하	다	가		영	애	는	속 으 로
'그	렇	게		하	지		마	세	요.'					

6. 따옴표(큰따옴표, 작은따옴표) 속에서 대화를 마칠 때 끝에 찍는 물음
   표(?)와 느낌표(!)와 줄임표(……)는 따옴표 뒷부호와 따로 쓴다.

"또		만	났	어	요	?	"							
"정	말	!	"											
"그	렇	다	면	……	.	"								

7. 줄 첫 칸에 문장 부호를 쓰는 경우는 없다. 문장이 끝나 문장 부호가
   다음 줄 첫 칸에 와야 할 때에는 그 줄 마지막 칸에서 다 처리한다.
   쓸 곳이 없으면 원고지 오른쪽 여백에 쓴다. (그러나 따옴표 앞부호와
   괄호 앞부호가 첫 칸에 오는 때가 있다.)

이성이 감정을 지배하지 못한다. 칸트는 "인간은 작은 우주"라며 인간의 본성(本性)을 아주 다양하게 살피고 있다. 그래서 사람에 따라 다르게 살 경우에, 인간의 삶이 변화가 아주 심하다 할까?

8. 대화 부분을 쓸 때에 사람이나 이야기가 바뀌면 그때마다 줄을 새로이 시작한다.

    "당신이 언제나 옳았어요."
    "그렇게 믿어 주시다니……."
    "아닙니다."

9. 원고지 첫 칸을 비우는 경우
  ① 글의 처음.
  ② 단락이 바뀌어 다시 시작할 때.
  ③ 인용문이나 대화 부분을 쓸 때. (둘째 칸에 따옴표를 하고 셋째 칸부터 글을 시작하되, 다음 줄은 둘째 칸에 맞춘다. 말하자면 인용문과 대화 부분에서는 원고지 줄에서 첫 칸이 모조리 없다고 생각하면 된다. 인용문과 대화 부분에서 단락을 바꿔도 실제로 셋째 칸부터 시작한다.)

"	사	람	은		언	제	나		진	실	을		추	구	해	야	만
한	다	고		말	씀	하	셨	지	요	?	"						
	"	진	리	는		이	성	에		앞	선	다	고		생	각	했	기
때	문	에		그	랬	어	요	.	이	성	은		약	속	이	죠	.
	그	러	나		진	리	는		절	대	예	요	. "				

10. 대화를 받는 '하고'와 '라고'는 다음 줄 첫 칸에 쓴다. 문장 속에 대
　　화 부분이 있을 때는 따옴표 뒤에 붙인다.

은		고	통	의		바	다	이	다	. "						
라	고		말	씀	하	셨	다	.	그	래	서		혁	은		날	마	다
사	람	들	에	게		'	진	실	하	자	'	라	고		맹	세	했	다	.

11. 인용하는 길이가 보통 60자(3줄) 이상이면 줄을 바꾸어 인용 처리
　　하는 것이 관례이다. 그러나 60자가 더 되더라도 줄 속에 연결하여
　　쓸 수도 있고, 한 줄이 안 되더라도 강조하려고 따로 줄을 잡을 수
　　도 있다.

12. 빠진 말을 넣을 때는 그 줄 위쪽에 삽입 표시를 하고 넣는다.

						불고										
바	람	이		거	세	게	∨	있	다	.						

13. 고치고 싶은 부분은 두 줄을 긋고 그 위에 쓰면 된다.

| | | | | 지닌 | | | | | |
|사|람|은| |이|성|을| ~~가~~~~지~~~~고~~ | ~~있~~~~는~~ | 존|재|다|.|

14. 줄의 끝 칸에 어절이 닿고 다음 한 칸을 비워야 할 때, 다음 줄의 첫
    칸을 비우지 않는다. 띄어 쓰느라고 다음 줄에서 첫 칸을 비우면
    안 된다. 그 대신 줄 끝에 '띄움표(∨)'를 표시한다.

날	이		밝	는		대	로		목	적	지	로		출	발	하	려	고	∨
우	리	는		일	찍		잠	자	리	에		들	었	다	.	객	지	에	서	∨
맞	이	하	는		첫	밤	은		여	러		가	지		틀		속	에	서	∨

「논술글 쓰기」

1 논술

1. 논술이란

1) 논술은 우리 생활에서 일어나는 여러 문제에 대해 일정한 근거를 가지고 자기 나름대로 문제 해결 방안을 제시하여 상대방을 설득하려는 글이다. 간단히 말해 '논리적으로 글을 서술하는 것'이다. 그러므로 '작문' 시간에 다루던 '글짓기'와는 많이 다르다. '글짓기'가 자기 느낌이나 생각을 다양하게 표현하는 행위라면, 논술은 정확하고 타당한 논거를 객관적으로 서술하여 논지를 분명히 드러내는 행위이다.

2) 논문은 쓰는 이가 자기 견해를 일정한 형식에 맞추어 여러 자료를 바탕으로 체계적으로 진술하되 결론이 독창적이다. 이에 비해 논술은 모든 것이 논문과 비슷하나, 결론이 상식적이라는 점이 다르다. 논술글은 출제자가 제시한 자료에 따라 진술해야 할 방향이 정해져 있기 때문이다. 또 원고지 열 장쯤 되는 논술글에 엄청난 이론을 담아 획기적인 결론을 끄집어낼 수도 없다.
즉, 논술은 한정된 시간에 일정한 양을 써서 남에게 평가받아야 하므로, 이미 알려진 사실을 조리 있게 정리하면 된다. 과정을 얼마나 객관적으로 전개하여 결론에 도달하는지 확인하는 시험일

뿐이다.

3) 프랑스에서 실시하고 있는 바칼로레아는 학생들이 7년간 중등 교육을 받고 치르는 대학 입학 자격 시험이다. 우리 나라 학생들도 충분히 답변할 수 있는 것을 출제한다. 1962년에 지금과 같은 제도로 정착하였다고 하는데, 원래는 중세부터 시작되었다. 보통 필기 시험과 구술 시험으로 나뉘며, 필기 시험은 다시 '해석과 분석(이해와 감상), 요약, 자유 논술'로 나뉜다. 이 중에서 '자유 논술'은 A4 용지 양면에 쓰되 시험 시간은 4시간쯤 준다. 200자 원고지 15~20장쯤 쓰는 셈이다.

2. 논술 학습 방법

1) 자기 스스로 폭넓고 깊이 있게 생각하지 못한다면, 남의 도움을 받아 '생각하고 정리하는 힘'을 길러야 한다. 그러려면 어떤 주제를 가지고 서로 이야기하는 것이 가장 좋다. 다른 사람들이 이야기하는 것을 듣기만 해도 그 생각을 자기 나름대로 정리할 수 있기 때문이다. 즉, 같은 주제를 사람마다 어떻게 달리 생각하는지 알 수 있으며, 어느 문제를 여러 모로 접근하는 방법도 배울 수 있다. 그러므로 논술은 여러 사람이 함께 모여 공부하는 것이 가장 좋다. 혼자 공부하면 자기가 문제를 제대로 이해하였는지, 글의 흐름을 잘 잡았는지 판단하기 힘들다. 다른 사람이 생각하고 있는 '상식'을 알아야 자기 논리가 편견인지 무식함인지를 알 수 있다.

2) 평소에 남과 자주 대화하고 다른 의견에 귀를 기울여야 객관적으로 사고할 수 있다. 남 이야기를 잘 듣지 않거나, 다른 사람이 이

야기할 때 근거 없이 쉽게 단정하는 사람은 편견, 선입관이 섞인 글을 쓰기 쉽다. 상대방을 있는 그대로 받아들이고 이해해야 깊이 있는 글을 쓸 수 있다.

그러므로 글에 깊이가 없다고 지적 받는 사람은 남들에게 반드시 말로 설명하는 과정을 거친 뒤에 그 대화를 글로 정리하는 것이 좋다. 글로 서술할 내용을 말로 정리할 때 엉뚱한 소리를 하면 듣는 이가 그 부분을 지적하여 보완해 주기 때문이다.

3) 사람들의 언행은 겉으로 드러나기 전에 마음속으로 판단하는 과정을 거친다. 예를 들어 어린이가 머릿속으로 이것저것 잰 뒤에 과자를 사듯이, 어떤 문제를 어떤 기준에 따라 판단하고 그 판단에 따라 그 문제를 입(머리) 밖으로 드러낸다. '사형 제도를 폐지하자.'고 말했다면, 폐지하자고 주장한 이유가 머릿속에 있다. 그것을 글로 표현하지 못하는 것은 그 판단 과정이 너무 순간적이라서 미처 생각해 내지 못하는 것뿐이다. 그러므로 말로 연습할 때는 결과를 먼저 내놓고(주장부터 하고) '왜 그런 결론을 내렸을까?'를 따져 보는 것이 좋다.

4) 독서를 많이 하라고 하는 것은 책을 통해 다른 사람이 이 문제를 어떻게 생각하는지 알 수 있기 때문이다. 즉, '나는 이렇게 생각하는데 다른 사람들을 이렇게 보더라, 그 나름대로 일리가 있더라.'와 같이 어떤 사실을 객관적으로 볼 수 있다. 그리고 어떻게 표현해야 의미를 분명히 드러낼 수 있는지를 자연스럽게 익힌다. 자기가 평소 눈에 익힌 단어로 자기 생각을 표현하기 때문에, 단어를 정확하게 부려 쓸 줄 알며 엉뚱한 단어를 만들지 않는다.

5) 마음은 급하고 어떤 책부터 읽어야 할지 모르는 사람들은 일간 신

문부터 읽는 것이 좋다. 신문에는 요즈음 남들이 쓰는 어휘와 문장이 담겨 있으며, 신문을 통해 다른 사람들의 사고 방식을 엿볼 수 있다. 신문을 볼 때는 이해가 되는 글부터 읽으면 된다. 무슨 소리인지 모르면서 억지로 '사설'을 읽을 필요는 없다. 사설보다는 칼럼과 독자 투고가 글쓰기 연습을 할 때 더 도움이 된다. '칼럼'은 어떤 사실을 깊이 있게 다루고, '독자 투고'는 평범한 사람들의 보편적인 생각을 드러내고 있기 때문이다.

6) 텔레비전 토론 프로그램을 많이 봐도 좋다. 또 '그것이 알고 싶다'나 '시사매거진 2580' 같은 프로그램은 문제를 깊이 있게 분석하고 여러 각도로 접근하여 글을 쓸 때 풍부한 상식을 제공한다. 시사 주간지(한겨레 21, 주간 동아 따위)를 자주 읽는 것도 좋다. 사람들이 관심 있어 하는 문제를 깊이 있게 분석하고 해설해 놓았다.

7) 학생이라면 적어도 고등학교 2학년 때까지는 표현(쓰기)보다 이해(읽기, 듣기)에 힘을 쏟아야 한다. 논술글의 형식을 갖추어 그럴듯하게 모양을 내는 것은 단 며칠이면 되지만, 글의 깊이와 문장력은 하루아침에 해결되지 않는다. 또, 각 과목에서 한두 줄로 답변해야 하는 서술형 문제를 많이 풀어 보아도 좋다. (예 '현대 사회에서 개인에게 무한한 자유를 허용하지 않으려는 까닭은 무엇일까?', '박지원의 「호질」에서 호랑이는 누구를 상징하는가?', '신라에 불교가 전래되는 과정에서 어떤 갈등이 있었는가?', '부익부 빈익빈 현상을 개선할 수 있는 사회적 장치는 무엇이 있을까?', '대중 문화의 예술성이 떨어진다고 주장하는 이유는 무엇일까?' 따위.)

8) 글을 한꺼번에 여러 개 쓰려고 하지 말고, 하나를 쓰더라도 지도 교사에게 꼭 보여 주고 배우겠다는 생각으로 연습해야 한다. 하루

에 열 개를 쓴다고 실력이 느는 것이 아니다. 똑같은 실력으로 열 개를 썼을 뿐이다. 옆에서 바로 지도해 줄 교사가 없으면, 독서를 많이 한 친구에게 보여 주고 강평을 받아도 좋다. 사람들이 대개 쓸 줄은 몰라도 볼 줄은 안다.

9) 글을 처음 쓸 때는 원고지 한두 장 쓰기부터 시작하는 것이 좋다. 한두 장에 서론-본론-결론을 갖추어 글을 쓰다가, 충분히 익숙해지면 서너 장으로 양을 늘린다. 이런 식으로 원하는 양까지 원고를 늘려 나간다. 예를 들어 원고지 여덟 장을 써야 하고 시험 볼 날짜가 한 달이 남았을 때, 지금부터 시작하여 1주일마다 원고지를 두 장씩 늘려 나가면 마지막 주에 여덟 장을 쓸 수 있다. 이런 훈련 방식은 원고를 조감하는 능력을 키운다. 글에 대한 부담이 적어서 효과도 아주 크다. 시험 치르기 1주일 전에는 시험 현장과 비슷한 환경에서 볼펜으로 쓰기, 원고지에 쓰기, 주어진 시간에 글쓰기, 쓰기 전에 개요 짜기 등을 연습한다.

3. 논술 시험을 볼 때 조심할 점

1) 수험생들이 논술 시험 문제를 무서워하지 말아야 한다. 평가자는 수험생이 한 번 생각해 볼 만한 것을 묻는다. 출제된 문제가 평소 못 보던 문제라고 해도 평가자가 이상한 대답을 요구하는 것은 아니다. 아주 상식적인 문제를 수험생들이 정상적으로 이해하고 있는지 묻는 것뿐이다.

2) '서론-본론-결론'으로 글을 정리할 때 원고량을 서론에 1/5, 본론에 3/5, 결론에 1/5 정도 안배하는 것이 좋다. 서론과 결론을 약간

264

적게 쓰는 것은 장황하게 시작하거나 거창하게 끝내려는 생각을 막고, 본론에 근거가 확실한 내용을 담을 수 있기 때문이다.

특별한 지시가 없으면 문장 부호도 글자 수에 들어가며, 한 단락의 끝 문장 뒤에 남은 빈 칸도 글자 수에 들어간다. 새로 시작하는 단락 처음에 있는 빈 칸도 글자 수에 들어간다. 1200자를 쓰라는 것은 한 줄 20칸짜리 원고지에 60줄을 쓰라는 것이다. 특별한 조건이 없으면 지시한 양보다 10% 정도 더 쓰거나 덜 쓸 수 있다. 오차 범위를 벗어난 답안지와 쓰다 만 답안지는 채점하지 않는다. 그러므로 평소에 원고지에 글을 써보는 것이 좋다. '주어진 시간에 얼마나 쓸 수 있는지' 자신의 역량을 알고 있어야 한다.

3) 논술글에서 흐름을 잃는 것은 써야 할 글을 조감하지 못하기 때문이다. 서론에 문제를 제기하고, 본론에 논거를 대고, 결론에 가서 논지를 펴는 것이 좋다. 이 말을 아주 쉽게 다른 말로 바꾸면 아래와 같다.

① 서론 − 지금 이런 실정이다
   (또는) 지금 이런 일이 벌어지고 있는데
  본론 − 그것은 이런저런 문제가 있으므로
   (또는) 그것은 이러저러한 이유가 있으므로
  결론 − 이러저러했으면 좋겠다
② 서론 − 사람들이 때로는 인생을 무의미한 것으로 느낀다고 하는데
  본론 − 사람이란 무의미에 의미를 부여하고 끊임없이 노력하는 동물이므로
  결론 − 인생을 포기해서는 안 된다

4) 채점자는 채점한 뒤에 수험생들이 문제를 제대로 이해하지 못했

다고 가장 많이 지적한다. 그것은 수험생이 논술력(표현)이 떨어
지는 것이 아니라, 독해력(이해)이 모자라는 것이다. 일부 수험생
은 문제를 대충 읽고, 많이 보던 문제로 착각하여 엉뚱한 소리를
한다. 그러므로 어떤 문제를 받으면 10분 이상 시간을 들여 문제
에 밑줄을 긋고 분석하여 충분히 파악해야 한다.

특히 조건과 지시를 꼭 지켜야 한다. 원인을 찾으라고 하면 원인
을 밝혀야 하고, 무엇을 비판하라고 하면 문제점을 찾아 잘잘못을
거론해야 한다. 물론 자기 멋대로 문제를 바꾸어 대답하면 채점자
가 채점하지 않는다.

5) 논술글은 '서론-본론-결론' 삼단 구성으로 글틀을 잡는 것이 무
난하다. 그렇지 않으면 삼단 구성을 약간 바꾸어도 좋다. (예 서
론-본론1-본론2-결론, 문제 제시-점검1-점검2-결말) 수험생들
이 이런 형식을 좋아하는 것은 이런 틀이 아주 흔한 방식이지만
자기 생각을 쉽게 정리할 수 있기 때문이다. 물론 이런 형식이 자
유로운 사고를 제한할 수 있으므로 이런 틀을 꼭 지키지 않아도
된다.

그러나 이 간단한 형식에 자기 생각을 잘 담을 수 있으면 구태여
새로운 형식에 자기 생각을 담느라고 모험할 필요는 없다. 예컨대
시조라는 틀에 맞추어 자기 생각을 잘 정리할 수 있다면, 구태여
자유시로 넘어가지 않아도 된다. 이런 틀에서는 크게 무리하지 않
으면 대부분 실수하지 않기 때문이다.

6) 어느 시험장에서 '다음 글을 읽고 ○○○가 현실적으로 어떻게 드
러나고 있는지를 찾아보되, 어떻게 해야 할지 자기 생각을 밝히시
오.'라고 문제를 냈을 때 출제 의도를 크게 형식과 내용으로 나누
어 생각해야 한다.

형식은 글의 구조를 말하는데, 이 문제에서는 수험생들에게 글의 구조를 제한하였다. 예를 들어 본론 단락에 분명히 '○○○가 우리 생활에 나쁘게(또는 좋게) 드러나고 있다.'는 것을 언급해야 한다. 그것을 '첫째, 둘째'로 나누어 정리하면 짜임새가 잡힌다. 그리고 이에 대한 자기 생각(대책)을 결론에 담는다. 그러므로 출제자가 글의 구조를 제한하는 것은 오히려 수험생들에게 답안 구조를 친절하게 일러주고 있는 셈이다.

내용은 수험생이 언급해야 할 수준을 말한다. 가령 ○○○가 우리 생활에 나쁘게 드러났다고 두 단락으로 나누었으면, 왜 그런지 또는 어째서 그런지를 수험생 수준에 맞게 뒷받침해야 한다.

7) 논술 시험에서 가끔 '원인-대책'을 묻기도 한다. 예를 들어 '환경 파괴의 원인을 찾아 그 대책을 강구해 보라'든지, '세대 갈등의 이유를 알아보고 해결 방안을 서술하라.'는 식으로 문제를 제시한다. 수험생들이 이런 문제를 거의 '서론(문제 제기) → 본론1(원인) → 본론2(대책) → 결론(요약, 전망, 제언)'이라는 틀에 맞추어 쓰려고 한다.

그렇게 되면 결론에서는 전망하는 내용을 담지 못하고 본론에서 거론한 이야기를 요약하기 쉽다. 왜냐하면 정교하게 원인과 대책을 정리하였다 해도 논의된 것을 바탕으로 수험생이 전망(제언)하는 내용을 담아 결론 한 단락을 만들기가 쉽지 않기 때문이다. 자칫하면 결론을 추측으로 채워 '예언자'가 되기 쉽다. 따라서 이런 문제는 '서론(문제 제기) → 본론(원인) → 결론(대책, 간단한 전망)'처럼 정리하는 것이 무난하다.

8) 본론에 원인을 두 가지로 분석하였으면 결론에 대책도 두 개를 서술해야 한다. 그럴 때는 원고를 본론에 40%쯤, 결론에 40%쯤 안

배한다. 둘 다 중요하게 살펴보아야 할 내용이기 때문이다. 결론 원고량이 넉넉해야 마지막 부분에 '이렇게 되면 이렇게 될 것이다.'와 같이 전망하는 말을 덧보탤 수 있다.

9) 결론을 한정하고 '그 사회적 원인을 찾아보라.'는 문제는 본론에 정리해야 할 것이 많기 때문에 본론 부분이 커지고 결론 부분은 작아진다. 즉, 결론이 뻔한 것은 결론에 특별히 써야 할 말이 없으므로 작아질 수밖에 없다. 이럴 때는 본론이 전체 원고량의 60%를 넘어 80%까지 차지할 수 있다.

10) 논술글에서는 처음부터 끝까지 용어를 통일하여 써야 한다. 중간에 용어가 바뀌면 안 된다. 글쓰는 이는 같다고 생각하고 무심히 쓰겠지만 읽는 이는 받아들이지 못한다. 가령 앞에서 '신흥 종교'로 시작하였는데 뒤에 가서 '사이비 종교'로 바뀌었다면 글 전체 내용이 흔들린다. 또, 서로 비슷한 말도 끝까지 한 단어로 통일하는 것이 좋다. 즉, '천주교'로 시작하였다가 뒤에 가서 '구교'로 바꾸는 것은 좋지 않다.

11) '본문부터 쓰라'와 '본론부터 쓰라'는 서로 다른 말이다. 본문부터 쓰라는 것은 제목과 이름을 쓰지 말고 논술하라는 뜻이다. 그리고 본론부터 쓰라는 것은 서론을 쓰지 말고 바로 본론부터 시작하라는 뜻이다. 또, '논술문의 요건을 갖추어 쓰라'는 것은 서론-본론-결론 단락을 만들어 자기 주장을 분명히 담으라는 뜻이다.

12) 논술글에 속어, 은어, 비어, 사투리를 써서는 안 된다. 즉, '빙신, 눈깔, 쪽팔린다, 뻥까네, 주접떨다, 장땡이다, 후졌다, 뿌리다, 쌔

비다, 콧구녕, 열받다, 얄짤없다'와 같은 말들은 공식적인 글에 쓸
수 없는 단어이다.

의성어, 의태어는 어린이 말이라고 생각하는 것이 좋다. 논리를
펴는 글과 어울리지 않는다. 예를 들어 '담당자가 쌩하고 사라져
서 분노가 팍팍 끓어올랐다.'와 같은 문장은 '담당자가 자리를 피
해서 화가 났다.'로 바꾼다.

13) 본문에 한자(漢字)를 섞어 쓰라고 하면 한자를 써야 하나, 그런
지시가 없으면 되도록 한자를 쓰지 않는 것이 좋다. 일부에서 한
자를 쓰면 유식해 보인다고 권장하지만, 한자를 쓰다가 틀리면
오히려 확실히 감점될 뿐이다. 그리고 의미 전달이 모호한 단어
와 뜻을 구분해야 할 단어를 한자(漢字)로 쓴다. 초등학생도 알
만한 한자만 계속 쓰면 '속'이 들여다보인다. 물론 그쯤이라도 지
시가 있었다면 안 쓰는 것보다는 쓰는 것이 낫다.

그리고 한자를 쓸 때 뒤에 괄호를 만들고 그 속에 한글을 넣는 것
이 좋다. 한자(漢字)만 썼다가 틀리면 끝이지만, 한글과 나란히 쓰
면 한자(漢字)가 틀리더라도 내용을 전달할 수 있다. 한자(漢字)를
쓸 때는 의미를 전달할 수 있는 덩어리를 한 단위로 묶어서 쓴다.
民主 절次(×) ⇒ 民主 節次(○)   봉건 制度(×) ⇒ 封建 制度(○)

14) 시험을 치를 때 아무런 지시가 없으면 진한 연필로 쓴다. 볼펜으
로 쓰면 나중에 전혀 고칠 수 없다. 글씨를 못 쓰는 사람일수록
원고지 칸을 가득 채울 만큼 크게 또박또박 쓴다. 볼펜으로 쓸 때
는 검정색으로 쓰는 것이 좋다.

채점자는 짧은 시간 동안 비슷한 글을 많이 읽는다. 그러므로 글
씨를 깨끗이, 정확하게, 크게 쓰는 것은 채점자의 피로를 덜어 주
며 좋은 인상을 남긴다. 채점자가 글씨를 알아보지 못하면 수험생

만 손해를 볼 뿐이다. 처음에는 정성을 담아 쓰다가 대개는 뒤로 갈수록 글씨체가 나빠진다. 글씨를 멋있게 쓰려는 사람도 있지만 글씨체는 글의 내용이나 수준과는 아무런 관계가 없다. 남이 쉽게 읽을 수 있게 쓴 글씨가 잘 쓴 글씨다.

15) 다른 사람이 자기 글을 읽으며 이게 무슨 글자냐고 묻는다면 그 글씨 버릇을 고쳐야 한다. 대개 받침 글자가 분명하지 않아서 글씨를 읽지 못한다. 받침 'ㄴ, ㄷ, ㅌ'과 'ㄹ'을 구별할 수 없으며, 'ㅁ'과 'ㅂ'을 구별하기 어렵다. 이 밖에도 받침 'ㄹ, ㅅ, ㅆ, ㅍ'을 또박또박 써야 한다.

첫소리로는 'ㅈ'과 'ㄷ'을 비슷하게 쓰기도 한다. 어떤 사람은 'ㅎ'을 쓸 때 점을 찍고 그 밑에 동그라미를 붙여 마치 '옛이응(ㆁ)'같이 쓴다. 심지어 'ㅎ, ㅇ'에서 동그라미 대신 점을 찍기도 한다. 모음에서 'ㅓ, ㅜ'를 빨리 쓰느라고 'ㄱ'모양처럼 쓰고, 'ㅏ, ㅗ'는 'ㄴ'모양같이 쓴다. 모음의 내리긋는 획에서 위를 'ㄱ'자같이 심하게 구부린다. 'ㅊ, ㅎ' 글자 맨 위에 있는 획을 오른쪽 위에서 왼쪽 아래로 그어 '∠'모양이 되기도 한다.

이 밖에 '조'와 '근'이 확실히 구별되는지, '보'와 '와'를 쓸 때 한 번에 다 붙여 써서 읽기 어렵지는 않은지, '한'을 빨리 쓸 때, 'ㅎ' 오른쪽 옆에 'ㅏ' 대신 점을 찍고 'ㄴ'을 쓰거나, 'ㅎ' 오른쪽 옆에 'ㅏ'를 쓰고 'ㄴ' 대신에 긴 점을 찍지는 않는지 살펴본다. 그리고 '소우리뽀'를 빨리 써보자. 글씨체가 나쁜 사람은 모음이 제대로 나오지 않는다. 또 '리'가 '디·지·러'로 보이고, '뽀'가 '보·밴·벌' 같기도 할 것이다.

2 주제를 좁혀 잡기

1. 글을 쓰기 전에 왜 글을 쓰려고 하는지, 말하고자 하는 것이 무엇인지를 분명히 한다. 그래야 글의 방향을 잡기 쉽다. 예를 들어 교통 질서를 지키자는 글이라면 '질서와 무질서'에 대해 생각해야 한다. 그런데 요즘 자기 차가 어떤 상태인지, 가족들이 그 차를 얼마나 좋아하는지를 정리하고 있다면 잘못된 것이다. 그러므로 자신의 주장이나 의견을 내세울 때도 '무엇'을 말할 것인지를 분명히 해야 그것을 '어떻게' 알차게 전달할 수 있을지 따져 볼 수 있다.

2. 글 전체 주제를 정할 때는 원고량을 계산하여 범위를 잡아야 한다. 원고지 10장 안팎에 '민주주의'에 대해서 깊이 있게 서술하기는 어렵다. 그러나 글감의 범위를 좁혀 '민주주의와 다수결'에 대해서 쓰자면 앞에 있는 글감보다 좀더 구체적으로 언급할 수 있다. 물론 자기가 자신 있게 알고 있는 것으로 잡아야 한다. 자신도 이해하지 못하는 내용을 다루면 겉에서 빙빙 돌고 핵심을 찌르지 못하기 때문에 읽는 이를 설득하지 못한다. 다음 주제는 위에서 아래로 내려갈수록 주제가 구체적이다.

   ① 부모가 아이를 잘 키워야 한다. (너무 막연하다.)
   ② 부모는 아이를 엄하게 키워야 한다.

③ 부모는 아이를 확실한 기준으로 키워야 한다.

3. 주제가 넓으면 글에 깊이가 없어 평범해지기 쉽다. 대체로 이것저것 '일반적 진술'로 더듬게 된다. 본론에서 깊이 있게 다룬 것이 없으면 결론도 '일반적인 상식, 도덕적인 훈계'를 벗어나기 어렵다. 심하면 본론과 관계없는 소리만 늘어놓는다. 때로는 자기도 무슨 소리인지 모르는 것을 서술하다가, 결론에 와서 갑자기 계몽적인 주장을 내놓기도 한다. 별다른 내용을 제시하지 못하고 논리적이지도 않은 상황에서 채점자를 계몽하고 있는 셈이다.

4. 주제를 좁히면 좁은 주제를 뒷받침해야 하기 때문에 저절로 구체적으로 진술한다. 그래서 일반적 진술보다 훨씬 생생하게 표현할 수 있다. 예를 들어 '지구 환경을 폭넓게 염려하는 글'보다 '우리 나라 수질을 걱정하는 글'이 더 낫다. '수질'을 더 좁혀 '식수 문제'를 다룬다면 아주 깊이 있는 글이 될 것이다. 다음에 있는 두 글은 800자 안팎으로 서술한 글이다. 내용과 문장 면에서 '주제를 좁힌 글'이 '주제가 넓은 글'보다 훨씬 구체적이고 설득력이 있다.

① 주제가 넓은 글

인간과 환경의 조화

환경 오염은 많은 사람이 한 지역에 집중되어 사는 곳에서는 항상 문제가 되어 왔지만 특히 19세기와 20세기에 들어와 빠르게 산업화, 도시화하면서 주요한 위협이 되었다. 공장은 많은 폐기물을 대기와 하천에 토해 냈고, 도시는 많은 사람이 만들어 내는 폐기물 처리 문제로 골머리를 썩었다.

그래서 오늘날 가장 긴박한 국제 문제 중에는 환경에 관한 것이 많다. 이산화탄소 배출량이 늘고, 산성비로 삼림이 파괴되며, 각종 폐

수로 강과 바다가 오염되었다. 게다가 갈수록 사막화가 심하고, 각
종 화학 약품 때문에 오존층이 파괴되었다.

이런 여러 가지 이유로 금세기에 들어서 지구의 기후는 계속 더 따
뜻해져 갔다. 물도 따뜻해져서 부피가 늘어날 뿐만 아니라 따뜻한
기후 탓으로 빙하가 더 빨리 녹아서 오랫동안 얼음으로 묶였던 물이
바다로 흘러 들어가고 있다. 갈수록 해수면이 연평균 1밀리미터 이
상 상승해 왔다.

이제 행복하고 안락한 삶이 반드시 풍요로운 것이어야 하는 때는 지
났다. 더구나 우리 문화는 모든 일을 절제하며 살라고 가르치고 있
다. 그러므로 인간은 지나친 욕심을 버리고, 환경과 어울려 생활해
야 한다. 지금부터 우리가 해야할 일은 자연을 정복하는 것이 아니
라 오히려 조화를 이루며 사는 것이다.

② 주제를 좁힌 글

상수원 오염의 실태

물이 좋아 그냥 계곡에서 흘러내리는 물을 마시던 때가 있었다. 그
러나 지금은 정부에서 관리하는 수도에서 나오는 물조차 안심하고
마시지 못한다. 점점 상수원 오염이 심해져 수돗물의 질이 떨어지기
때문이다. 상수원을 오염시키는 원인은 여러 가지가 있지만 특히 축
산 시설과 양식장, 유원지 생활 하수에서 나오는 폐수가 가장 큰 골
칫거리가 되고 있다.

가축의 배설물과 양식장에서 쓰는 물고기 먹이가 물을 부영양화하
여 물 속에 사는 플랑크톤을 순식간에 증가시킨다. 물 속에 적정한
플랑크톤 수를 넘으면 잔존 산소량이 떨어지고 물이 썩게 된다. 게
다가 이런 축산 농가나 양식장은 대부분 영세하여 자체 정화 시설을
갖출 여력이 없다. 말하자면 정부에서 오염을 막기 위한 대안을 내
기 전에는 아주 대책이 없다고 할 수 있다.

그리고 유원지 음식점에서 내보내는 생활 하수가 그냥 상수원과 합류하고 있다. 사람들이 공장에서 나오는 폐수에는 관심이 많아도 생활 하수에는 관대한 편 같다. 그러나 공장에서 나오는 폐수가 양이 많으나 공장 수가 적다면, 유원지 여러 음식점에서 나오는 생활 하수는 직접 상수원에 합류되면서 매일 쏟아내기 때문에 오히려 문제가 더 크다.

따라서 깨끗한 물을 안심하고 마시려면 오염원을 차단하는 정책을 마련해야 한다. 특히 축산 농가와 양식장, 유원지에서 쏟아져 나오는 오염 물질을 처리할 수 있도록 재원을 마련하여야 한다. 그래야 인간 생활에서 가장 기본적인 생존이 위협받는 공포에서 벗어날 수 있을 것이다.

5. 기사 작성 지침도 논술글 쓰기의 좋은 기준이 된다.(이원행, 『취재 보도의 실제』)

① 문제를 이해한 후 쓰기 시작하라.
② 쓰고자 하는 것을 확실히 안 뒤에 써라.
③ 말하지 말고 글로 보여 주어라.
④ 좋은 인용을 적절히 넣어라.
⑤ 좋은 예증과 일화를 많이 넣어라.
⑥ 구체적인 명사와 다채로운 행위 동사를 사용하라.
⑦ 형용사를 많이 써 문장을 길게 하지 말고, 동사를 뒷받침하는 부사도 되도록 줄여라. 형용사와 부사는 문장을 불필요하게 늘리는 군더더기가 되기 쉽다.
⑧ 글을 서술할 때 추측이나 속단은 피하라. 사실을 말하게 하라.
⑨ 확실히 대답할 수 없는 문제를 글 속에 포함시키지 말라.
⑩ 단순하고 간결하며 정확하게 쓰라.

3 개요 짜기(1) 즉흥 사고법

개요는 글의 설계도이다. 본격적으로 글을 쓰기 전에 개요를 작성해야 좋은 글을 쓴다. 평소에 글을 잘 쓰던 사람이라 하더라도 시험장에서는 논리를 이성적으로 정리해야 한정된 지면에서 최대 효과를 올릴 수 있다. 그러므로 개요를 잘 짜면 글은 이미 절반 이상 완성한 셈이다.

개요 짜기 훈련을 할 때 초기 단계에서는 즉흥 사고법(brainstorming)을 이용하면 좋다. 즉흥 사고법은 의식 속에 들어 있는 생각을 머리 밖으로 끄집어내는 방식이다. 어떤 문제를 해결할 때 아무런 제약 없이 자유롭게 생각하는 훈련법이다. 글쓰기 제한 시간을 60분으로 가정하여 즉흥 사고법으로 문제를 해결해 보자.

1. 제시 문제를 충분히 읽고, 머릿속에 떠오르는 화제와 핵심어를 시험지 빈 곳에 되도록 많이 적는다. 다시 한 번 문제를 읽고 떠오르는 단어를 적는다. 적어 놓은 단어를 읽어 가며, 또다른 단어를 떠올리며 계속 적는다. (10분)

2. 주어진 문제에 어떤 단어(구절)를 넣으라는 지시가 있으면 집어 넣는다. 집어 넣은 단어가 다른 단어와 잘 어울릴 수 있도록 필요한 단어를 더 생각해 본다. (3분)

3. 늘어놓은 단어를 보고 대충 '서론—본론—결론, 서론—본론1—본론
   2—결론'과 같은 글틀을 생각하여, 전체를 몇 단락으로 만들 것인지
   결정한다. (2분)

   ① 원고지 3장 이하이면 서론 1단락, 본론 1단락, 결론 1단락
   ② 원고지 4~5장이면 서론 1단락, 본론 1~2단락, 결론 1단락
   ③ 원고지 6~10장이면 서론 1~2단락, 본론 2~3단락, 결론 1~2단
      락
   ④ 원고지 11~15장이면 서론 1~2단락, 본론 3~5단락, 결론 1~2
      단락

4. 여백에 적은 단어를 성격이 비슷하거나 논점이 가까운 것끼리 묶는
   다. 묶은 것을 나중에 한 단락으로 만든다. (10분)

   ㉠ 텔레비전 광고의 건전성
   정보, 즐거움, 상품 정보, 생활 필수품, 악영향, 기업, 광고, 성의 상
   품화, 선정적, 성적 언어 표현, 여성의 등장, 속옷 선전, 노출이 심함,
   성범죄, 성적 호기심 자극, 퇴폐 문화 수입, 윤리 상실, 소비 욕구, 충
   동 구매, 건전한 광고 개발, 일본 광고 모방, 출연자 복장 저속, 문화
   오염, 가치관 타락, 광고 문화 주체성

   ① 단어 사이의 관계가 명확히 나뉘어 대등하면 따로 묶는다.
      ➡ 상품 정보, 즐거움 ― 성의 상품화, 여성의 등장, 성적 표현
   ② 긴밀히 연결되어 도저히 뗄 수 없으면 같이 묶는다.
      ➡ 가치관 타락, 윤리 상실
   ③ 논리적 순서가 필요하면 각각 따로 묶는다. (도입 단락, 주요 단락,
      결미 단락)
      ➡ 악영향—성의 상품화—충동 구매—가치관 타락—건전한 광고 개발

④ 예시, 설명 따위는 각각 따로 묶는다. (부연 단락, 강조 단락)
　➡ 성의 상품화—속옷 선전, 노출이 심함, 성적 호기심 자극, 출연자 복
　　장 저속)
⑤ 덧붙이는 내용이면 따로 묶는다. (첨가 단락)
　➡ 일본 광고 모방, 퇴폐 문화 수입
⑥ 중심 생각이 담긴 내용(으뜸 논점)과 뒷받침하는 내용(딸린 논점)도
　따로 묶는다. (중심 단락, 뒷받침 단락)
　➡ 광고 문화 주체성—건전한 광고 개발

5. 글 전체의 틀을 생각하여 단어 순서를 정한다. 다시 문제를 읽으며
　묶어 놓은 덩어리에서 그 단어가 꼭 필요한지 검토하고, 거리가 먼
　단어는 글의 자연스런 흐름을 막으므로 과감히 지워 버린다. (5분)

6. 글을 쓰기 전에 단어에 살을 붙여 완전한 문장을 만든다. 그리고 원
　고량을 충분히 채울 수 있는지 확인해 본다. 문장 수에 40을 곱한 것
　이 전체 원고량이다. 예를 들어 대충 정리한 개요 문장이 30개이면
　1200자쯤 쓸 수 있다. 그러므로 원고량이 모자랄 것 같으면 예를 들
　거나 덧붙여 설명하는 방법을 이용하여 한 단락에 한 문장씩 추가한
　다. 4단락에 한 문장씩 늘리면 약 160자를 더 쓸 수 있다. 각 단락에
　중심 생각을 하나만 담고 나머지는 그 중심 생각을 뒷받침하는 문장
　이어야 한다. (10분)

7. 문제를 다시 읽어 본다. 그리고 한 단락 속에 여러 중심 생각이 들어
　있는지 확인한다. 늘어놓은 단어, 어절과 문장을 다시 한 번 문제와
　비교해 보고, 머릿속으로 논리를 잡으며 살을 덧보탠다. 이상이 없
　으면 글의 흐름을 놓치지 않고 원고지를 채워 나간다. 흐름을 놓치
　지 않으려면, 조금 쓰다가 처음부터 읽어 보고, 또 조금 쓰다가 다시

읽는 식으로 써 나가야 한다. (20분)

〔도움말〕

1. 머릿속에 평소 입력한 자료가 없으면 단어가 떠오르지 않는다. 떠오르는 단어가 없으면 쓰기가 막막할 것이다. 읽을거리를 평소에 충분히 소화한 사람이거나 체계적이며 비판적으로 사고하던 사람이라면 여러 단어가 쏟아져 나올 것이다. 아무것도 생각나지 않을 때는 반대로 생각하는 것이 좋다. 예를 들어 '긍정적인 방향을 서술하라.'고 하면 '부정적인 것은 무엇이 있을까?'를 생각하면 된다.

2. 평소에 어떤 사물과 관련하여 단어를 많이 떠올리는 연습을 하는 것이 좋다. 관련 있는 단어 '빨리 많이 쓰기'를 다른 사람과 함께 연습해본다. 이런 '놀이'는 짧은 시간에 얼마든지 할 수 있다. 여러 명이 함께 연습하는 것이 효과가 크다.

① 한 사람이 '군사 대국'이라고 소리 지르고 3분 동안 생각할 시간을 준다. 그 다음 '시작' 소리를 신호로, 생각한 단어를 쓰다가 1분이 되어 사회자가 '그만' 하면 쓰기를 멈춘다. 종이에 쓴 단어를 세어 보되, 객관적으로 관계가 없다고 생각하는 어휘를 빼고 승자를 가린다. 관계가 있는지 없는지는 참가자가 잠깐 토의하여 결정하고, 쓴 사람이 승복하지 않으면 다수결로 결정한다.

② 또는 한 사람이 '군사 대국'이라고 소리 지르면 곧바로 다른 사람은 생각나는 단어를 종이에 쓴다. 1분 뒤에 '그만' 하면 쓰기를 멈춘다. 그 다음은 위와 요령이 같다. 제한 시간을 참가자 수준에 따라 결정한다.

③ 한 사람이 불러 주는 단어 수를 점점 늘려 나가도 좋다. (예 '군사 대국, 강대국, 세계 질서, 국제 논리')

4 개요 짜기(2) 단계별 사고법

즉흥 사고법이 사고를 다양하고 깊이 있게 정리하는 훈련이라면, 단계별 사고법은 시험장에서 짧은 시간에 글의 흐름을 잡는 방식이다. 이 단계별 사고법에서는 자신이 주장하고자 하는 결론을 먼저 생각한 뒤, 그 다음에 결론을 뒷받침할 수 있는 본론을 생각한다. 그리고 그런 결론을 내리게 된 출발점이 무엇인지 찾아 서론으로 정리한다.

이 단계별 사고법은 주장과 근거, 중심 생각과 뒷받침을 분명히 제시할 수 있는 것이 큰 특징이다. 그리고 '결-본-서'에 따라 글감을 찾아내기 때문에 일관성을 잃지 않는다. 자기 머릿속에 있는 모든 지식을 동원하여 글감을 정리하되, 정교하게 계산하여 각 단락을 정리할 수 있다.

1. 논술글은 의견이나 주장을 펴는 글이니, 결론에서 '무엇을 전달할 것인가?'를 우선 정한다. 즉, 제시 문제를 보고 자신이 무엇을 주장할 것인지를 결정하여 개요표에 '간단하게' 한 줄만 쓴다. 잘 생각나지 않으면 '반대한다, 안 된다, 더불어 살자, 바람직한 방향으로 나아가야 한다'와 같이 당위적인 어휘로 정리한다.

2. 결론을 뒷받침하는 글감(근거, 방법)이 자동적으로 본론이 된다. 그러므로 그 결론에 '왜 그럴까, 어떻게 할 수 있을까' 따위를 붙여 보

고 생각나는 것을 개요표 본론에 한 줄만 쓴다. 그렇게 해도 생각나지 않으면 결론에 있는 문장을 어미만 바꾸어 그대로 써도 좋다. 예를 들어 '반대하니까, 그래서는 안 되니까, 더불어 살아야 하니까, 바람직한 방향으로 나가야 하니까'같이 쓴다. 나중에 다시 생각할 기회를 마련하여 정리할 수 있다.

3. '위와 같은 문제를 왜 출제하였을까? 이 문제가 오늘날 왜 제기되었을까? 이 문제에 대해 사회에서 어째서 말이 많을까? 이 문제를 짚고 넘어가야 하는 사회 현실이 도대체 무엇일까?'를 생각하여 개요표 서론에 한 줄만 쓴다. 아무 생각이 안 떠오르면 무조건 '관심이 높아졌다, 논란이 많다, 목소리가 커졌다, 우려하고 있다'에서 하나를 골라 쓴다.

4. 본론에 서술한 한 줄을 늘려 한 문단으로 만들려면 계속 뒷받침하는 문장(근거)을 붙여야 한다. 가령 두 문단으로 만들려면 본론에 있는 중심 생각 한 줄을 뒷받침할 수 있도록 작은 중심 생각 둘로 쪼개야 한다. 예를 들어 본론에 있는 중심 생각 '반대하니까'를 구체적으로 뒷받침하려면 '어째서' 반대하는지 그 이유(작은 중심 생각) 두 개를 생각하여 개요표에 두 줄로 나눈다. 예를 들어 '첫째, 제도적으로 어렵다. 둘째, 도덕적으로 용납할 수 없다.'처럼 나눌 수 있다.

5. 이때 작은 중심 생각을 많이 생각하려 하지 말고 두세 개만 확실히 다루는 것이 좋다. 제한된 원고지에 글을 채우기 때문에 각 단락에 돌아갈 문장 수가 적어지기 때문이다. 예를 들어 본론에 써야 할 공간이 열다섯 줄일 때, 세 단락이면 다섯 줄씩 쓸 수 있으나, 본론이 다섯 단락이면 석 줄밖에 쓰지 못한다. 즉, 단락 수가 많아질수록 원고량 때문에 깊이 있게 쓸 수 없다.

280

그리고 본론에서 원고를 많이 차지하면 결론에 자기 주장을 정리할 공간이 없어진다. 그래서 결론을 흐지부지 마무리하게 되고 '설교적인 결론, 애국적 주장, 도덕적인 훈계'를 쓰게 된다.

6. 본론에서 잡은 중심 생각 중 '첫째, 제도적으로 어렵다.'로 간다. 이때 다른 부분은 보지 말아야 한다. 이 중심 생각만 읽는 이에게 어떻게 전달할 것인지를 궁리해야 하기 때문이다. 이 문장에 '왜, 어떻게'를 붙여 보는 것이 좋다. 예를 들어 '제도적으로 왜 어려울까? 제도적으로 어떻게 어려울까?'를 생각해 보고, 떠오르는 문장으로 뒷받침한다. 이 모든 한 덩어리가 본론 첫 단락이다. 원고량에 따라 다르지만, 적어도 세 문장 이상 뒷받침해야 한다.

7. 6과 마찬가지로 다른 부분은 보지 말고 '둘째, 도덕적으로 용납할 수 없다.'로 간다. 이 중심 생각을 읽는 이에게 확실히 전달할 수 있도록 이리저리 뒷받침한다. 요령은 위에 있는 6과 같다. 이때도 시험장에서 요구하는 원고량을 충분히 채울 수 있도록 자세히 뒷받침하되, 본론 1단락에 있는 문장 수와 비슷하게 맞추어 주는 것이 좋다. 본론 단락의 길이가 아주 길거나 아주 짧은 것이 섞이면, 채점자가 채점할 때 확실히 알고 서술한 부분과 그렇지 못한 부분으로 생각하기 쉽다.

8. 이번에는 결론 부분으로 간다. 결론에 서술한 한 줄을 늘려 한 단락으로 만들려면 충분히 뒷받침해야 한다. 결론에 있는 '반대한다'를 뒷받침할 때는 아주 구체적인 문장으로 뒷받침해야 한다. 그래야 '도덕적인 훈계, 설교하는 결론'에서 벗어난다. 물론 결론 끝에 '전망, 제언'을 덧붙일 때는 '일반적 진술'로 서술한다. 결론에 덧붙일 말이 마땅히 떠오르지 않으면 주제(중심 생각) 뒤에 '그래야만 ~할

것이다, 그렇지 않으면 ~될 것이다, 그렇게 하려면 ~해야 할 것이다, 아울러' 따위를 붙여 생각해 본다.

9. 서론에 있는 한 줄을 보고 '어떻게 문제가 되고 있는지'를 생각하여 그 내용을 뒷받침한다. '오늘날, 현실, 요즘, 얼마 안 된 과거'에 대해 이야기하는 것이 무난하다. 문제를 제기하는 곳이니 '어떻게 문제가 되고 있는지'를 설명하면 좋다. 본론과 연결할 수 있도록 서론 끝에서는 구체적으로 서술하여 글감의 범위를 좁혀야 한다. 서론에서도 한 단락이 될 만큼 충분히 뒷받침해야 한다.

10. 이렇게 대충 잡은 문장 개요를 위에서부터 죽 읽어 글의 흐름을 살펴본다. 매끄럽게 연결할 수 있게 문장 순서를 바꾸어 본다. 이때 서론-본론-결론에 있는 문장은 각각 그곳에서만 자리를 바꾸어야 한다. 서론에 있는 문장을 본론이나 결론 쪽으로 옮기면 안 된다. 본론 뒷받침 문장이 서론을 뒷받침할 수 없기 때문이다. 자칫하면 각 단락의 일관성, 통일성이 깨진다.

11. 문장 순서를 잡은 뒤 처음부터 죽 읽어 가며 앞뒤 연결이 자연스럽지 않은 곳에 뒷받침 문장을 더 써 넣어 단락과 단락의 긴밀성을 높인다. 이때 서론에서 본론으로, 본론에서 결론으로 넘겨 주는 문장을 덧보탤 수 있다.

12. 또 한 번 읽어 본다. 이 문장 개요에 살을 붙여 원고지로 옮길 때 주어진 원고량을 채울 수 있을지를 생각하고 문장 수를 세어 본다. 문장 수에 40을 곱한 것이 원고량이다. 개요 문장이 30개라면 1200자를 쓸 수 있다. 원고량이 모자랄 것 같으면 예를 들거나 덧붙여 설명하는 방식을 이용하여 한 단락에 한 문장씩 추가한다. 4단락에 한 문

장씩 늘리면 약 160자를 더 쓸 수 있다. 각 단락에 중심 생각을 하나
만 담고 나머지는 그 중심 생각을 뒷받침하는 문장이어야 한다.

13. 문제를 다시 읽어 보고, 정리한 것을 글로 썼을 때 문제에 대한 답
    변이 될지 생각해 본다. 괜찮으면 이 개요표에 따라 답안 원고지에
    글을 정리한다. 조금 쓰고 앞에서부터 다시 읽어 보고, 또 '생각하며
    차근차근' 써 나간다. 이때 글의 흐름을 잃지 않도록 조심한다.

5 단락 쓰기

1. 단락이란

1) 단락은 글쓰는 이의 생각을 전달하는 최소 단위이다. 그래서 한 단락에서 말하고자 하는 것이 하나밖에 없는데, 그 하나를 단락의 '중심 생각'이라고 한다. 이런 단락이 여러 개 모여 글 한 편이 완성된다. 그러므로 여러 단락에 있는 여러 중심 생각을 모아 글 전체의 주제로 드러내는 것이다.

2) 어떤 한 단락이 '중심 생각＋뒷받침＋중심 생각＋뒷받침'처럼 구성되어 있으면 좋지 않은 단락이다. 그러므로 한 단락에 중심 생각 여러 개가 대등하게 묶여 있으면 중심 생각을 따로 떼어 새 단락으로 독립시켜야 한다. 그리고 한 단락에 중심 생각 여러 개가 서로 관련 없이 묶여 있으면 글의 흐름을 막는 중심 생각을 없애야 한다.

3) 어떤 글을 읽다가 '왜 갑자기 딴 소리를 하지?' 하는 생각이 들었다면 그 단락에 있는 중심 생각을 제대로 전달하지도 못한 채, 다른 이야기로 넘어가고 있다는 뜻이다. 이렇게 한 단락에서 중심 생각을 뒷받침하지 않고 또다른 중심 생각을 계속 덧붙이는 글을

보고 '논거가 없이 단정만 하는 글'이라고 한다. 그러므로 한 단락에서는 읽는 이가 궁금해 하지 않도록 중심 생각 하나만 충분히 설명한 뒤 그 단락을 마무리해야 한다.

4) 한 단락이 끝나면 줄을 바꾸어 새 단락을 시작한다. 그 단락에서 말하고자 하는 것이 끝났으므로 다음 이야기를 새로 시작하는 것이다. 그런데 어떤 사람은 아무때나 줄을 바꾼다. 심지어 한 문장으로 계속 한 단락을 만들기도 한다. 단락은 중심 생각 하나를 마무리하는 '사고의 단위'로 결정되는 것이니, 담아야 할 내용이 바뀌기 전에는 함부로 줄을 바꾸어서는 안 된다.

5) 논술글 1,000~1,500자를 써야 한다면 전체 단락은 너댓 개쯤 된다. 서론 단락과 결론 단락을 빼면 본론은 두세 단락일 뿐이다. 결국 글 전체를 통해 말하고자 하는 주제를 뒷받침하려고 본론 두세 단락을 구상한 것이니, 본론 각 단락에 담을 중심 생각 두세 개를 생각해 내면 글 한 편을 완성할 수 있는 셈이다.
가령 결론을 '우리 나라는 살기 좋다.'로 잡았다면, 이 '살기 좋은'을 본론에서 뒷받침해야 한다. 그러므로 본론에서 '인정이 많다, 물가가 싸다, 자연이 아름답다' 따위로 중심 생각을 잡아, 본론 각 단락에서 그 중심 생각을 구체적으로 뒷받침하면 된다. 따라서 서론에서 결론까지 너댓 줄로 중심 생각을 정리하여 문장 개요를 짤 수 있으면 누구라도 논술글을 쓸 수 있다.

6) 단락의 구조
① 서론(도입 단락) — 앞쪽에서는 일반적 진술로 넓게 시작하고 뒤로 갈수록 좁히다가 서론 끝에 가서 본론에서 이을 수 있도록 작은 것(본론에서 다룰 내용)으로 집중시킨다. 그래서 서론 구조

를 역삼각형 구조라고 한다. 서론에서는 대개 '현황을 설명, 논점의 중요성을 강조, 문제를 명시, 문제를 간단히 설명, 논제를 예고, 전체 윤곽을 명시, 사건을 암시, 화제를 제시, 문제를 제기, 흥미를 유발, 문제점을 발견, 현상을 관찰, 개념을 설명, 본질을 파악, 목적이나 동기(의도)를 명시'한다.

② 본론(주요 단락) — 몇 단락을 대등하게 늘어놓고 서론에서 제기한 문제를 풀어 나간다. 그래서 본론 구조는 네모꼴을 거듭 늘어놓는 형태이다. 본론에서는 대개 '주장을 전개, 논거(사실, 소견)를 제시, 자기 의견을 명시, 사례를 인용, 반론을 논파, 효용성을 강조, 원인을 분석, 대책을 제시, 타당성을 확인'한다.

③ 결론(결말 단락) — 결론 앞에서는 본론에서 이야기하던 내용을 다루기 때문에 구체적인 편이다. 결론 끝에 가서는 일반적 진술로 범위를 넓혀 끝낸다. 그래서 결론 구조를 삼각형 구조라고 한다. 결론에서는 대체로 '주제를 제시, 주제를 확인, 제언과 전망, 논점을 요약, 행동 변화를 유도(행동을 호소, 독자의 각성을 촉구, 결심을 촉구), 과제를 제시, 주장을 반복하거나 강조, 해결 방안을 제시, 반성'한다.

2. 단락의 형식

1) 한 단락에서 문장을 어떻게 배열할 것인가를 따질 때 두괄식과 미괄식이라고도 하고, 연역법과 귀납법이라고도 하며, 구체화와 일반화로 설명하기도 한다.

① 연역법(두괄식, 구체화) — 중심 생각을 단락 맨 앞에 놓는다. 앞에서 주장하고 뒤에서 뒷받침한다. 일반적 진술을 앞에 놓고, 뒤로 갈수록 구체적으로 진술한다. 그래서 대개는 앞에서 한

이야기를 거듭 반복하는 것처럼 보인다. 많은 사람(90% 이상)이 이 방식을 좋아한다. 비슷한 내용을 반복하면 글에 논리가 없거나, 있어도 빈약해 보일 때가 있다.

② **귀납법**(미괄식, 일반화) ― 중심 생각을 단락 맨 뒤에 놓는다. 읽는 이를 일정한 방향으로 구체적으로 설득하다가 끝에 가서 단호하게 주장하여 마무리하므로 강하게 느껴진다. 즉, 단락 앞쪽에서 구체적으로 근거를 대다가 뒤에 가서 일반적 진술로 끊어 주는 것이 훨씬 단호해 보인다.

2) 한 단락에 몇 문장을 담아야 한다는 기준은 없다. 다만, 자신이 하고 싶은 이야기를 충분히 설명하고 뒷받침할 만큼 써야 한다. 특히 시험장에서는 원고량이 정해져 있으므로 단어나 문장을 알차게 표현해야, 말하고자 하는 것을 뚜렷하게 전달할 수 있다. 이때는 전체 원고량을 40으로 나누고, 그것을 다시 단락 수로 나누면 한 단락을 몇 문장으로 묶어야 할지 알 수 있다. 예를 들어 1000자는 25문장쯤인데, 이 25문장으로 네 단락으로 구성한다면, 한 단락에 대여섯 문장씩 안배해야 한다.(한 단락 문장 수 = 원고량 ÷ 40 ÷ 단락수)

3. 중심 생각 뒷받침하기

1) 한 단락에 중심 생각(문장)을 하나만 담을 때, 나머지 문장을 뒷받침 문장이라고 한다. 두괄식 구성이라면 첫 문장을 빼고, 나머지 문장이 모두 뒷받침 문장이다. 뒷받침이란 중심 문장을 좀더 '상세화(구체화)'하는 것이기 때문에 뒷받침하는 문장이 중심 문장보다 훨씬 더 구체적이어야 한다.

2) 뒷받침(상세화)하는 방법으로는 예시, 인용, 비교, 대조, 분석, 분류, 구분, 개념 설명, 가정, 열거, 강조, 단정, 비유, 첨가 부연, 삽입, 유추, 묘사, 증명, 정의, 논증, 서사 따위가 있다. 논술문에서는 결과(결론)를 뒷받침하려고 근거를 대므로 이유를 대며 보충하는 방식이 많이 쓰인다. 물론 중심 생각을 확실히 뒷받침하려면 위에 있는 여러 가지 방법을 고루 섞어야 한다.

글쓰기 연습을 할 때는 마음속으로 '왜냐하면, 가령, 다시 말해, 즉, 예를 들어, 만약에, 말하자면'과 같은 전환구를 생각하며 뒷받침하는 것이 좋다. 이 전환구가 중심 생각을 한 단락으로 확장할 때 가장 손쉽게 붙일 수 있는 것들이다. 즉, 중심 생각의 뜻을 풀이하거나, 의문을 풀어 주며 합리화하거나, 예를 드는 방식을 이용하는 것이다.

3) 문장 구조를 바꾸어 의미를 확장하고 상세화하기도 한다. 우리말의 기본 틀인 '주어＋서술어, 주어＋목적어/보어＋서술어'에 수식어(관형어, 부사어)를 덧보태는 방식이다. 그러나 이런 문장은 구조가 복잡하여 내용을 제대로 전달하지 못하기 때문에, 쓰지 않는 것이 좋다.(2장 16절 '관형절 줄이기' 참조.)

4) 뒷받침 문장이 중심 생각보다 튀어서는 안 된다. 예를 들어 '현대인들은 좀더 자상해야 한다'를 뒷받침하려면 뒷받침 문장에서는 '현대인' 또는 '자상'에 대해 설명해야 한다. 그런데도 갑자기 '요즘 애들이 어떻다, 우리 나라는 안 된다'며 중심 생각에서 멀어지기도 한다. 읽는 이가 '이 말이 갑자기 왜 나오는 거야? 여기에서 이 소리를 꼭 해야 하나?' 하고 의심하게 되면, 이런 글은 독자를 설득하지 못하고 오히려 논란거리만 제공한다. 단락에 있는 중심 생각에 집중하여 뒷받침 문장을 '일정하고 뚜렷한 기준'에 따

라 늘어놓아야 한다.

5) 한 단락에서 '문장이 거칠다, 논리 비약이 심하다, 집중력이 떨어진다, 단락의 구성 원리를 모른다'와 같이 지적 받는 것은 단락 쓰기 훈련이 제대로 안 되어 있다는 뜻이다. 예를 들어 어린이들이 'ⓐ 원숭이 엉덩이는 빨개 → ⓑ 빨가면 사과 → ⓒ 사과는 맛있어 → ⓓ 맛있으면 바나나' 식으로 앞뒤 내용을 연결해 노래할 때, 중간에 있는 문장 하나를 빼고 ⓐ에서 ⓒ이나 ⓓ로 가거나, ⓑ에서 ⓓ로 가면 제대로 연결되지 않는다.

즉, 양쪽을 연결해 주는 중간 문장이 없어, 독자가 '원숭이 엉덩이가 빨간 것(ⓐ)'과 '사과가 맛있는 것(ⓒ)'을 연결하기가 쉽지 않다. 이런 상황을 채점자가 '논리 비약이 심하다.'라고 지적한 것이다.

6) 중심 생각이 넓으면 넓은 만큼 많이 뒷받침해야 한다. 그러므로 중심 생각을 좁히는 것이 좋다. 아래 예문을 보면 위보다 아래로 내려갈수록 진술이 구체적이라서 뒷받침 문장이 많이 필요하지 않다. 따라서 단락의 성격, 서술 분량에 따라 중심 생각의 범위를 잡으면, 그에 따라 뒷받침해야 할 범위도 제한된다.

① 잘못된 교육의 폐해가 너무나 크다. (범위가 넓어 뒷받침을 많이 해야 한다.)
② 학력 위주 교육이 사회를 분열시켰다.
③ 입시 위주 교육이 신분 계층을 만들었다.
④ 대학 졸업자를 우대하는 풍토 때문에 학벌을 따지게 되었다. (아주 구체적이다.)

7) 중심 생각을 확실히 드러내려면 뒷받침할 때 여러 가지를 고려해 봐야 한다. '왜 그럴까? 어째서 그럴까? 이게 무슨 의미가 있지? 어떤 이유가 있을까? 꼭 해야 할까? 어떤 면에서 같거나 다를까? 어떻게 해결할 수 있을까? 문제의 원인과 결과는 어디에 있을까? 알맞은 제재를 설명한 것인가? 인용은 정확했으며 근거는 객관적이었을까? 어떡해야 할까? 이렇게 설명할 수밖에 없을까? 혹시 빠뜨린 것은 없을까? 만약 이게 사실이 아니라면? 이걸 믿을 수가 있을까? 이런 경우가 또 있을까? 누가 그렇게 주장하는지? 다른 사람도 이 말에 동의할까? 이 정도면 충분히 설명한 것일까? 이것이 이 일과 직접 관계가 있을까?' 따위를 마음속으로 물어 보아야 제대로 뒷받침할 수 있다.

8) 중심 생각을 뒷받침할 때 다음과 같은 질문을 해보라고 권하고 있다.(이승훈, 『글을 어떻게 쓸 것인가』)

① 보기를 충분하게 들었을까?
② 낱말들은 정확히 풀이했을까?
③ 중심 생각을 관련이 있는 생각과 제대로 비교했을까?
④ 원인이나 조건을 충분히 설명했을까?
⑤ 결과는 충분히 설명했을까?
⑥ 제재나 명제를 잘 나눴을까?
⑦ 제재나 명제를 몇 개나 늘어놓았나? 제대로 분류했을까?
⑧ 늘어놓은 제재나 명제를 논리적 순서에 따라 잘 놓았을까?

9) 한 생각을 다른 생각으로 전환시키며 뒷받침하는 문장끼리 이어 주는 말을 '전환구(전환어)'라고 한다. 이 전환구를 잘 이용해야 문장 연결이 부드럽다. 이런 전환구로는 접속어, 지시어가 있다.

또 중심 낱말이나 생각의 과정을 보여 주는 낱말을 전환구로 쓰기도 한다. (예) 그러므로, 하지만, 왜냐하면, 게다가, 더구나, 가령, 이것이야말로, 그것은, 더욱, 끝으로, 반면에, 과거에는, 의심할 것 없이, 첫째로, 덧붙인다면)

10) 접속어는 문장과 문장을 연결시켜 주는 말이다. 그래서 문맥의 흐름을 아주 분명하게 드러내 준다. 그러나 접속어를 너무 자주 쓰면 문맥이 자연스럽지 못하고 오히려 문맥이 장황해지기 쉽다. 가끔 접속어 없이 문장을 자연스럽게 연결하는 것이 좋다. 접속어를 쓸 때는 같은 접속어를 반복해서 쓰지 않아야 한다.

6 서론 쓰기

1. 서론은 글의 얼굴이다. 첫인상이 좋아야 한다. 그러므로 앞으로 전개될 내용을 암시해 주고 읽는 이의 관심을 끌며, 읽고 싶은 분위기를 만들어 줘야 한다. 서론은 전체 글의 1/5 정도이므로 시험장에서 대개 200자 원고지 한 장 안팎이며, 길어 보았자 두 장이다. 그러므로 서론 앞머리는 가벼운 마음으로 시작하여 일반적 진술로 시작하되, 본론에서 다룰 문제의 예비적 상황으로 '실상, 현실, 의의' 따위만 서술하는 것이 좋다.(주의 환기) 서론 앞머리에서 주의를 환기하여 읽는 이의 관심을 모았으면, 뒤 부분에서 본론의 방향을 일러준다. 뒤 부분에서는 본론과 연결해야 하므로 구체적으로 진술한다.(과제 제시, 문제 제기)

서론의 짜임 예
① 텔레비전의 보급 현황(사회적 위치) + 문제제기
② 기성 세대의 도덕성 황폐 실태 + 문제 제기
③ 전자 오락의 실태 + 문제 제기
④ 청소년 범죄의 현실 + 문제 제기
⑤ 사형 제도의 의의(가치)와 실태 + 문제 제기
⑥ 독일 통일 뒤 실상 + 문제 제기

2. 상식적인 이야기를 길게 늘어놓지 않는다. 서론은 짧게 쓴다는 기분으로 중심 생각을 좁혀 간결하고 뚜렷하게 서술한다. 서론 첫부분을 문학적으로 멋있게 시작하려고 하는 사람이 많다. 또 이것저것 길게 늘어놓으며 큰소리치고 잘난 체하기도 한다. 거창하게 멀리서부터 넓게 잡아오는 사람도 아주 많다. 글쓰는 연습이 모자라는 사람일수록 서론이 장황하다. 만약 본론에 '앞에서 말했듯이, 위에서 살펴본 것처럼, 앞서 말한 바와 같이'라는 말이 들어 있으면, 본론에서 다루어야 할 말을 이미 서론에서 써먹은 것이다.

3. 서론이 좋지 않으면 본론과 결론도 나빠진다. 본론에서 해야 할 말을 제대로 펼 여유가 없어지기 때문이다. 그래서 결론도 서둘러 내리고 비약이 심해지거나, 아주 도덕적이거나, 간단하게 상식적으로 끝나거나, 무엇을 말하려는지 자신도 모른 채 끝난다. 아래 예문 ①은 상식적인 이야기를 길게 늘어놓은 서론이고, ②는 장황한 서론이다.

① 요즈음 사회가 복잡해짐에 따라 사람들이 관심을 두는 분야도 여러 가지로 변했다. 그 중에서도 가장 중요한 관심거리 중의 하나가 건강 문제이다. 사람들은 건강을 지키려고 적당한 운동, 규칙적인 식사, 일정한 휴식 등 나름대로의 방법을 강구하고 있다. 물론 이런 방법은 아무런 문제가 없다. 그런데 요즈음 어떤 사람들은 자신의 건강을 위해 동물을 죽여 만든 약재를 복용하고 있다.
➡ 다듬어 보면 : '건강'은 예부터 사람들이 변함없이 관심을 두어온 문제이다. 그래서 사람들은 건강을 지키려고 여러 방법을 연구해 왔는데, 그 중에서도 '어떤 특별한 음식을 먹어 건강해지기'가 가장 손쉽게 생각할 수 있는 방법이었다. 그런데 요즈음 어떤 사람들은 자신의 건강을 위해 동물을 죽여 만든 약재를 복용하고 있어 문제가 되고 있다.

② 지구에 살고 있는 생물에게 오존이란 존재는 무시하지 못할 만큼 큰 영향을 끼치고 있다. 그 영향이란 태양에서 쏟아져 내려오는 자외선을 차단해 주는 것이다. 이런 오존층이 날로 감소하고 있다는 것은 우리에게 커다란 충격이 아닐 수 없다. 만약 오존층이 없어진다면 어떻게 될까? 식물은 시들고 사람은 피부암에 걸려 죽고……. 상상만 해도 끔찍하다. 우리의 생명을 보호해 주는 오존층을 파괴시킨다는 것은 우리가 일찍 죽는다는 결론밖에 나오지 않는다. 따라서 이 글에서는 오존층이 파괴되는 원인을 살펴보고 그 대책을 강구하고자 한다.

➡ 다듬어 보면 : 오존은 태양에서 쏟아져 나오는 자외선을 차단해 준다. 그래서 지구 생물에게 오존은 아주 큰 영향을 끼치고 있다. 그런 오존층이 날로 얇아지고 있어 문제가 심각하다. 오존층이 없어진다면 지구 생물은 치명적인 타격을 받는다. 오존층을 파괴하는 것은 인간뿐만 아니라 지구의 모든 환경을 파괴하는 것이다. 따라서 오존층이 파괴되는 원인을 찾아 그 대책을 강구해야만 한다.

4. '찬성과 반대 중에서 뚜렷하게 자기 처지를 밝히고(내세우고) ~' 같은 문제는 서론에 찬성이나 반대를 꼭 밝히고 시작하라는 말이 아니다. 찬성하거나 반대하는 쪽에 서서 글을 쓰라는 뜻이며, 양쪽이 옳다거나 양쪽이 나쁘다는 식으로 글을 쓰지 말라는 뜻이다. 그러므로 글을 일정한 방향으로 몰아 나가다가 결론에 가서 '이러저러하여 찬성(반대)한다'라고 끝내는 것이 좋다.

그러므로 서론에서는 주장이나 의견을 섣불리 내지 말고 본론에서 본격적으로 다루는 것이 좋다. 서론을 강하게 쓰면 본론이 약해지기 쉽기 때문이다. 그런데도 어떤 사람은 '결론부터 말하자면' 하면서 결론에 써야 할 말을 서론에 담기도 한다.

5. 서론에서 본론으로 넘어갈 때 '알아보자, 이야기하겠다, 살펴보자, 서술하겠다, 생각해 보자, 고찰해 보자, 내 생각을 밝히겠다'와 같은 말버릇이 아주 많다. 글의 목적이나 방향을 제시하며 서론을 본론에 연결할 때 많이 쓴다. 그러나 이 말들은 상투적인 틀이라 매끄럽지 못하고 오히려 어색하다. 원고지 열 장 안팎 글에서 '무엇을 깊이 고찰하기' 어렵다. 글쓰기 연습을 기계적으로 할 때 이런 버릇이 붙는다. 그런 서술어 없이 본론으로 바로 들어가도 대부분 자연스럽게 연결된다.

또, 평가받을 글에서 '알아보자, 살펴보자'라고 할 수가 없다. 이 말은 채점자에게 '함께 행동할 것을 요청하는 말(청유문)'이기 때문이다. 물론 '완결된 글 한 편'으로 완성하는 식이지만, 실제로는 자기 생각을 원고지에 옮겨 수백 명에게 읽힐 글이 아니다. 시험 답안지일 뿐이며 채점자 세 사람쯤 읽는다. 그래서 '청유'에는 자신의 주장을 '혼자' 당당하게 펴지 못하는 심리가 담겨 있다.

6. 어떤 사람은 본론에 들어가기 전 서론 끝에서 연속하여 질문을 던지기도 한다. 대개 써야 할 글의 방향이나 내용을 암시하는 질문들인데, 머리 속에 떠오르는 여러 가지 생각을 정리하지 못하고 생각나는 대로 급히 쓸 때 이런 버릇이 드러난다. 이렇게 되면 글의 목표도 없이 방황하다가, 서론에서 자신이 던진 질문조차 답변하지 못하고 글을 끝낸다. 아래 예문은 서론 끝에 연속하여 질문을 던진 글이다.

① 그런 학생이 얼마나 될까? 과연 믿을 수 있는 것인가? 그렇게 생각하는 사람이 있다는 말인가? 내가 너무 많은 것을 요구하는 것일까?
② 역량 있는 신인 작가들이 그만큼 늘고 있다는 뜻일까? 그래서 한국 소설의 수준이 전보다 뚜렷이 향상됐다는 반가운 징표일까?

하지만 많은 평론가들이 90년대 소설이 오히려 뒷걸음질치고 있다고 지적하고 있지 않은가? 문학 자체가 소멸할지도 모른다는 위기 의식에 빠진 시대가 지금 아니던가? 이 두 가지 현상 사이의 괴리를 어떻게 설명할 것인가?

7 서론을 쓰는 방식

1. 구체적 경험이나 사실을 구체적으로 진술하며 시작하기

   자신이 겪은 일로 시작할 수 있어서 글에 대한 부담이 적다. 그러나
   자신의 일상적인 체험을 논리로 연결할 때 본론에서 비약하지 않도
   록 조심해야 한다. 대체로 친근하고 생생한 느낌을 줄 수 있어 수필
   에 많이 쓰인다. 논술문에 응용해도 무난하다.

   ① 어느 해 가을, 바람은 살랑거리고 햇살이 따스한 주말, 나는 오랜
   만에 여행을 떠났다. 도시 속에서 여러 가지 심리적 부담으로 다
   람쥐가 쳇바퀴를 돌리듯이 살았다.

   ② 오늘로 벌써 쉰다섯 번째 광복절을 맞이하였다. 해마다 돌아오는
   광복절이지만 올해는 과거와 감회가 다르다.

   ③ 파업이 끝났다. 이제는 감정적 차원에서 벗어나 철도와 지하철
   연대 파업의 원인과 대책을 살펴보아야 할 시점에 이르렀다. 쏟
   아지는 비난을 감내하면서도 노동자들이 파업할 수밖에 없었던
   것은 그들에게 닥친 문제가 절실했기 때문이다.

2. 서두에서 용어를 풀이하거나 정의하며 시작하기

   용어의 개념을 풀이하거나 자료를 해설하며 시작한다. 용어의 오해
   로 생기는 논쟁이나 혼란을 피하려면 용어를 풀이하고 시작해도 좋

다. 그러나 어렵고 모호한 말로 정의하면 '정의'가 오히려 혼란을 가져온다. 정의하는 법을 확실히 익히기 전에는 '정의'보다 '풀이'하는 기분으로 쓰는 것이 좋다. '지정(확인)'하는 방법이 무난하다. ('지정'에 대해서는 3장 10절을 참조하시오.)

① 인간은 이성을 가진 동물이다. 그러나 인간에 대해 예부터 내려온 이 같은 신뢰가 날이 갈수록 퇴색하고 있다.
② 사형 제도는 한 인간을 공동 사회에서 완전히 격리시키는 제도이다. 따라서 이 제도는 그런 극단적인 성격 탓에 논란의 대상이 되어 지금까지 존폐 문제가 명쾌하게 해결되지 않았다.

3. 서두에 통계 자료, 남의 말, 격언, 속담을 인용하며 시작하기
권위 있는 말이나 통계 자료를 주제와 관련지어 인용할 수 있어서 읽는 이에게 바로 신뢰를 줄 수 있다. 인용하는 자료(격언)가 가지고 있는 한계로 내 주장을 폭넓게 펼치기 어려운 면도 있다. 많이 애용하는 방식이긴 하지만 남의 말이 바탕이 되기 때문에 때로는 참신한 맛이 떨어진다. 그러나 글재주가 뛰어나지 않은 사람일수록 오히려 무난한 방식이다. (3장 10절 '인용' 참조.)

① '발 없는 말이 천리 간다'는 속담이 있다. 말이 가지고 있는 속성을 지적하며 일상 생활에서 말조심하며 살아야 한다는 것을 조상들은 일깨워 주었다.
② '그 나라의 미래를 보려면 학교에 가 보라.'는 말이 있듯이 미래를 위해 세계 여러 나라에서는 자라나는 청소년에게 막대한 투자를 한다.
③ 한 설문 조사 결과에 따르면 우리 나라 중고교 학생들의 한 달 과외비가 20만 원이 넘는다고 한다.
④ 기업들의 기업 풍토 쇄신 운동에 힘입어 지난 한 해 우리 나라 생

산성이 20% 이상 향상했다고 보도하였다.

4. 요즈음 일어난 화제나 사건·상황을 이야기하며 시작하기

생활 주변에서 제재를 바로 얻을 수 있어 시사성이 높다. 수필에 많
이 쓰이며 논술문에도 잘 이용하면 읽는 이에게 강한 인상을 줄 수 있
다. 그러나 잘 다듬지 않으면 깊은 내용을 펼치지 못하고 한가로운
이야기만 하다가 끝내기 쉽다. 글의 제재가 최근에 벌어진 일이라 아
직 사회에서도 가치 판단을 명확히 내리지 않았는데, 자기 나름대로
그 사실을 평가한다면 적어도 남의 생각을 베낀 글이 아니라는 것을
보여 줄 수 있다. 예를 들어 '시험 전 날에 일어난 사건'을 시험 답안
의 재료로 삼는다면 아주 '싱싱하고 신속한' 글이 될 것이다.

① 며칠 전 자식이 부모를 살해하는 비극적인 일이 벌어졌다. 아직
사건 전모가 자세히 밝혀지지 않았지만, 이 사건이 사실로 드러
나면 몇 달 전에 있었던 '부모를 유원지에 버린 사건'과 함께 우
리 사회의 도덕성에 커다란 도전이 될 것이다.
② 얼마 전 남북한 두 지도자가 분단 55년 만에 만났다. 전격적으로
'정상 회담 합의서'를 교환하고 통일을 논의하였다.
③ 요즈음 일부에서는 초등 학교 때부터 한자 교육을 해야 한다고
주장하고 있다.

5. 서두에 독자의 관심을 자극하는 질문을 던지며 시작하기

자신이 묻고 자신이 대답하는 형식이다. 문제점을 명쾌하게 지적하
고 답변할 수 있다. 무난한 방식이기는 하지만 질문이 포괄적이며
의미가 깊어서 이 방식에 익숙지 않은 사람에게는 그 질문을 만들기
가 어렵다. 질문은 서두에 한 번만 쓰면 된다. 글 전체를 대표할 수
있는 질문이 좋다. 자기가 대답해야 할 처지에 놓여 있는데, 오히려

상대방에게 질문을 하기 때문에 읽는 이에게 강한 인상을 준다.

① 사는 것이 무엇일까?
② 남북한은 이번 정상 회담을 어떻게 바라보고 있는가?
③ '자율 학습'의 진정한 의미는 무엇일까?

6. 자신의 생각이나 상황을 솔직히 고백하며 시작하기

수필에서 많이 쓰는 방식이다. 일화를 소개하기도 하고 일상 생활에서 느꼈던 생각을 털어놓기도 한다. 논술문과는 거리가 멀지만 쓰기에 따라서는 다른 맛을 줄 수 있다.

① 삼중 스님이 어느 사형수에 대해 쓴 글을 읽고 느끼는 것이 많았다. 우리 고교생들은 대부분 범죄와는 거리가 멀다고 생각하고 게다가 죽어야 한다는 사실은 생각조차 하지 않고 산다.
② 친구들과 모여 운동을 할 때면 매번 느끼는 사실이지만, 운동 경기가 인생살이와 비슷하다는 생각을 지울 수 없다.
③ 언젠가 버스를 타고 가는데 어느 노인이 신문을 들고 읽다가 어려운 한자를 나에게 물었다. 나는 처음에 당황했다. 그러나 곧바로 아는 대로 설명해 드렸으나 이해할 수 없다는 표정이었다. 그래서 그날 이후, 한자는 젊은 세대에게 국한된 문제가 아니라는 사실을 깨달았다.

7. 글의 주제를 구체적으로 밝히며 시작하기

이 방식으로 글쓰기가 아주 어렵다. 글의 주제를 먼저 제시했으니 본론과 결론을 조리 있게 전개해야 한다. 즉, 자기 '속'을 다 보여 주었으니 자기 주장을 확실히 설명해야 하는 부담이 생겼다.

그래도 이런 방식으로 글을 쓰는 사람이 많은 편이다. 생각을 정리해서 글을 쓰는 것이 아니라, 결론을 먼저 내고 합리화하고 설명하기 때문에 변명하는 것처럼 보이기 쉽다. 그러므로 연습을 충분히 하지 않고 이런 방식을 이용하면 실패할 수 있다. 논문같이 오랫동안 준비한 연구 결과라면 이런 방식으로 쓸 수 있지만, 짧은 시간에 치르는 시험장에서는 쓰기 어려운 방식이다. 개요를 충분히 다듬을 수 있거나 아주 짧은 글(400자 안팎)을 쓸 때 이용하면 좋다.

① (서론 끝에) 이 글에서는 조상들의 숨결이 깃들여 있는 우리말을 훼손하여 민족 문화 발전이 더디다는 사실을 주장하고자 한다.
② (서론 끝에) 이승만 대통령이 민족 정기를 바로 잡지 않고, '반민특위'를 강제 해산하여 아직도 우리가 식민지 문화를 청산하지 못하고 있다는 것을 증명하겠다.

8. 글의 범위나 목적과 방향 따위를 소개하며 시작하기

대체로 시험 논술문은 '깊이'가 없는 글인데, 원고지 열 장 안팎의 글에 이런 방식을 이용하면 글이 장황해지기 쉽다. 시간이 없어 서론에 제시한 방향을 본론에 제대로 쓰지 못하면 '자기가 한 약속도 지키지 못한 글'이 된다.

이 방식은 '주제를 밝히며 시작하기'처럼 논문에 많이 쓰여서, 시험장에서는 이 방식대로 쓰기가 어렵다. 글쓰기 훈련을 많이 한 사람이 아니면 힘들다. 이 방식으로 글을 쓸 때는, 서론 끝에서 본론으로 넘어 가기 전에 '~에 대해서 살펴보기로 하겠다, 이 글에서는 ~를 알아보고자 한다, ~를 제시하고자 한다'같이 한 줄로 덧보태야 한다. 물론 판으로 찍은 듯하여 신선함이 떨어지고 단조로운 편이다.

① (서론 끝에) 이 글에서는 왜 그렇게 우리의 환경이 파괴되었으며, 또 우리가 알아야 할 자연 보호의 진정한 의미는 무엇이며, 그 필요성이 있는지를 알아보도록 하겠다.
② (서론 끝에) 식수가 오염되는 세 가지 원인을 살펴보고 그 대책은

무엇인지 알아보겠다.

9. 서두에 일반적 진술을 던지며 일반적 화제로 시작하기

서론의 범위가 넓어지는 함정에 빠지지 않으면 대체로 무난하다. 일반적 진술을 본론에서 구체적으로 서술해 나가든지, 일반적 진술이 가지고 있는 의문점을 반대 위치에서 구체적으로 하나씩 본론에서 지적하면, 인상을 뚜렷하게 남길 수 있다. 400자 정도 짧은 글에서는 머리에 한두 줄 일반적 진술을 하고(서론), 바로 구체적 진술을 펼치다가(본론), 끝에 가서 단호하게 주장을 내놓는다(결론). 이때 머리에 있는 일반적 진술이 결론이어서는 안 되며, 결론과 관계 있는 것이라야 한다.

① 하늘 아래 사회적 동물로 인간처럼 소중한 것은 없다.

② 교직은 자기 희생이 따른다. 물론 시대에 따라 교사에 대한 평가가 변하고 있다. 교사를 노동자로 보는 시각이 있는가 하면 '군사부 일체'의 위치에 놓는 사람도 있다.

③ 흔히 '한국 사람들은 단결을 못한다'는 말을 자주 하곤 한다. 단결의 기준을 어디에 두느냐도 문제지만, 특별히 '한국 사람'이라고 지칭하는 사람들이 다른 나라 사람을 얼마나 아느냐도 문제다. 대개는 이 말을 아무 생각 없이 쓰고 있다. 따라서 나는 '한국 사람들은 단결을 못한다'는 말이 지닌 허구를 본론에서 하나씩 벗겨 나갈 것이다.

8 변명하지 않기

1. 자기 주장이 다소 미숙하더라도 너그럽게 봐달라고 통사정해서는 안 된다. 글 처음부터 자기가 쓰는 글에 자신을 잃은 사람도 있다. 시험을 치를 때일수록 비굴해져서는 안 된다. 채점자의 동정심에 기대려 하지 말고, 끝까지 자기 주장을 당당히 펼쳐야 한다. 판단은 읽는 이에게 맡기고 끝까지 최선을 다해야 한다.

2. 자기 글에 자신감이 없을 때 자기도 모르게 자기 처지를 변명하게 된다. 겸손한 행동이 삶에서는 칭찬 받을 미덕이 되겠지만, 글에서는 소극적인 인상을 주고 비굴하게 보인다. 채점자가 좋은 점수를 줄 수 없다. 글쓰는 이가 자기 글을 부족하다고 시인하는데, 채점자가 점수를 잘 주면 채점자가 글쓰는 이보다 수준이 낮다는 말이 된다.

3. 어떤 사람은 서론부터 변명하는 말로 시작하기도 한다. 글이 다 끝날 무렵 자신의 글에 자신감이 없을 때 '본능적으로' 나오기도 한다. 심지어 주어진 문제에 개인적으로 불평하는 사람도 있다. 아래 예문은 '불평하고 있는' 글이다.

① 청소년의 문화 공간에 대해서 언급하라고 하지만, 청소년 문화

공간이 있어야 무엇을 비판하든지 칭찬하든지 할 것이다. 그래서 문화 공간이 아무것도 없는 지금 실정에서 나는 청소년들이 그나 마 문화 공간이라고 일컫는 공간에 대해서 얘기해 보겠다.

4. 서론에 등장하는 변명하기

아는 것은 없지만	평소 관심을 두지 않아서
잘 모르겠지만	아는 대로 쓰겠다
생각해 본 적이 없어서	의견을 서술하라니까 할 수 없이
공부한 적이 없어	못 쓰는 글이지만 펜을 들게 된 것은
제 짧은 소견으로 보면	단견인지는 몰라도
내가 어려서 그런지	깊은 내막을 모르기 때문에
부족한 점이 많지만	경험이 없어 잘 알 수 없으나

5. 본론과 결론에 등장하는 변명하기

남들은 달리 말하겠지만	이런 소리를 하면 욕먹을지 모르나
실천하기는 힘들겠으나	이런 말을 해서는 안되겠지만,
허황한 면도 있으나	어떤 인식을 바꾸기란 쉽지 않겠지만
그런지도 모르지만	그래야 하는지 잘 모르겠지만
말도 안 되긴 하나	뭐라고 말로 표현하기는 힘드나
물론 이해는 하지만	한마디로 말하기 어려우나
말처럼 쉽지는 않지만	약간 아쉬움이 있으나
어차피 안되겠지만	그래봤자 소용없으나
굳이 예를 들자면	무리가 따르기는 하지만

9 본론 쓰기

1. 본론은 서론에서 제시한 과제를 해명하는 자리이므로 구체적으로 서술해야 한다. 대개는 대등한 단락을 늘어놓는 것이 좋다. 일반적으로 작은 주제를 '첫째, 둘째, 셋째, …' 방식으로 늘어놓는 것이 쓰기도 좋고, 읽는 이가 보기에도 좋다. 가장 흔한 방식이지만 얼마든지 틀을 바꿀 수 있다. 예를 들어 시간의 흐름에 따라 '첫째 날, 둘째 날, 셋째 날'로 쓰든지, 공간의 이동에 따라 장소로 나눠 정리한다. 그러나 논술문에서는 주로 원인과 결과에 따라, 주제에 따라, 두 사물의 공통점이나 차이점에 따라 하나씩 진술한다. 또 찬성이나 반대 어느 한쪽에 서서 상대쪽을 하나하나 비판해도 좋다.

본론의 짜임 예
① 텔레비전의 긍정적 영향 1 + 영향 2 ⇒ 결론(주장)
　 텔레비전의 긍정적 측면 + 부정적 측면 ⇒ 결론(제안)
② 기성 세대 도덕성 황폐 원인 + 회복 방안 ⇒ 결론(대책)
③ 전자 오락의 긍정적 영향 + 부정적 영향 ⇒ 결론(주장)
④ 청소년 범죄의 원인 1 + 원인 2 + 대책 1 + 대책 2 ⇒ 결론(촉구)
⑤ 사형 제도 폐지를 찬성하는 이유 1 + 이유 2 ⇒ 결론(주장)
　 사형 제도 존속의 의의 + 폐지의 의의 ⇒ 결론(제안)
⑥ 독일 통일 방안 + 한국의 실태 ⇒ 결론(전망)

2. 어느 한쪽에 설 때는 되도록 반대쪽에 가담해서는 안 된다. 어떤 때
  는 일관성을 잃고 반대쪽 의견에 동조하다가, 양쪽이 모두 일리가
  있다고 방황하다가 갑자기 결론을 내린다. 상대방 의견을 비판하는
  데에 자신이 없기 때문이다. 시험장에서는 자신이 쓴 글을 퇴고할
  때에 '물론'이라고 쓴 곳을 유심히 살펴보아야 한다. 다음 예문은 무
  심히 반대쪽을 북돋은 글이다. 그 부분을 빼야 흐름이 자연스럽다.

① 책 대여점에서 학생들에게 음란 서적을 태연히 빌려 주는 곳도 있
  다. 물론 대개는 양서를 빌려 주겠지만, 학생들이 요구하면 음란 만
  화며 성인 잡지를 아무렇지 않게 빌려준다. (*비난받을 것을 두려
  워하여 은근히 두둔하고 있다.)
② 둘째, 노름하는 버릇을 시급히 고쳐야 한다. 많은 한국인은 노름
  하기를 즐긴다. 그리고 장소를 가려가며 할 줄도 모른다. 사람들이
  많이 모이는 공원, 역, 대합실, 공항, 심지어 비행기 안에서도 노
  름판을 벌인다. 그래서 외국 사람들이 비난하고 있다.(*장소를 가
  리면 노름해도 좋다는 이야기 같다.)
③ 그 말의 표현만 생각하면 거부감을 느끼는 사람도 있을 것이다.
  인간을 상품으로 전락시켜 인간성을 상실하게 만든다고 할 수 있다.
  옳은 이야기다. 그러나 표현에만 너무 치중할 것이 아니라 좀 거리
  를 두고 생각해 보면 자신을 상품화한다는 것의 의미를 바로 볼
  수 있다.
④ 첫째, 부모님이 잘못 인식하고 있다. 부모라면 누구나 자식에게
  큰 기대를 걸고 있다. 물론 자식에게 기대를 건다는 것은 당연한 일
  이다. 그러나 다른 사람이야 어떻게 되든 내 자식이 성공해야 한
  다는 것은 이기적인 생각이다.
⑤ 사회에서 각 성이 조화를 이루어야 사회 발전이 있다고 밝혀졌으
  니, 남녀 공학을 하는 것이 바람직할 것이다. 물론 남녀 공학이 무

조건 좋다는 것은 아니다. 우리 나라에서는 학교가 대부분 남녀 공학이 아니라서 서로 지나친 환상을 품게 하는지도 모른다.

3. 심리적으로 확신이 없을 때 등장하는 접속어로 '물론'말고도 '하지만, 그러나' 등이 있다. 예를 들어 '그렇게 되면 모두 축복 받을 것이다. 그러나 이것은 현실성이 떨어지는 단점이 있다. 하지만 되기만 한다면 ~'과 같이 양쪽 의견 사이에서 갈등한다. 따라서 단락을 바꾸어 독립시키지 않으면서 한 단락 안에 '물론, 하지만, 그러나'가 들어 있으면 그 부분을 유심히 살펴보고, 빼든지 보완해야 한다.
아래 예문은 단락 집중력이 떨어져 아주 불안한 글이다. ①이 중심 생각인데, '②하지만 → ③물론 → ④그러나 → ⑤하지만 → ⑥확실히'처럼 진행되고 있다. 즉, 이 글은 '이럴 거야 → 아니야 → 그렇지만 → 물론 그렇겠지 → 그러나 이렇다면'처럼 머릿속에 오가는 생각을 그때그때 잡아서 드러내고 있는 글이다.

① 경제 개발을 위해서는 그만큼 산업을 여러 방향으로 발전시켜야 한다. ② 하지만 경제와 과학 등이 발전할수록 자연은 훼손된다. ③ 물론 환경 정화 시설을 갖추고 있다면 문제될 것은 없다. ④ 그러나 개발 도상국의 경우는 정화 기술이 떨어지기 때문에 선진국에서 여러 모로 도움을 줘야 할 것이다. ⑤ 하지만 선진국에서는 환경 오염이 심각한 상태이므로 개도국의 개발을 반대하는 입장이다. ⑥ 확실히 개도국의 발전이 환경 오염을 악화시킬 수 있지만, 현재 환경 오염의 주범은 바로 선진국이다.

4. 본론 각 단락도 '도입-논의-결말'로 구성할 수 있다. 한 단락에 있는 중심 생각을 '도입'으로 본다면 그 도입을 뒷받침하는 문장을 '논의'로 생각하면 된다. '결말'은 논의된 내용을 마무리하는 곳이므로

'도입'을 다시 정리하는 셈이다. 도입-결말을 묶어 앞에다 놓고 '두괄식'이라 하며, 뒤에다 놓고 '미괄식'이라고 한다. 또 도입과 결말을 따로 떼어 앞뒤에 놓고 '양괄식'이라고 한다.

그런데 논술글에서 수험생 90% 이상이 본론 단락을 '두괄식'으로 정리하고 있다. 예를 들어 '첫째, 경제적으로 받아들이기 어렵다. 그것은 이러저러하기 때문이다. 가령 어쩌구저쩌구 하며, 비록 그렇고 저렇다 해서……'같이 서술하는 식이다. '경제적으로 받아들이기 어렵다'가 '도입-결말'이 되는 것이고, 뒤에 있는 문장들이 '논의'이다. 두괄식으로 정리하는 것은 수험생이나 채점자가 한눈에 받아들이기 쉬운 구조이다. 물론 모든 글이 두괄식이어야 할 것은 없다.

그리고 도입 : 논의 : 결말은 2 : 7 : 1 비율이 좋다. 그러므로 도입-결말 : 논의로 묶으면 3 : 7 비율이어야 하는데, 꼭 이대로 맞추지 않아도 된다. 일반적으로는 중심 생각 한 문장에 뒷받침 문장 너댓 개를 붙여 한 단락으로 만드는 것이 무난하다.

5. 소설과 드라마의 허구를 진짜로 착각하는 사람도 많다. 검증되지 않은 이론이나 개인의 종교적 믿음, 소문, 편견, 선입관을 논거로 하면 객관성을 얻지 못한다. 가령 '러시아에 커다란 정변이 있다.'고 신문에서 보도하였다면, '이 사실을 글감으로 이용할 것인가'를 신중하게 판단해야 한다. 확실한 근거를 댈 수 있는 것이 좋다. 다음 보기는 사실이 아니거나 아직 '사실'로 인정하기 힘든 경우이다.

① 휴거, 재림, 부활, 심판
② 원균은 역적이다.
③ 이휘소는 핵물리학자이다.
④ 대원군은 집권하기 전에 불우하게 살았다.
⑤ 키 큰 사람은 싱겁다. 까치가 울면 반가운 손님이 온다.

308

⑥ 모차르트는 여러 여자를 만나서 다양한 감성으로 명곡을 만들 수 있었다.

6. 본론을 전개하는 방식(김화영, 『논술의 일곱가지 열쇠』 참고.)
  1) 변증법적으로 전개한다. 논거가 아주 단순하여 두 개로 의견을 정리할 수 있을 때 이용한다. 찬성론자가 주장하는 근거를 설명하고(정), 이에 대해 모순을 지적하며(반), 모순을 극복하고 새로운 요소를 제시한다(합). '~에 대한 긍정적인 면과 부정적인 면을 알아보고~, 멀티 미디어의 영향력에 대해서 자세히 알아보고~'와 같은 문제에 이용하면 된다.
  2) 문제점을 찾아내고, 원인을 규명하여, 해결 방법을 제시한다. 일반적으로 자주 쓰이는 방법이다. 아주 구체적인 일화나 통계 숫자를 들면서 시작한다. 예를 들어 '학생들이 왜 학교에 오기 싫어할까? 사람들이 문명을 멀리하려는 까닭은 무엇일까?'와 같은 질문에 문제점을 제기하면서 원인을 찾아 대책을 내놓는다.
  3) 대등한 항목을 열거한다. '~에 대해 설명하라'와 같은 문제에 답변할 때 많이 쓰인다. 논술 시험으로는 쉽고도 어렵다. 문제에 대해 많이 알고 있는 사람은 늘어놓으면 되나, 생각해 본 적이 없으면 전혀 손대지 못하기 때문이다. 잘 아는 것을 되도록 뒤로 보내는 것이 좋다. 앞에서 자신 있게 설명하다가 뒤에 가서 흐지부지 설명하면 전체가 약해 보인다.
  4) 비교하거나 대조한다. '춘향이(A)와 콩쥐(B)를 예로 들어 ~'와 같은 문제에 응용하면 된다. 이런 문제가 나오면 내용을 한 군데로 모으는 것이 좋다. 본론 처음에 춘향이는 이런데(A1), 콩쥐는 이렇다(B1)고 언급하고, 다음에 춘향이는 저런데(A2), 콩쥐는 저렇다(B2)고 언급하다가, 또 덧붙이면 또다른 춘향이(A3)와 콩쥐(B3)가 등장해야 한다.

이처럼 차이점 세 개를 설명하였을 뿐이지만 적어도 세 단락, 많으면 여섯 단락이 되어야 한다. A1—B1—A2—B2—A3—B3 순으로 정리해야 하기 때문이다. 이렇게 되면 원고지 열 장도 안 되는 글에 본론이 여섯 단락이나 되어 산만해 보인다. 그러므로 춘향이와 콩쥐를 각각 한 군데로 모아 두 단락으로 처리하면 좋다. 즉, 춘향이는 이러이러하고(A1—A2—A3), 콩쥐는 저러저러하다(B1—B2—B3)로 정리하면 두 단락에 모든 것을 담을 수 있다.

5) 설명, 정의, 예증하고 논평한다. '고사 성어 중에서 조삼모사(朝三暮四)라는 말이 현실 생활에서 어떤 교훈을 주는지 서술하라.' 같은 문제에 이용하면 된다.

6) 주제를 보고 암시하는 순서(문제의 조건, 형식)에 따라 서술한다. 예를 들어 '~에 대해서 사회적, 심리적 원인을 들고 치유 방안을 세 개 이상 들어라.'와 같은 문제는 본문에 '사회적 원인, 심리적 원인, 치유 방안 세 개 이상'을 서술해야 한다.

7) 정의하여 풀어 나간다. 예를 들어 '불평등이란 무엇인가?'와 같은 문제인데, 서술해야 할 범위가 넓어 어려운 편이다. 채점하기도 막연하여 잘 출제되지 않는 편이다. 이런 시험 문제는 '불평등이라는 말의 뜻은? 불평등의 원인은? 불평등의 유형은? 불평등의 극복은?'과 같이 수험생 스스로 잘게 쪼개야 한다.

10 본론을 진술하는 방식

본론을 진술하는 방식을 크게 설명, 논증, 묘사, 서사로 나눈다. 그러나 그런 갈래를 전문적으로 나누지 않고 용어만 설명하며 각 방식의 특징을 살펴보자. 아래의 한 항목이 다른 항목의 상위 개념이기도 하다. 때에 따라서는 아래에 있는 여러 방식을 두루 섞어야 한다. 아래 방식을 이용하여 글을 길게 진술하고 한 단락을 만들어야 하나, 각 방식이 지닌 성격 정도만 익히려고 짧은 예문을 예로 들었다.

1. 비교와 대조

'비교'는 둘 또는 그 이상의 사물에 대하여 그들이 지니고 있는 비슷한 점이나 공통점을 밝혀 내는 방식이고, '대조'는 그 차이점을 밝혀 준다. 비교적 간단한 방식이지만 대비하는 까닭에 뚜렷한 인상을 남긴다. 예를 들어 '동서독과 남북한의 국제 여건' 또는 '사형 제도의 장단점' 같은 내용을 '비교'나 '대조'의 한 방법으로 진술하면 읽는 이를 설득하기 쉽다. 본론의 단락 1에서 공통점을 들고, 본론의 단락 2에서 차이점을 설명할 수 있다.

① 고교생이나 중학생이 모두 입시에 매여 사는 것이 안타깝다. 그렇지만 고등학생은 발등에 불이 떨어져 다른 곳에 눈 돌릴 사이가 없다면, 중학생은 다소 여유가 있는 편이다.

②독일의 통일은 하루아침에 이루어진 것이 아니다. 패전국이면서
도 강대국 사이에서 민족 동질성을 잃지 않으려는 노력을 지속하
여 왔다. 그러나 우리는 강대국의 이해 앞에서 참혹한 민족 전쟁
을 치렀고, 그 적대 관계를 아직도 청산하지 못하고 민족을 서로
'적'으로 보며 반세기를 살았다.

2. 분류

'분류'는 하위 항목을 상위 항목으로 묶어 가면서 설명하는 방식이
다. 어떤 대상이나 생각들을 공통적인 특성(일정한 기준)으로 구분한
다. 작은 것(부분, 종개념)을 큰 것(전체, 유개념)으로 묶어 가며 설명
한다.

① 한국어, 몽고어, 퉁구스어는 알타이어족에 속한다.
② 청소를 잘하는 학생, 친구와 사이가 좋은 학생, 학급 일에 성의를
다하는 학생이 모범 학생이다.

3. 구분

'구분'은 분류의 반대 방법으로, 상위 항목을 하위 항목으로 나누어
가면서 설명한다. 큰 것을 작은 것으로 나누어 간다.

① 학교를 대체로 초등, 중등, 대학으로 나누어 생각할 수 있다.
② 개는 수렵용, 군용, 애완용, 수색용 따위가 있다.
③ 물고기는 크게 민물고기와 바닷물고기로 나눌 수 있다. 바닷물고
기는 다시 열대, 아열대, 온대, 한대 따위로 나눈다.

4. 분석

'분석'은 어떤 복잡한 것을 단순한 요소나 부분들로 쪼개는 방식이
다. '구분'이 일정한 기준을 가지고 큰 것을 작은 것으로 나누어 나

가는 방식이라면, '분석'은 대상에 상관없이 구성 요소로 쪼개어 나
가는 방식이다.

① 컴퓨터는 기억 장치, 연산 장치, 입출력 장치, 제어 장치로 나눌
  수 있다.
② 민주주의를 실천하는 방식으로 크게 대통령제와 내각 책임제가
  있다.
③ 물고기는 머리, 몸통, 지느러미, 내장, 비늘 따위로 되어 있다.

5. 예시

'예시'는 추상적이고 관념적인 것을 구체적이고 특수한 것으로 설명
하는 방식이다. 글의 내용을 뚜렷하게 드러내 보일 수 있다. 체험,
견문, 사건 기사, 역사 자료를 들면 된다. 그러나 가벼운 우스갯거리
(에피소드)는 되도록 쓰지 않는 것이 좋다. 일상적인 체험을 설명하
여 아주 친근하고 때로는 설득적이나, 자칫하면 글이 가벼워져서 한
가로운 이야기로 끝나기 쉽다. 쓰려면 객관성을 얻을 수 있는 실례
인지 다시 한 번 생각하고 써야 한다.

① 우리 민족은 창의적인 문화가 많았다. 예를 들어 혼천의라든지 금
  속 활자가 있었으며, 나침반도 우리 민족이 만든 것이라고 한다.
② 예를 들어 어느 날 길에서 말 때문에 싸움하는 것을 우연히 본 적
  이 있는데, 한 사람은 그럴 수가 있느냐고 하고, 또 다른 사람은
  그런 뜻이 아니라고 하였다.

6. 지정(확인)

'지정'은 어떤 대상을 확인하거나 손가락으로 가리키듯 설명하는 방
법이다. '그것은 무엇인가? ~한 사람은 누구냐' 하는 물음에 '이것
은 무엇이다. 누가 ~한 사람이다'같이 대답하는 형식이다.

제3장 논술글 쓰기 313

① 수지가 키가 제일 크고 똑똑한 여학생이다.
② '복장 자율'은 남들을 크게 눈살 찌푸리게 하지 않는다면 형식에
   얽매이지 않고 아무것이나 입어도 된다는 뜻이다.
③ '마마 보이'는 부모의 영향력에서 벗어나지 못한다. 그리고 어머
   니와 아들에 국한된 용어가 아니다.

7. 정의

'정의'는 대상의 개념을 규정하여 밝히는 방식이다. 정의는 '무엇이
냐?'에 대한 해답 형식을 지닌다. 대개 어떤 대상의 범위를 규정하거
나, 본질을 진술할 때 쓰인다. 모호한 단어로 생기는 오해를 막으려
고 뜻을 분명히 하여 개념을 통일한다. 학술 논문에 많이 쓰인다.

① 인간은 이성적 동물이다.
② 사형은 그 사회 구성원이 약속하여 한 인간의 목숨을 빼앗는 제도
   이다.
③ 글은 사람의 생각을 드러내는 음성 기호이다.

8. 유추

'유추'는 이미 알려진 사실로 잘 알려지지 않은 것을 추측하는 방식
이다. 그 두 개 사이에 유사성이 있어야 한다. 유추를 '확장한 비교,
확장한 비유'라고도 한다. 읽는 이가 알고 있을 만한 개념을 이용하
여 생소하고 복잡한 대상을 비교해 나가기 때문이다. '단순한 비유'
보다 훨씬 효과가 크다. 인생을 흔히 마라톤에 비유하는데, 그 비유
방식이 '유추'이다.

① 인간은 감각 기관을 통해 정보를 받아들여 머리 속에 저장하였다
   가 필요할 때에 불러낸다. 컴퓨터도 기계적이기는 하지만 입출
   력-저장 절차가 인간과 비슷하다.

② 내 친구도 농구 선수로 성공할까? 허재는 농구 선수로 순발력이 뛰어나며 재치가 있고 체력이 강하다. 허재도 처음부터 잘 나가는 선수는 아니었다고 한다. 내 친구는 성실하며 체력도 있고 인간성이 좋다. 꾸준히 노력하면 허재처럼 훌륭한 선수로 클 수 있을 것 같다.

③ 이정표는 우리가 길을 잃고 헤맬 때 큰 기쁨을 준다. 이와 마찬가지로 진리라는 이정표를 보고 살아야 인생 길에서 헤매지 않고 즐거움을 찾을 수 있다.

9. 연역법

'연역법'은 이미 알고 있는 일반적 진술에서 새롭고 필연적인 구체적 사실을 이끌어 내는 방식이다. 말하고자 하는 무게가 대체로 '뒤쪽'에 있다. 대표적인 것으로 삼단 논법이 있다.

① 동물은 죽는다. 사람도 동물이다. 결국 사람도 죽는다.

② 사람의 기호는 각각 다르다. 나는 녹차를 좋아한다. 형은 커피를 좋아한다. 동생은 다른 것을 좋아할 것이다.

10. 귀납법

'귀납법'은 연역법의 반대 방식이다. 특수하거나 개별적 · 구체적인 사실에서 출발하여 일반적 진술로 끝내는 방식이다. 말하고자 하는 무게를 역시 '뒤쪽'에 담는다.

① 나는 녹차를 좋아한다. 형은 커피를 좋아한다. 부모가 같은 형제라도 사람의 기호는 각각 다르다.

② 공자도 죽었다. 예수와 석가도 죽었다. 모든 사람은 죽는다.

11. 묘사

'묘사'는 모양 · 촉감 · 냄새 · 소리 · 맛 따위를 중심으로 어떤 대상을 글로 그리는 방식이다. 주관을 빼고 객관적으로 묘사하기도 하고, 주관적(문학적)으로 지배적인 인상을 나타낼 수 있다. 교실 풍경을 있는 그대로 글로 써 내려가면 객관적 묘사가 되며, 교실 풍경을 보고 자기가 느낀 것을 써 내려가면 주관적 묘사가 된다. 논술글과는 거리가 멀다. '소설'에서 즐겨 쓰는 문체이다.

12. 서사

'서사'는 사건의 진행 과정을 그대로 글로 그려서 머릿속에 떠오르게 하는 방식이다. 대상의 움직임을 유기적으로 담백하게 그려 나간다. 사건의 진행 과정이 단계별로 강조되어야 하고 사건의 핵심, 이야기하고자 하는 중심 관심사가 분명해야 한다. 일정한 시간 안에 일어나는 사건이나 행동에 초점을 맞추어 전개해 나간다. 논술글과는 거리가 멀지만 응용할 수 있다. 예를 들어 역사적 사건을 시간의 흐름에 따라 서술하거나, 역사적 평가의 변화를 서술한다.

13. 인용

'인용'은 남의 말이나 격언 따위를 이용하여 글에 신뢰를 주는 방식이다. 다른 자료에 기대어 짧은 시간에 신뢰를 얻어낸다. 그러나 잘못 인용하여, 내가 내용을 잘못 기억하고 있다든지, 관련이 없는 엉뚱한 것을 가져왔을 때는 모든 것이 무너진다. 특히 연대나 역사적 사건, 통계 숫자에서 착각하기 쉽다. 많이 알고 있는 것을 과시하려고 이 방법을 이용하기도 한다. 이는 아주 가벼운 짓이며, 읽는 이가 다 안다.

사람들이 철학이나 사상에 관련하여 암기하고 있는 것은 대개 단편적이고 피상적인 지식이다. 그런데도 막연히 그럴 것이라는 추측으로 실제보다 과장하는 사람이 많다. 남의 사상이나 철학을 함부로, 간단하게 몇 구절로 단정하지 않는 것이 좋다.

유명한 시구(詩句)나 남의 말, 통계 자료를 인용하여 자신의 의견을 대신하기도 한다. 심지어 결론에서도 자신이 주장하지 않고 인용하여 마무리하기도 한다. 그러나 하고 싶은 얘기는 자기가 직접 서술하여 자기 생각을 읽는 이에게 직접 전달해야 한다. 인용으로 끝냈다면, 결국 자기가 다른 사람의 의견에 소극적으로 동조하는 것뿐이다. 남의 사상이나 학술 이론을 되도록 인용하지 않는 것이 좋다. 꼭 써야 할 데라면 정확하게 쓰고, 아는 대로만 써야 한다.

[**인용 연습하기**] 아래 예문을 다듬어 보시오.
  ① 소크라테스는 인간을 '작은 우주'라고 정의하였다.
  ② 이 말은 겉모습보다 속마음이 넓어야 한다는 뜻이다.
  ③ 학생들이 63.5%나 찬성하였다고 한다.
  ④ 우리말에서 외래어가 60% 이상을 차지하고 있으며

[**도움말**] ①에서는 사람 이름이 잘못되었다. 이럴 때는 글의 출처를 밝히지 않고 남의 말을 인용하면 서양 이름이 주는 거부감을 줄일 수도 있다. ②에서는 인용한 내용이 본디 이런 뜻이 아니었는데 자기가 착각하고 있는지도 모른다. ③에서는 숫자가 정확하지 않을 수 있고, 이렇게 정확히 쓸 필요가 있을지? ④에서 이 숫자를 사람들이 객관적으로 인정할지 의심스럽다.

┤┠ **다듬은 문장** ┠├
  ① 어느 철학자는 인간을 '작은 우주'라고 정의하였다.
  ② 이 말은 겉모습보다 속마음이 넓어야 한다는 뜻일 것이다.

③ 학생들이 절반이 훨씬 넘게 찬성하였다고 한다.

④ 외래어가 우리말에서 많은 부분을 차지하고 있다고 하는데
  어느 국어학자의 최근 통계에 따르면 외래어가 우리말에서 60%
  이상을 차지하고 있다고 하는데

11 논리에서 벗어난 표현(오류)

생각을 깊이 하다 보면 '편견, 선입관, 전통, 가치관, 무식함' 때문에 타당성이 떨어지는 추리를 하기도 한다. 이치에 맞지 않게 말을 하거나 글을 쓰기도 하고, 잘못되었다는 사실을 알면서 자신의 목적을 감추려고 일부러 숨기기도 한다. 의도적이든 의도적이지 않든, 논리에서 벗어난 표현을 '오류(誤謬)'라고 한다. 얼른 판단하기로는 상대방 말이 그럴 듯하지만 받아들이기에 무엇인가 찜찜한 구석이 있다면 그 말에 오류가 섞여 있기 때문이다. 여기에서는 전문적인 말을 피하고 이해하기 쉽게 나름대로 용어를 만들어 설명하였다.

1. 상대방의 잘못 꼬집기 (인신 공격)

상대방 논리에 있는 잘잘못보다 상대방의 인격, 비리 따위를 꼬집어서 상대방을 말할 수 없게 만들고 자신의 주장을 정당화한다.

① 저 말 믿지 마. 저 사람 마누라가 둘이야.
② 정부가 발표한 정책은 믿지 못한다. 민주 정부라면서 죄 없는 사람을 고문한 경찰관을 체포하지 않으니, 그런 도덕성으로 정책 운운해 보았자 믿을 수 없다.

2. 다른 권위에 기대기

다른 쪽에서 인정받는 권위를 이용하여 자기 주장에 정당성을 준다. 그 권위를 이용하여 다른 사람한테 신뢰를 얻는다. 그러나 끌어들인 분야가 자기 논리와 상관이 없는 것이므로 논리의 잘잘못을 따지기 힘들다.

① 베토벤이 채식만 했다고 한다. 우리 나라에서는 고종 임금님이 채식주의자였다. 유명한 분들께서 채식이 좋다는 것을 오래 전부터 입증해 주었다. 채식을 해야 한다. (＊베토벤과 고종은 채식 전문가가 아니다. 그래도 그 사람들이 채식을 했다니 무엇인가 근거가 있는 것처럼 보인다.)

② 세계적으로 인정받는 일본 기술과 합작하여 이 비단의 품질이 뛰어납니다. (＊어떤 분야에서나 일본 기술이 '세계 제일'은 아니다. 그런데도 이 비단은 어쩐지 다른 나라 제품보다 뛰어나 보인다.)

3. 그런 사람이 많다고 유혹하기

많은 사람이 어느 사실에 뜻을 함께한다고 반드시 옳은 것은 아닌데도, 사람들은 숫자가 많으면 일단 든든해 한다. 남들이 대부분 그렇게 하는데 혼자 떨어져 있으면 불안해 하는 심리(군중 심리)를 이용한다.

① 우리 국민 90%가 선택한 모델입니다. 품질을 보장합니다.
② 많은 국민은 내 진실을 알고 있습니다.
③ 세계 100여 나라에 수출하여 품질을 보증 받았습니다.

4. 동정심에 호소하기

논리에 있는 잘잘못과 상관없이 상대방의 연민이나 감정을 이용하여 자기 주장을 펼쳐서 듣는 이의 판단을 흐리게 한다.

① 부모가 누구인지도 모르고 태어났습니다. 제가 어떻게 살아 왔는지 아무도 상상할 수 없을 겁니다. 도와주십시오. 여러분이 지금 베푸시는 작은 온정이 저의 유일한 등불입니다.

② 이걸로 무슨 큰돈을 벌어? 이 늙은이가 그냥 담배값이나 하고 손주들 과자나 사주려고 그래.

5. 상대방이 모르는 쪽(무지) 공격하기

내가 주장하는 반대쪽을 증명하지 못한다고 내 주장을 정당한 것으로 단정한다.

① 신이 없다는 것을 아무도 입증하지 못했다. 신이 없다는 증거를 대시오. 사람들은 아무것도 모르면서 떠든다. 신은 위대하게 존재한다.

② "내가 치료를 잘못했다고요? 근거를 대시오. 그게 없으면 더 이상 이야기할 것 없습니다."

6. 남의 약점으로 내 약점 덮기

내 주장에 잘못이 있지만 남이 지닌 약점을 지적하여 내 잘못을 정당화한다. 그러나 상대방이 크게 잘못했다고 해서 내 작은 잘못을 정당화할 수는 없다.

① 왜 나만 가지고 그래. 너는 더 그러면서.

② 내가 받은 10만 원을 가지고 왜 말들이 많은지 모르겠다. 세상에는 뇌물로 몇 억씩 받고도 아무 탈이 없는 사람도 많다. 그까짓 10만 원은 돈도 아니다.

7. 논점에서 벗어나기

주장하는 사실과 상관없거나 모호한 사실로 정당함을 주장한다. 겉으로는 정당하게 보이나 논거가 빈약하여 도덕적으로 끝날 때가 많다.

① 이상으로 공기가 나빠지는 세 가지 원인을 살펴보았다. 우리가 이 상태대로 환경을 방치하면 점점 오존층이 파괴되고 온난화하여 나중에는 그 고통을 우리 후손에게 물려줄 것이다. 지금이야말로 우리 후손들을 위해서 우리가 자연 환경 보호에 앞장 서야 할 때이다. (*공기가 나빠지는 것이 오존층, 온난화와 관련 있다는 근거를 대지 않았다.)

8. 힘으로 겁주기
논리가 없거나 논리를 무시하고 강압적으로 자기 생각이 맞다고 주장한다.

① 이 말을 믿어야 한다. 워싱턴 장군도 이 말을 대수롭지 않게 생각하다가 죽었다고 한다. 믿는 사람은 행운을 얻을 것이다.
② 지난 세월, 교도소에서 많이 반성했습니다. 전과 20범이지만 이제는 깨끗하게 살려고 합니다. 하루에도 몇 번씩 참고 삽니다. 정말 깨끗하게 살기가 힘들군요. 많이 팔아 주십시오.
③ 네가 좋은 대학에 못 가면 이 엄마가 죽을 수밖에 없다.

9. 정황을 공격하기
논리의 옳고 그름을 따지지 않고, 어떤 사람이 가진 직책, 직업, 처지, 과거 행적 같은 정황을 비난하여 생기는 잘못이다.

① "학생들이 대학을 꼭 가야 하는지 의심스럽다." "그런 말씀하시는 선생님은 대학 나오셨죠? 그러니까 그런 말을 하시죠."
② "이번 사건은 양심에 따라 판단하였습니다." "그렇지만 당신은

322

과거에 있었던 시국 사건에서 소신 있는 판결을 하지 못했잖습니까?"

③ "나이도 어리고 경력도 짧은 사람이 하는 이야기는 들을 것도 없어."

10. 모호한 단어 쓰기

논증 중에 사용하는 말의 의미가 명확하지 못하여 불합리한 논리가 전개되어 생기는 잘못이다.

① 청소년들은 감정이 풍부하다. 감정을 상하게 해서는 안 된다. 풍부한 감정이 다치기 쉽기 때문이다. (＊'감정'의 뜻이 각각 다르다.)
② 관계가 없다니요? 당신과 나는 '관계가 없다'는 관계가 있어요. (＊'관계'의 뜻이 다르다.)

11. 모호한 문장 쓰기

문법적으로 글틀이 모호하거나 지나치게 상징적이어서 여러 가지로 해석이 가능하여 생기는 잘못이다.

① 아침에 일찍 일어난 철수의 어머니는 심호흡을 하였다. (＊일찍 일어난 사람이 누구인지 모른다.)
② 혜성은 대지에 안녕을 고하고 석양 속으로 사라졌다. (＊무슨 뜻을 표현하려고 하는지 알 수 없다.)

12. 싸잡아 말하기

개별적인 것이 옳은데, 그것을 전체에 적용하여 모두 옳다고 생각할 때 생기는 잘못이다.

① 이 학교 학생들이 좋은 대학에 많이 갔다. 전국 체전에서 야구부

가 우승하였다. 모두 좋은 학생이고 참 좋은 학교다.

② 고향이 전라도라니, 당연히 예술적인 감각이며 음식 솜씨가 뛰어날 것이다.

③ 비가 오면 아들이 우산을 팔고, 날이 좋으면 딸이 양산을 팔 것이다. 날씨가 어떻든 나는 항상 좋은 일만 생긴다.

13. 대충 쪼개어 말하기

전체적인 것이 옳은데, 전체를 개별적으로 쪼갤 때도 모두 옳다고 생각해서 생기는 잘못이다.

① 이 학교는 명문고이며, 훌륭한 전통을 잘 간직하고 있다. 그런데 이 학교 학생이 그런 경솔한 짓을 할 리가 없다.

② 경제 발전을 이루고 국민 소득이 늘면 나라가 부강해지고, 이제 너와 내가 잘 살게 될 것이다.

③ 열대 지방이라 국민들이 부지런하지 않아요. 식품 위생이며 생활 환경이 엉망이에요. 그래서 사기꾼이며 소매치기가 많죠.

14. 딴 부분을 강조하여 분위기 바꾸기

문장 중에 특정한 단어나 구를 강조하여 분위기를 달리 만들어 원 뜻을 숨긴다.

① 키 큰 사람들이 많이 다쳤다. (*키 작은 사람은 안 다쳤다는 것 같다.)

② 애가 오늘은 울지 않았다. (*어제는 운 듯한 분위기를 끌어낸다.)

③ 디자인이 특별해서 커피 향이 오래갑니다. (*커피 향과 디자인은 아무 상관이 없다.)

④ 심해에 사는 상어의 간에서 추출한 성분으로 만들었습니다. (*깊은 바다에 살아서 다른 물고기와 무엇인가 다를 것 같은 분위기를 준

다.)

15. 비유를 고지식하게 풀이하기
비유적 의미로 쓴 문장을 사전적 의미로 해석하여 생기는 잘못이다.

① 옛날에는 등잔 밑이 어둡다고 했지만, 요즈음에는 등 위가 더 어
  둡다. 시대에 맞지 않는 속담이다.
② 하늘이 무너지면 다 죽는다. 정부는 하늘이다. 하늘을 거역할 수
  없듯이 정부 지시에 잘 따라야 한다.

16. 자기 나름대로 다시 정의하기
사전적인 뜻을 자기 나름대로 풀이하여 생기는 잘못이다. 말장난이
많다.

① 무식한 사람과 이야기하면 답답하다. 물론 나는 밥을 먹어 유식하
  다. (＊‘무식’을 ‘無食’으로, ‘유식’을 ‘有食’으로 풀이했다.)
② 남자는 배가 나와야 인격도 있어 보이고 배짱도 생긴다.
③ ‘노래방’은 어디까지나 방이다. 그런데도 컴컴한 방에 남녀가 함
  께 들어간다니 도덕적으로 옳은 일이 아니다.

17. 겹친 질문하기
두 가지 이상의 내용을 한 질문으로 묶어 생기는 잘못이다.

① 지금 많이 먹었지? (＊먹은 것을 전제로 물어서 간단히 ‘예, 아니오’로
  대답할 수 없다. ‘아까 안 먹었거나, 아까 많이 먹었거나, 아까 조금 먹
  었다’같이 다양한 상황이 있을 수 있다.)
② 다시는 많이 훔치지 마. (＊훔쳤다는 것을 전제로 말하므로 ‘예, 아니
  오’로 대답할 수 없다. ‘안 훔쳤거나, 조금 훔쳤다’처럼 여러 상황이 나온

다.)

18. 횡설수설하기(논제 미확정의 오류)

논증의 전제도 없이 자신이 무엇을 주장하려는 것인지도 모르고 이 소리 저 소리를 지껄인다. 글에 방향이 없거나 자신을 잃었을 때 생긴다.

① 닭 모가지를 비틀어도 새벽은 오는데, 왜 닭 모가지가 맛이 없을까?

② 미국이 강대국이라는 것을 누구나 인정한다. 물론 경제 소득이 높기도 하다. 우리도 언젠가 그만큼 살게 되겠지만 지금으로는 아주 까마득해 보인다. 그래도 우리보다 못사는 나라가 더 많다. 그런 나라에 비하면 우리도 많이 발전했다. 어쨌든 미국은 축복받은 나라로 언젠가 꼭 한 번 가보고 싶다.

19. 성급하게 일반화하기

일반화는 충분한 증거가 있어야 하는데, 몇몇 작은 사례로 전체가 다 그런 것처럼 생각하여 생기는 잘못이다. 아주 흔한 오류이다.

① 이 학교 학생이 웅변 대회에서 1등을 했다. 이 학교 야구부가 야구 대회에서 준우승를 했다. 이 학교 학생들은 모두 우수하다.

② 선진국 국민들은 아주 근검하다. 특히 일본 사람들은 절약 정신이 몸에 뱄다.

③ 프랑스 여배우가 그런 편지를 우리 나라에 보냈다는 것은 우리 나라의 국력이 약하기 때문이다.

④ 돈으로 통하는 사회에서 돈이 없는 사람들은 비참하다.

⑤ 창조주께서 인간을 만들 때 항상 함께 살라고 구분해 놓은 것이지 서로 격리시켜 놓으라고 구분해 놓은 것은 아니다. 남녀 공학을

실시해야 한다.

⑥ 일본인은 안 보일 때까지 인사하므로 예의 바른 민족이다.

20. 원인을 잘못 알기

실제로는 인과 관계가 없는 두 사건이 시간적으로 동시에 일어났거나, 또는 비슷한 시간에 발생했을 뿐인데, 인과 관계로 착각하여 생기는 잘못이다.

① 까마귀가 앉았던 나무가 병에 걸렸다. 까마귀가 울던 집에 사람이 죽었다. 까마귀는 불길한 새이다.
② 나는 이번에 축구 경기를 안 본다. 내가 보면 우리 나라가 꼭 지더라.

21. 의도를 확대하기

실현 가능성이 없는 경우까지 어떤 사건을 연장하여 생각해서 생기는 잘못이다.

① 덥다고 반바지를 입어. 더 더우면 아주 벗겠구나.
② 일본 왕이 죽었다고 조문하다니, 이제 일제 침략을 용인하는구만.
③ 담배 피우지 마. 네 주변의 사람까지 죽이려고 하니?

22. 유추하기

유추는 알려진 사실을 바탕으로 하지만 모든 경우에 적용할 수는 없다. 알려진 사실이 비슷하다고 나머지도 같이 볼 수 없다.

① 의사의 아들이 의사가 되는 경우로 보면 너는 부모가 모두 교사니까 틀림없이 교사가 될 것이다. 안 봐도 뻔하다.
② 인생은 마라톤 경주와 같은 것이어서 1등은 한 명밖에 없다.

23. 둘 중의 하나로 생각하기

여러 가능성을 무시하고 흑백 사고 방식으로 상황을 두 가지로만 생각하여 생기는 잘못이다.

① 잘 모르겠다고? 좋아하지 않는 거지? 나도 널 싫어해.
② 모르긴 왜 몰라. 시치미 떼지 마. 너는 알고 있어.
③ 내 진실이 언젠가 밝혀지고, 하늘이 네 음모를 응징할 것이다.

24. 꼬리 물기(순환 논증의 오류)

논증하여 증명해야 할 결론을 전제로 하고 다시 논증하여 생기는 잘못이다.

① 신은 죽지 않는다. 죽지 않는 것은 신밖에 없다. 그래서 신이다.
② 존경받지 않는 인격자는 없다. 인격자는 다 존경받게 마련이다. 존경받으니 인격자다.
③ 단골은 다른 가게에 가지 않고 한 가게만 이용한다. 이렇게 다른 가게를 가지 않고 같은 가게에 자주 가니 단골이다.

25. 우연에 기대기

특별한 경우가 참이라고 해서 일반적인 경우도 반드시 참이라고 생각하여 생기는 잘못이다.

① 소가 뒷걸음치다가 쥐를 잡았다. 소는 쥐를 잘 잡는다.
② 석유 파동이 있을 때 우리가 건설업으로 중동에서 큰돈을 벌었다. 지금 원유값이 오르니 우리 건설업이 중동으로 다시 진출해야 한다.

26. 단순히 생각하기

복잡하게 따져 보아야 할 일을 간단하게 생각해서 생기는 잘못이다. 너무 막연하게 서술한다.

① 파스칼은 인간을 생각하는 갈대라고 하였다. 생각하지 않는 사람은 갈대만도 못하며 사람도 아니다.
② '돼지 목에 진주 목걸이'라고 비난하지만, 그러는 당신은 언제 돼지 목에 진주 목걸이를 걸어 봤어?

27. 약점 감추기

충분한 검증을 거치지 않고 마치 논리적으로 증명된 것처럼 꾸밀 때 생기는 잘못이다. 논증에 유리한 점만 늘어놓고 불리한 점을 일부러 숨겨서 상대방을 속여넘긴다.

① 이 전축은 방습성이 좋으며, 50여 개의 실험을 거쳐 탄생하였습니다. (＊전축이 방습성이 좋아야 할 제품은 아니다.)
② 이 자동차는 랠리 경주에 참가하여 좋은 성적을 얻고 세계인을 놀라게 하였습니다. (＊랠리 경주에서 우승한 것이 자동차의 품질을 보증하는 것은 아니다.)
③ 우리 회사 라디오는 재생 용지로 만든 상자로 포장하였습니다. 우리 회사는 환경을 먼저 생각합니다. (＊라디오와 포장 상자는 직접적인 관계가 없다.)

28. 우물에 독 뿌리기

반론의 가능성을 원천적으로 비난하며 봉쇄하여, 상대방에게 논리적으로 말할 기회를 주지 않는다. 반론이 없다고 자신이 펼친 논리를 정당한 것으로 착각한다.

① 우리 대통령을 나쁘다고 하는 사람은 민주주의를 모르는 놈이다.

② 어른에게 자리를 양보하지 않으니, 요즘 애들은 학교에서 예절도 안 배우고 부모도 없이 태어났어.

③ 1200자를 쓰라고 하고 띄어쓰기와 문장 부호는 포함시키지 않는 다니 언제 이 글자를 세라는 거야. 이 출제 위원은 사람도 아니야.

12 주제 문장 쓰기

주제란 글 전체를 통틀어 글쓰는 이가 나타내고자 하는 중심 생각을 말한다. 단락에는 각기 작은 중심 생각이 있고 나머지는 이 중심 생각을 뒷받침하는 문장들이다. 이 중심 생각이 모여 글 전체의 주제를 뒷받침한다. 따라서 어떤 문장이 글 전체의 주제 문장이 되려면 아래와 같은 몇 가지 요건을 갖추어야 한다.

1. 주제 문장은 참신해야 한다. 누구나 아는 내용은 흥미를 끌지 못한다.

   ① 어머니의 자식 사랑은 아주 크고 깊다.(×)
   ② 다른 사람에게서 신뢰받지 못하는 사람은 외롭다.(×)

2. 자신이 잘 알고 있는 내용이어야 한다. 과장하거나 편견이 있어서는 안 된다. 입증할 수 있어야 하며, 자신의 태도나 주장을 확실히 담는다. '~라고 생각한다, ~듯하다, ~로 볼 수 있다' 따위의 말버릇은 빼야 한다.

   ① 인류의 미래는 핵전쟁으로 종말을 맞을 것이다.(×)
   ② 사람에 따라 다른 생각을 하는 것이 당연하다는 생각이 든다.(×)
   ③ 키 큰 사람은 싱겁고 작은 사람이 당차다.(×)

3. 주제 문장의 범위가 적절해야 한다. 주제를 한정하며 원고량에 맞추어야 한다.

　① 환경 오염이 갈수록 심각해져 지구는 중병에 시달린다.(×)
　② 삶이 도덕적이어야 풍요롭게 살 수 있다.(×)

4. 문장 성분을 생략하지 않은 평서문이어야 한다. 문장이 완전하지 않으면 뜻을 명확하게 전달할 수 없다. 문장 성분을 도치시키지 말아야 한다. 의문문은 글의 방향을 정확히 알려주기도 힘들고, 주장을 담을 수도 없다.

　① 진실한 사랑을 찾아.(×)
　② 사랑과 인간. 영원히 풀 수 없는 숙제.(×)
　③ 각각 다르다. 사람의 취미는.(×)
　④ 진실한 사랑을 어디에서 찾을까?(×)

5. 한 문장에 두 개 이상의 주제를 담아서는 안 된다. 그러려면 문장이 되도록 짧아야 하며, 장황하게 수식하지 않는 것이 좋다. 문장이 길어지면 한 문장 안에서 내용이 맞서는 경우가 생긴다. 모순을 만들지 말아야 한다.

　① 이 창은 어느 방패나 뚫으며, 이 방패는 어느 무기고 막을 수 있다.(×)
　② 사람은 때에 따라 변해야 하지만, 이 경우는 다르다.(×)
　③ 절대자가 절대 권력을 휘두르면 끝내는 부패하기 마련이어서 역사의 심판을 받게 된다.(×) ➡ 절대 권력은 끝이 있다.(○)

6. 뚜렷하게 의미를 전달하려면 확실하고 구체적이어야 한다. 사전적

의미를 사용해야 하며 비유적이어서는 안 된다. 상징적이거나 함축
적이면 읽는 이에 따라 자기 주장을 달리 해석한다.

① 학교 생활에는 말하지 못할 그 무엇이 많다.(×)
② 정부는 갈대 같은 정책을 세워서는 안 된다.(×)
③ 경찰은 민중의 지팡이다.(×)

13 결론 쓰기

1. 결론은 지금까지 논의한 내용을 마무리하는 공간이다. 서론과 결론 만 보면 글의 내용을 짐작할 수 있을 만큼 중요하다. '글의 흐름'을 타고 구체적으로 결론지어야 한다. 시간이 모자라서 허술하게 끝냈 다면 아무 말도 안 한 것과 같다.

2. 결론을 쓰기 전에 서론과 본론을 읽어 보고, 쓸 결론이 앞에 있는 내 용과 호흡이 맞는지 확인해야 한다. 서론에서 '어떻게 하겠다'고 해 놓고 결론에서 갑자기 '엉뚱한' 소리를 하지 않도록 일관성을 잃지 말아야 한다. 자칫하면 서론, 본론, 결론이 따로 논다. 그러므로 자 신이 서론에서 제시하고 본론에서 진술한 내용이 결론과 연결되어 있는지 살펴본다. 아래 예문은 본론에서 충분히 뒷받침하지 않았다 면, '갑자기 등장한 상식적이고, 교훈적인 결론'이다.

① 통일로 가는 길은 그리 어렵지 않을 것이다.
② 우리는 우리 조상에게 물려받은 자연을 우리 후손에게 깨끗이 물 려줄 의무가 있다. 우리는 이런 사실을 늘 잊지 말아야 하겠다.
③ 이렇게 유해한 건전지를 우리는 쓰지 않을 수 없다. 다 쓴 건전지 를 제대로 모으는 기관이나 정책도 없는 것 같다. 우리가 다 쓴 건 전지를 함부로 버리지 않거나 스스로 분리해서 수거하면 큰 도움

이 될 것이다. 유해한 건전지 대신에 무해한 건전지를 빨리 개발하여 환경 오염을 막아야겠다.

④ 동물을 멸종시켜 가며 먹는 약재가 몸에 특별히 좋은 것 같지 않다. 비싸기만 하고 효과가 없고 국제적으로 비난만 받는다. 가뜩이나 환경 오염이 심해져 동물이 살기 어려운 판에 우리까지 동물을 없애는 데에 발벗고 나설 필요가 없다.

⑤ 주체적이고 비판적인 안목을 갖고 대중 문화를 받아들인다면 우리는 틀림없이 건전한 문화를 만들어 낼 것이다. 대중 매체들도 이익만 추구하지 말고, 건전한 문화 만들기에 앞장서야 한다. 대중 매체 종사자들은 좋은 것과 나쁜 것을 가려서 전달하고 자신들이 행동하고 말하는 것이 사회에 큰 영향을 준다는 사실을 자각해야 한다.

⑥ 건전한 소비 생활 운동을 전개하여 충동 구매를 하지 않도록 해야 한다. 자신의 필요에 맞게 소비 생활을 한다면 과소비 문제가 한결 좋아질 것이다. 과소비의 폐해는 우리가 알고 있는 것보다 더 크다. 우리 정신 건강과 사회를 좀먹는 과소비를 억제해야만 국가 경제를 살리고 우리의 건전한 소비 활동을 보장할 수 있을 것이다.

3. 결론 첫머리에서 습관적으로 본론을 요약하는 사람들이 많다. 예를 들어 '우리는 지금까지 ~에 대해서 살펴보았다, 이상으로 우리는 ~라는 사실을 알 수 있었다'처럼 서술한다. 그러나 원고지 열 장 안팎에 자기가 하고 싶은 말을 담기도 바쁘다. 굳이 본론을 요약하여 원고지를 낭비할 필요가 없다. 같은 말을 반복하지 않는 것이 오히려 깔끔해 보인다.

4. 결론에서 가장 나쁜 버릇은 '한 수 일러주려고' 도덕적으로 계몽하

며 마무리하려는 버릇이다. 결론에서 '잘해 보자, 반성해야 한다, 촉구한다, 앞장서자, 알아야 한다, 밝은 사회를 만들자, ~한 사람이 되어야 한다, ~해야 미래가 밝을 것이다' 따위의 말을 많이 쓴다. 아무런 근거 없이 이런 주장만 덧붙이게 되면 목소리를 높여 강요하는 글이 되기 쉽다. 신문 사설로 글쓰기를 연습한 사람들, 또는 겉멋이 든 사람들에게 이런 버릇이 많다.

특히 결론에서 마지막 서너 줄을 빼도 좋다면 빼는 것이 낫다. 글을 충분히 써 보지 않은 사람들이 비약하기 쉬운 곳이 대부분 끝 몇 줄이기 때문이다. '멋있게' 결론 지으려고 하는 심리에서 나오거나, 글을 다 썼다는 안도감으로 긴장이 풀리면서 나타난다. 아래 예문들은 끝에 가서 갑자기 비약하여 '한 말씀 당부하는 도덕적이고 계몽적인' 글들이다.

① (학생 체벌을 없애야 하는 근거를 대고, 결론으로) 앞에서 우리는 체벌이 없어져야 하는 이유를 여러 모로 살펴보았다. 어느 사회에서나 물리적 폭력을 인정하지 않는다. 더욱이 미래 사회의 주역이 되는 학생들을 폭력으로 교육한다는 것은 교육 목표를 상실하는 행위이다. 따라서 더 나은 사회를 위해서라도 학생을 물리적으로 체벌하는 일이 없어져야 할 것이다. 이런 사실을 모든 교육자들은 명심해야 한다.

② (본론을 요약하면서, 결론으로) 위에서 살펴본 것처럼 쓰레기 분리 수거가 정착되려면 첫째, 전 국민이 쓰레기도 자원이라는 인식을 해야 한다. 둘째, 되도록 모든 사람이 쓰레기를 만들지 말아야 한다. 셋째, 모든 사람이 쓰레기 분리 수거 운동에 적극적으로 참여해야 한다. 어떤 때는 주민들이 분리해 놓은 쓰레기를 관청에서 제대로 관리하지 못해 문제가 커지는 경우도 많다. 이런 무사안일한 자세를 버리지 못하면 우리 사회가 발전하지 못한다는 사실을 명심하여 전

공무원이 각성해야 한다는 것을 이 기회에 촉구한다.

③ (우리말 오염의 실태를 밝히고, 결론으로) 결국, 이런 우리말 오염의 주된 원인은 우리가 우리말을 너무 모르는 데에 있었다. 일상 생활에서 우리말로 의사 소통이 이루어지는데, 우리가 시간을 들여 더 공부해야 할 필요가 있느냐고 쉽게 생각하고 있다. 그러므로 이제는 모든 국민이 우리말에 대해 인식을 전환해야 한다. 예를 들면 정부는 국민들의 바른 언어 생활을 위해 연구 기관을 설치하여야 한다. 언론에선 맞춤법에 맞는 언어를 구사하는 데 최선을 다해야 하며, 학교에서는 국어 교육을 강화해야 한다.

5. 신문 사설은 시국에 예민하게 반응하며 서둘러 쓰는 글이다. 사설에 신문사의 주장이 아주 잘 나타난다. 여론의 물꼬를 잡아 주고 '무식한' 대중을 이끌어 주는 '선각자'라는 자부심이 무척 크다. 그래서 논설 위원은 원고량에 제한을 받지만 자기 주장을 확실히 하려고 다소 논거가 부족하더라도 명쾌하게 결론을 내리기 쉽다.

나쁘게 이야기하면 신문 사설은 몇몇 글을 빼고는 대체로 논리가 모자라고 비약이 심하며, 논거가 부족해도 주장(결론)은 단호한 글이다. 또 구체적인 비판보다 일반적, 상식적, 도덕적 훈계를 좋아한다. 지도 교사의 도움 없이 혼자서 신문 사설로 글쓰기 공부를 하면, 아래 예문처럼 결론 마지막 부분에 '도덕적 당위'만 담기 쉽다.

① (법의 가치를 서술하고) 따라서 법을 잘 지켜야 더욱 안정된 생활과 자유를 누리고 조화로운 사회의 토대를 마련할 수 있다. 우리는 이 같은 사실을 명심하고 법을 잘 지키도록 노력하는 사람이 되어야겠다.

② (과학의 속성을 서술하고) 과학은 객관적인 것이며 일체의 주관적인 판단을 배제한다는 것을 알아야 한다. 과학이 우리에게 이로워

질 수 있다는 것도 알아야 한다.

③ (성희롱의 문화적 원인을 서술하고) 남성들이여! 성희롱과 같은 왜곡된 사회적 관행의 극복이 더 인간적인 사회를, 일상 생활 속의 민주주의를 완성하는 길임을 명심하라.

④ (우리 나라 방송국에서 일본 프로그램을 거의 베낀다고 개탄하고 결론으로) 텔레비전 프로그램 편성에 개혁이 일어나야 한다. 우리 문화의 진수를 보여줄 수 있도록 노력해야 한다. 창조적이고 진취적이며 민족적인 프로그램을 만들어야 한다. 우리 문화의 우수함을 시청자에게 전달해야 한다. 그래야 일본 문화에 종속되지 않는다.

6. 본론에서 두 가지 원인을 찾았으면, 결론에서 대책도 두 가지를 서술해야 한다. 물론 결론 끝에 그 두 가지 구체적인 진술을 하나로 묶어 일반적인 진술로 전망하거나 제언한다. 그때는 본론에서 논의한 내용을 뒤집어야 결론이 따로 놀지 않고 비약하지 않는다. 가령 본론에서 '무조건 개발하려고 한다, 보완할 수 있는 제도적 장치가 없다'로 원인을 규명했으면, 결론에서는 '개발의 기준을 마련해야 한다, 제도적 장치를 빨리 만들자'를 서술해야 제대로 연결한 것이다. 그리고 전망을 덧보탤 때는 부정적으로 끝맺는 것보다 긍정적으로 마무리하는 것이 바람직하다.

7. 결론 부분이 미약하면 논지나 자기 주장이 없이 흐지부지 끝내는 것 같아 읽는 이에게 강한 인상을 남기지 못한다. 결론은 흐름을 타고 단호하게 끝낸다. 개요를 짜지 않고 글을 쓰면, 전반적으로 글의 흐름이 없어 갑자기 결론을 내리고 도덕적으로 끝맺는다. 서론과 본론까지 잘 정리해 나오다가 결론에서 한두 줄로 끝내는 사람도 많다. 그러나 그것은 결론이 없는 것이나 마찬가지다. 다음 예문은 한두

줄로 결론을 마무리한 글이다.

① 이상, 환경을 보호해야 한다는 사실은 강조할 것도 없는 당연한 이치이다.
② 이상으로 말을 조심해 써야 한다는 것을 여러 가지 사례를 통해 알아보았다. 신중한 말은 그 사람의 인격을 높여 준다는 사실을 명심하자.

8. 어떤 어휘는 지금까지 주장해 온 객관성을 순식간에 무시하기도 한다. '여하튼, 가부간에, 아무튼, 아무러하든, 아무렇든, 아무렇든지, 좌우지간, 어쨌든, 어쨌거나, 어쨌거나 간에, 하여간, 여하간, 좌우당간, 어차피' 따위의 어휘는 논리가 필요한 글에서 자신의 논리를 스스로 무너뜨리는 말들이다. 결론 부분에 특히 많이 쓴다. 이 말이 때로는 본론에 들어가기도 한다.

① 제3세계는 아직까지 외부 세계에 물들지 않아 그들의 민속을 보존한 채 순박함을 그대로 지니고 있다. 어쨌거나 제3세계는 우리 한국인이 개척해 볼 만한 미지의 세계로 우리를 기다리고 있다.
(어쨌거나 = 민속을 보존하거나 말거나, 순박하든지 말든지)
② 강대국의 논리는 자국의 이익을 바탕으로 하고 있다. 국제 논리라는 것이 다 그렇다면 어차피 우리 나라도 이런 틈에서 ……
(어차피 = 우리 나라는 약소국이라 '강대국의 논리'를 깨지 못하니까 따질 것도 없이)

9. 원고량이 많이 모자라지 않으면 되도록 글 끝에 다른 내용을 덧보태지 않는 것이 좋다. 처음에 생각하지 않았던 말을 붙이면 엉뚱해지기 쉽다. 특히 '제언, 전망'을 자꾸 덧붙이면 비약하기 쉬우니 되도록 '제언, 전망'을 많이 덧붙이지 않는다.

그러나 시험에서 1200자 안팎으로 써야 할 때 1000자밖에 채우지 못한 글은 채점하지 않는다. 이때는 일단 원고량을 채워 제출해야 한다. 즉, 거의 다 써 놓고 글을 늘릴 때, 대개 결론에서 이야기를 질질 끌어 원고량을 늘리기 쉽다. 그래서 훈계도 하고 도덕적인 내용도 쓰게 된다. 결론을 왜 질질 끄는지 채점자도 눈치챘다. 이런 글은 원고량은 늘렸으나 구성에서는 실패한 글이다.

이때는 결론 끝에 '덧붙인다면' 따위를 붙이고 본론에 썼어야 할 글을 덧붙이는 것이 무난하다. 글의 흐름을 바꾸지 않고도 당당하게 살을 보탤 수 있다. 자기가 글의 흐름을 제대로 짚고 있다는 사실을 알리는 셈이다. 물론 서론, 본론, 결론과 관련이 있는 내용이어야 한다. 덧붙이는 내용에 도입, 논의, 결말이 있어야 한다.

① 기성 세대의 가치관이 바뀌어야 청소년 범죄를 줄일 수 있을 것이다. 여기에 덧붙여 짚고 넘어간다면 앞에서 예로 든 두 가지 원인 외에도 청소년 범죄는 청소년 놀이 문화가 없다는 것이 원인이 되기도 한다.(도입) / 사방에 어린이와 어른들의 공간밖에는 없다. 이런 상황에서 청소년들은 모호한 연령층으로 갈 곳이 없어 방황하며 건전한 놀이를 익히지 못한다. 그래서 사회 여기저기에 있는 '검은' 유혹에 쉽게 노출되어 범죄에 가담하게 된다.(논의) / 그러므로 청소년 범죄를 줄이려면 기성 세대는 청소년 문화 공간을 배려하는 정책도 마련해야 할 것이다.(결말) (*덧붙인 글에 '도입-논의-결말'이 들어 있다.)

10. 결론을 내리다가 갑자기 좋은 글감이 떠오르면, 본론에 들어갈 내용인데도 결론에 덧붙이기도 한다. 그러나 본론과 아주 밀접한 관계가 있고 아깝더라도 쓰지 않는 것이 좋다. 끝날 듯하더니 다시 원점으로 돌아가고, 원점에 있다가 다시 끝날 것같이 방황하면, 끊고 맺

는 것이 미숙한 글이다. 사고의 깊이가 얕은 사람처럼 보인다.

11. 글 끝에 쓸데없는 말을 써서는 안 된다. 부정한 방법으로 합격하려고, 채점자와 주고받는 암호로 남들이 오해하기 쉽다. 원고지 여백에 낙서를 해 놓아도 안 된다. 출제 기관에 따라서는 문제에서 그런 지시를 하기도 하나, 지시가 없어도 답안지에 그런 표시를 하면 안 된다. 예를 들어 글 끝에 '끝, The end, 終, 수고하세요, 수고하십시오, 고맙습니다, 잘 봐주세요' 따위를 쓰는 사람이 있다.

14 결론을 쓰는 방식

1. 본문을 요약하기

이 방식은 앞에서 진술한 본문을 단 몇 줄로 종합하고 요약 정리하여, 결론에서 '딴소리할' 가능성이 없다. 서론에서 제시한 내용을 다시 한 번 확인하고 본문을 요약하며 끝내야 한다. 단락에 있는 작은 주제를 모아도 좋다. 이 방식으로 결론 지으면 안정감을 준다. 서론, 본론과 긴밀하게 짝을 이루어야 한다. '위에서 살펴본 것처럼, 앞에서 이야기한 바와 같이' 따위로 결론을 잡아 나간다.

단점이라면 원고지 열 장 안쪽에 같은 내용을 서론, 본론에 담고 결론에서 또 반복하여 산뜻한 인상을 주지 못한다는 것이다.

① 이상으로 과학의 객관성에 대해서 알아보았다. 앞에서도 지적한 것처럼 과학은 첫째, ……
② 이상을 요약하면 첫째, ……

2. 본문을 요약하고 제언하기

지금까지 논의한 내용을 요약하고, 그것을 바탕으로 자기 주장을 확실히 펴거나 과제를 제시한다. 대체로 연구 논문 같은 긴 글에 많이 쓰이는 방식이다. 짧은 글에서는 요약을 빼고 '제언'만 덧붙이는 식으로 응용하여, 행동을 촉구할 수도 있다. 일반적으로 '～한 방향으로 연구되어야 하겠다, ~연구해 보자, ~해야겠다, ~해야 한다, ~ 하자' 따위가 붙는다.

그러나 이런 '제언' 방식에 미숙한 사람이 많다. 끝에 있는 '제언'이 얼른 보기에는 앞에서 진술한 내용과 관련이 있는 것 같으나, 아주 동떨어지기가 일쑤이다. 다시 말하면 서론에서 결론까지 진술하던 흐름을 타고 '제언'해야 하는데 한걸음 더 나아가는 사람이 많다. 어떤 때는 '제언'이 지나쳐 흥분하여, 감상적으로 끝내기도 한다. 다음 예문 ①~②는 글의 흐름에서 한걸음 더 나아간 예문이고, ③~④는 감상적으로 끝낸 글이다.

① 각 기업은 상품 정보를 확실히 제공하여 건전한 소비 문화를 정착시켜야 할 책임이 있다. 소비자들의 이목을 끌며 광고를 하더라도, 표현을 신중히 해야 한다. 소비자들도 건전한 광고를 가릴 수 있는 비판적 안목을 길러서, 선정적인 광고가 발붙이지 못하도록 해야 한다. (*앞에서는 '기업의 광고 책임'에 대해서 비판하였다. 갑자기 소비자에게 당부하는 '도덕적인 결론'이 튀어나왔다.)

② 학교에서 창조적인 교육이 이루어지지 않으면 창조적인 삶이 없을 것이다. 창조적인 삶이 없으면 창조적인 미래를 준비하지도 못한다. 지금이야말로 획일적인 공부 방식을 버려야 할 시점이다. 책을 읽히는 교육이 아니고 글을 쓰게 하는 교육이 절실히 필요한 때이다. (*앞에서 '창조적인 교육'에 대해서 이야기하였다. '글을 쓰게 하기'가 창조적인 교육의 한 방법이라는 소리가 없었다. 끝부분은 '글쓰기 교육의 필요성'이라는 글에서나 붙을 구절이다.)

③ 고교 시절에는 학생들이 다양한 삶을 준비해야 하고, 대학은 학문을 위해 존재해야 한다. 그런데 우리는 지금 대학에 가려고 공부하고 있다. 그렇다. 학창 시절도 없이 앞만 보고 산다. 이래서는 안 된다. (*결론을 써 놓고 보니까 이런 현실에 가슴이 답답해져서 갑자기 감정

이 격해졌다.)

④ 애국을 멀리서 찾지 말고 가까운 곳에서 실천할 수 있는 방안이
연구되어야 하겠다. 그러나 거리를 거닐어 보라. 그리고 요즘 젊은이
들의 옷차림과 머리 모양, 신발 등을 유심히 살펴보라. 그리고 서점가
에 진열되어 있는 일본 패션 잡지를 넘겨 보라. 참으로 답답한 일이다.
(＊결론이 일반적이라서 좀더 구체적으로 쓴다는 것이 '주장'은 없어지
고 '안타까움'만 남았다.)

3. 본문을 요약하고 전망하기

본문에서 다룬 내용을 요약하고, 그것을 바탕으로 '전망하는' 끝내기
방식이다. 이 방식도 긴 글에서 많이 쓰는 방식이다. 앞에서 살펴본
글로 충분히 다음을 추론할 수 있어서 '제언하기'보다 많이 쓰인다.
이 방식은 본문을 바탕으로 남들에게 행동을 촉구하거나 경고한다.
자신의 요망 사항을 담을 수도 있다. 사람들이 가장 즐겨 쓰는 방식
이다. 가능성을 나타내는 '～될 것이다, ～할 것이다' 따위의 서술
어가 붙는다.

① 이제 우리가 정신 차리지 않으면 일본 문화가 우리 문화를 모조리
몰아낼 것이다.
② 어떻게 성교육을 해 나가야 할지 구체적 방안을 검토해야 할 것이
다.

4. 일반적 진술로 끝내기

문예문, 특히 수필에 많이 쓰인다. 앞에 있는 구체적 진술을 끝에 와
서 일반화하여 마무리하는 방식이다. 무난하기는 하나 도덕적이기
쉽고, 지나치면 막연한 느낌을 준다.

① 이처럼 비민주적인 환경일지라도 처음에만 어설프지, 조금만 지

나면 그 고통에 익숙해진다. 오히려 내 태도를 지적하는 사람들을 이해하지 못하고 현실에 만족해 한다. 자신의 낡은 껍질을 깨뜨리고 나올 능력이 없으면 새로운 삶이 시작되기는커녕, 그 껍질 속에 갇힌 채 죽을 뿐이다.

② 처음에 사탕 한 개를 입에 넣었을 땐 달고 맛이 있다. 그러나 두 번째 사탕부터는 단맛이 덜하다. 계속해서 사탕을 먹으면 나중에는 단맛을 느끼지 못한다. 세상을 사탕 먹듯이 쉽게 생각하는 젊은이에게 오히려 '사탕'이 주는 교훈일 것이다.

5. 여운을 남기고 끝내기

이 끝내기 방식은 문학에서 많이 이용한다. 논리를 담은 글과는 거리가 멀다. 주장을 담아야 할 글에서 주장을 감추고 여운을 남겨서는 안 된다. 읽는 이 마음대로 판단하도록 맡겨서도 안 된다. 의문문으로 끝내는 사람도 많다. 다음 글은 끝내기 방식으로 좋지 않은 예문이다.

① 여기서 한 가지 묻고 싶다. 지금 만약 우리 나라가 그때처럼 주권을 상실하고 식민지가 된다면 과연 독립투사가 몇이나 나올까?

② 인간은 자연의 일부다. 환경 보전이 인간의 삶을 제대로 보장할 것이다. 우리 주변에 발생하는 수질 오염, 대기 오염, 해양 오염, 이상 기후……. 이제 심각히 생각해 볼 일이다.

③ 하지만 사태가 그렇게 바뀌더라도 우리는 절망하지 말아야 한다. 물론 몹시 힘들 것이다. 그래도 언제까지나…….

④ 그렇다면 「제르미날」은 우리에게 파업의 교과서도 희망의 메시지도 절망의 동어 반복도 아닌, 인간 해방에 대한 열정과 인간 조건에 대한 이상주의적인 탐구로 읽혀야 하지 않을까?

6. 인용하며 끝내기

유명한 시구(詩句)나 남의 말을 인용하여 자신의 의견을 대신하여 결론 짓는 방식이다. 주장하고 싶은 것은 본인이 직접 서술해야 한다. 논술글을 문학적으로 생각해서는 안 된다. 남의 이론이나 사상을 함부로 인용하는 것도 위험하다. 그 말의 권위에 기댈 수 있는 장점이 있으나, 인용하는 근거가 무너지면 자기 글도 같이 무너진다. 자기가 알고 있는 내용이 피상적인 지식인지도 모르기 때문이다. 꼭 인용하고 싶으면 한 줄 이내 짧은 글로 인용해야 한다.

15 제목 붙이기

1. 제목은 글의 얼굴이다. 잘 붙여야 하지만, 멋있는 제목을 쓰려고 하다가 오히려 채점자를 실망시킨다. 호기심을 주려고 자극적인 제목을 붙이기도 하지만, 그런 글은 그 가치가 금방 드러난다. 읽는 이를 잔꾀로 속이려 하지 말고 솔직해야 한다.

2. 글에 제목을 붙이라는 지시가 있으면, 글을 다 쓴 뒤 결론에 있는 주제를 압축하여 제목을 붙인다. 그렇지 않으면 각 단락의 소주제문을 연결하여 흐름을 잡고 말하고자 하는 것을 압축해도 좋다. 시험 문제에 '다음 지문을 읽은 뒤 제목을 붙이고 800자 이내의 ~'라고 되어 있다고 제목부터 생각할 것은 없다. 제목을 정하고 글감을 생각하면 글 제목에 묶여 글쓰기가 어려워진다.

3. 논술글에 제목을 붙일 때는 문학적으로 빗대어 붙이지 말아야 한다. 글의 내용과 성격이 드러나도록 중심 생각을 구체어로 표현하는 것이 좋다. 멋있는 제목보다 알기 쉬운 제목이 더 낫다. 논리를 담은 글은 주제를 제목으로 하는 것이 무난하나, 때로는 글의 방향이나 목적, 쓸거리(소재)와 관련이 있는 것으로 제목을 붙이기도 한다.

4. 자신이 정한 제목과 글 내용이 맞지 않을 때도 있다. 제목이 지나치

게 구체적이면 글의 내용 일부를 알려 주는 셈이 되어, 읽는 이의 호기심을 떨어뜨린다. 제목을 너무 넓게 잡으면 집중력이 떨어지고, 제목에 글의 일부만 담으면 제목과 내용이 따로 놀기 쉽다.

5. 일반적으로 '무엇의 무엇', '어떠한 무엇', '무엇의 어떠함' '무엇과 무엇의 어떠함', '무엇을 위한 무엇'처럼 붙인다. 제목의 끝을 체언 또는 용언의 명사형으로 만든다. 종결형 어미, 연결 어미로 끝낼 때도 있다. 되도록 간결하게 붙인다. 한 문장을 제목으로 붙이거나 길게 서술하기도 한다. 그래도 제목이 한 줄을 넘지 않아야 한다.

나쁜 예
　통일
　흡수 통일
　통일에 대하여
　우리 나라의 통일
　남북한과 통일
　남북간의 갈등을 조장하는 흡수 통일을 반대한다

좋은 예
　흡수 통일의 어려움
　흡수 통일은 양쪽을 모두 어렵게 한다
　평화 통일을 기대하며
　평화 통일을 위한 실천 방안
　평화 통일이 가능할까?
　바람직한 통일의 조건

16 갈고 다듬기(퇴고하기)

1. 잡지사에 보내는 원고라면 보내기 전에 문장을 다듬을 시간이 있다. 그러나 시험장에서는 그럴 여유가 없다. 다른 곳에 연습하고 깨끗하게 옮길 수 있으면 다행이다. 시간이 모자라 원고지에 직접 썼다면 그것으로 끝이다. 눈을 감고 손가락으로 머리의 혈맥을 눌러 가며 잠시 흥분을 가라앉힌다. 지난 세월을 돌이켜보아도 좋다. 글쓰는 지금 순간을 잠깐 잊어야 한다.

2. 마음이 가라앉았으면 문제를 읽는다. 그리고 담담하게, 앞에 놓인 자기 글을 남이 쓴 글이라고 생각하고 처음부터 끝까지 단숨에 읽어 본다. 읽으며 매끄럽지 않은 부분이 있거나, 틀린 글자가 있으면 고치지 말고 연필로 표시해 둔다. 다시 한 번 읽어도 표시해 놓은 부분이 마음에 걸리면 어떻게 바꿀 것인가 생각하여 연필로 고치고 처음부터 다시 읽어 본다. 연필로 고친 것이 괜찮으면 바닥에 썼던 것을 지우고 확실히 정서한다. 시간이 모자라서 꼼꼼히 읽을 만한 시간이 없다면, 각 단락에 있는 중심 생각만 연결해 봐도 좋다. 글 전체의 흐름이 자연스러우면 잘된 글이다.

3. 칸이 부족하거나 남게 될 것 같으면 자기가 쓴 원문을 그대로 두고 원고 교정법에 따라 줄을 긋거나 삽입하거나 교정 부호를 이용하여

고친다. 연필로 써서 지울 수 있어도 마찬가지다. 왜냐하면 글을 지워가며 고쳐서, 원고지 칸이 남거나 모자라면 단지 몇 칸 때문에 한 단락의 내용 전부를 하나하나 앞으로 당기거나 뒤로 밀어야 하는 '사건'이 생기기 때문이다. 시험장에 따라서는 볼펜이나 세라믹펜을 지급하여 지우지도 못한다.

4. 멋있게 고치지 말아야 한다. 겉만 멋있는 글은 오히려 진실성이 떨어질지 모른다. 어떤 수험생은 글의 흐름에서 '변화한다'로 써야 할 곳에 '변증법의 지배를 받는다'라고 써서 채점자를 놀라게 하였다고 한다. 과장하면 사실과 다르거나 거짓말이 된다. 자신이 없는 단어는 자기가 확실히 알고 있는 단어로 바꾸는 것이 좋다. 자기 생각을 전달하는 것이 글의 목적이다.

5. 크게 바꾸려고 해서는 안 된다. 크게 고쳐야 한다면 근본적으로 잘못된 글이다. 주어진 시간 안에 또다른 글을 다시 시작해야 한다면 스스로 실패를 인정하는 셈이다. 시험장의 퇴고는 '작은 부분을 다듬는 것'이다. 크게 고치고자 한다면 0점이 기다리고 있을 것이다.

6. 원고량이 약간 부족(10% 안쪽)하더라도 원래 구상하지 않았던 말을 끝에 덧붙이는 것보다는 그냥 두는 것이 차라리 낫다. 덧붙인 말 때문에 잘못하면 결론이 엉뚱해진다. 원고량이 많이 부족하면 채점하지 않으므로 그때는 원고 끝에 다른 말을 덧보태서 내야 한다. (덧보태는 요령은 3장 13절에 있다.)

7. 지시한 것보다 많이(10% 이상) 써도 감점한다. '많이 쓰는 것이 덜 쓰는 것보다 낫겠지.'라고 생각하기 쉬우나, 지시를 따르지 않은 것으로 똑같이 처리한다. 원고량이 많을 때는 자신의 원고를 그냥 놔

둔 채, 본론에서 예를 들거나 덧붙여 설명한 부분이 있으면 두 줄을 그어 지워야 한다.

8. 문장이 길어 의미 전달이 모호하거나 호흡이 길어지면 반점(,)을 이용하여 문장을 끊어 준다. 특히 문장을 연결할 때 쓰는 접속 부사어가 자연스러운지 점검한다. 접속 부사 하나에 문장의 의미가 이상해지고 단락의 내용도 달라진다. 주술 관계가 매끄러운지, 주체가 뚜렷한지도 살펴본다.

증보판을 내며 참고한 책

계몽사 편집부(1991), 『우리말 다듬기』, 계몽사

권영민(1997), 『우리 문장 강의』, 신구문화사

권오문(1997), 『이것만 알면 바른글이 보인다』, 백성

김화영(1994), 『논술의 일곱가지 열쇠』, 도서출판 창

미승우(1994), 『새 맞춤법과 교정의 실제』, 어문각

바른말 바른글 연구모임(1994), 『새 한글맞춤법 띄어쓰기와 교정의 실제』, 연
    암출판사

서재원(1995), 『바로 쓰는 우리말 아름다운 우리말』, 한길사

서정수(1995), 『글쓰기의 기본 이론과 서사문/기술문 쓰기』, 정음문화사

서정수(1995), 『논리적인 글쓰기-설명문과 논술문』, 정음문화사

이성구(1994), 『문장 바로 쓰기』, 동지

이수열(1993), 『우리말 우리글 바로 알고 바로 쓰기』, 지문사

이수열(1999), 『우리글 갈고 닦기』, 한겨레신문사

이승훈(1995), 『글을 어떻게 쓸 것인가』, 문학아카데미

이오덕(1992), 『우리글 바로 쓰기 1 · 2』, 한길사

이원행(1994), 『취재 보도의 실제』, 나남

이은정(1993), 『띄어쓰기 용례 및 해설』, 백산출판사

임성규(1998), 『글쓰기 전략과 실제』, 박이정

장재성(1995), 『문장표현사전』, 문장연구사

최길시(1998), 『외국인을 위한 한국어교육의 실제』, 태학사

최인호(1996), 『바른말글 사전』, 한겨레신문사

최재완(1997), 『좋은 문장과 나쁜 문장』, 범조사

타래연구실(1994), 『우리글 바로잡기 실무(1)』, 타래

편집부(1992), 『외래어 표기법 1·2』, 종로서적

한효석(1995), 『이렇게 해야 바로 쓴다 2』, 한겨레신문사

한효석(1998), 『너무나도 쉬운 논술』, 한겨레신문사

허병두(1995), 『글쓰기 열두 마당』, 고려원미디어

황영진(1997), 『자신만만 논술하며 수능하기』, 아티전

「모범답과 해설」

모범답과 해설

제1장 1절 홀로 쓸 수 없는 말

1. 제 딴에는 열심히 하는 것 같다. ➜ '딴'도 의존 명사이다.
2. 학생들은 좀더 본질적으로 보아야 한다.
3. 밤낮없이 일했다. 말 그대로 참된 삶이었다.
4. 이제는 더 힘껏 도와주어야 합니다.
5. 그 사람과 마찬가지로 이 사람도 뛰어난 점이 많았다.
6. 제 나름에는 사람이 할 나름이라고는 말하지만
7. 사업에 실패했다. <u>그 때문에</u>(빚 때문에, 그래서) 고통이 크다.
8. <u>그리고</u>(그럴 뿐만 아니라, 그뿐만 아니라, 그 일뿐만 아니라) 즐거운 일도 많았습니다.
9. 그 대신에 투명한 절차를 밟으려고 한다. ➜ '대신'은 명사이고 '대신하다'는 동사이다. 그러므로 이 말은 짝을 이루어야 할 목적어가 두 개 있어야 하며, 접속 부사어로 쓰일 수 없다. '일방적인 지시 대신에 투명한 절차를, 일을 못하는 대신에 투명한 절차를'과 같이 '대신에' 뒤에 있는 말과 짝이 될 말을 앞에다 써야 한다.
10. 아무도 도와주지 않았다. <u>그래서</u>(그 탓에, 네 탓에) 실패했다.
11. 생활을 좀더 규칙적이며 더욱 반복적으로
12. 사회가 좀더 도덕적인 방향으로
13. 국가를 더욱 발전한 나라로 만들려면
14. 아주 상업적인 문화를 일본에서 받아들이고 있다.
15. 문과생들이 더욱 뛰어난 사고를 한다고 단정할 수 없다.

16. 아주 신비로운 것을 감추고 있다.

17. 이 책은 일제가 저지른 아주 직접적인 가해 행위를 고발하는 책이다.

18. 다른 나라와 좀더 끈끈한 관계를 유지해야 한다.

19. 우리 회사는 아주 뛰어나고, 아주 값싼 제품을 만들고 있습니다.

20. 국가와 국민이 아주 밀접한 관계를 유지하자.

제1장 2절 │ 지시어 줄이기

1. 인간성을 무시하는 사회가 되었다.

2. 한국 기후가 남극보다 따뜻하다. 한국이 남극보다 (기후가) 따뜻하다.

3. 우리 역사책이 외국 역사책보다 딱딱하고 재미없다고 한다.

4. 한자가 섞인 「춘향전」을 읽으나 한글로 된 「춘향전」을 읽으나 효과는 같다.

5. 공조직이 움직이지 않는다. 대구, 경주, 영월에서 확인되었다. ➔ '그것이'를 생략해도 흐름으로 알 수 있다.

6. 우리가 할 수 있는 일은 바로 가까운 곳에 있다.

7. 조건에 알맞은 꿈을 세우고 그 꿈을 위해 꾸준히 노력했다.

8. 할아버지가 돌아가시고, 곧 할머니마저 돌아가셨다. 할아버지와 할머니가(두 분이) 결혼한 것이 50년이 넘었다.

9. 공간을 만들어 가는 과정은 신중해야 한다. 많은 시민들을 대상으로 할 때는 더욱더 신중해야 한다.

10. 어떤 일이든 확고한 신념을 가지고 살겠다는 정신이 있어야 한다.

11. 이상하다고 생각하였다. 내가 그런 생각을 갖게 된 까닭이 있다. ➔ 이 문장 뒤로 자기가 겪은 일을 정리하면 된다.

12. 우리 나라 학생회와 비슷한 러시아 학생회에선 자치 시작에 따른 기대를 찾아볼 수 없었다. ➔ 아무런 설명 없이 처음부터 '그것'이 나오면 내용을 알 수 없다.

13. 미국 실업자의 절반 가량은 실직 뒤 한 달 안에 새 직업을 찾는다. 그러나 유럽 실업자들은 단지 5%만이 새 직업을 찾을 뿐이다.

14. 대학은 사람을 뽑는 과정보다 뽑은 사람을 가르치는 과정에 진력하는 것으로 평가되어야 한다.

15. 과학 기술 발전에도 문제가 많다. 공업화에 따라 환경이 오염되기도 하고 과

학 기술을 고도로 이용하여 대량 살상 무기를 만들기도 한다. ➜ 서술성을 살려서.(2장 6절 '명사문 줄이기' 참조.)

16. 미국과 1년을 끈 무역 협상 줄다리기에서 '완봉승'을 거두었으며, 최고위층이 잇따라 방문 외교를 하였다. ➜ 서술성을 살려서.

17. 즐겨 찾는 전자 오락실에서도 우리는 즐거움을 모른다. ➜ 특정한 부분을 강조하려고 반복하였지만 군더더기다.

18. 처음에는 수원으로 가야 하나 공주로 가야 하나 망설였다. ➜ 글자 수가 같다.

19. 도시 교통 문제는 소통난, 승차난, 주차난처럼 세 가지 난으로 표현되고 있다.

20. 레제가 그린 그림에는 도시의 활력이 담겨 있다. 특히 '도시의 활력'은 레제의 〈도시〉란 작품에서 아주 쉽게 찾아볼 수 있다. 〈도시〉는 주로 원근법적인 표현 방식을 이용하여 그렸다. ➜ '이런 특징'에 해당되는 말을 앞에서 찾아서.

21. 서울은 원래 70~80만 명 정도가 거주하기에 적당한 공간이었다

22. 비오고 바람 부는 상황에서 일을 잘 마무리하기는 어려웠다. ➜ 읽는 이가 앞으로 가서 다시 확인해야 하는 번거로움을 덜어준다.

23. 이 다리를 놓는 데 도와주신 공로가 많아 이 감사패를 드립니다.

제1장 3절 말버릇을 글로 쓰지 않기

1. 그 사람에게 하라고 했지 너한테 하라고 했니?.

2. 사업이 잘 안 돼요. ➜ '안 되고…' 하다가 다음 말이 떠오르지 않아서, 그냥 말을 끝맺었다.

3. 이런 문장은 아예 안 쓰는 것이 좋다. 자기도 생각나지 않는 것을 듣는 이에게 생각하도록 강요하고 있다.

4. 느낀 대로 말하자면 그 사람이 인간적으로 나에게 너무한다.

5. 좋습니다. 목표를 달성하도록 힘쓰겠습니다.

6. 먹는 것보다(먹지 말고) 가져가는 것이 좋다고 학교에서 배웠습니다.

7. 떠나기 전에도 말조심하라고 황 대사에게 무척(많이) 타일렀는데 ➜ '그렇게'는 의미를 강조하는 부사어로 쓰였다. (예 엄마가 그렇게 당부를 했는데)

8. 그래도 아무튼 우리가 그런 처지에서 무엇인가(무언가) 할 수 있는 일도 많다.

9. 그래서 사람들은 많이 배워야 하며, 많이 겪어 봐야 한다. ➜ '마, 에또'는 일본 사람들이 자주 쓰는 군말이다.

10. 지난번보다 어쩌면 이번이 기회가 좋으니 마음을 고쳐먹는 것이 낫겠다.

11. 한반도라는 곳에 살면서 좌불안석이라는 말처럼 ➜ '란'은 '이라는'의 준말이다.

12. 나를 위해 사용되었든 남을 위해서든 상관없다.

13. 민주화가(는) 입만으로 되는 것은(이) 아니다. ➜ '란'은 본디 '~라고 하는 것은'이라는 뜻이다.

14. 이것도 계속 가입자가 증가해야 수지 타산이 맞는다. ➜ '먹어라'를 '먹고 떨어져라'로 쓰는 것도 같은 이치다.

15. 사람이 많이 오니까 아주 많이 없어진다. ➜ '거시기 뭐시냐'에서 다음 말을 생각하고 있다.

16. 열심히 해서 오늘 시합에 나가니 기분이 아주 좋다. ➜ '넘넘'은 유아어.

17. 새벽에 일어나기는 괴롭다. 더군다나 보람을 찾기가 쉽지 않다. ➜ '~지 않다'에서 그 사이에 일반적으로 아무 말도 넣지 않는다. 그러나 말에서 '-가'를 넣으면 의미가 강조된다.

18. 그러므로 이 부분을 다듬어 올려 주셨으면 좋겠습니다.

19. 바닷속이 참(더할 수 없이) 아름답다.

20. 자기 소임을 다해야(다한 뒤에야, 다해야만) 권리를 주장할 수 있다.

21. 야외로 나오니까 기분이 참 좋다.

22. 나를 보자마자 막 울었어(울더군, 울던데, 울더라).

23. 상을 받아 아주 기쁩니다. ➜ '너무'는 부정적인 상황에 붙이는 부사어. (예) 너무 슬퍼) '-같아요'는 짐작할 때 붙이는 서술어이다. 자기 생각이나 기분은 자신이 판단할 수 있으므로 이 말을 쓰면 안 된다.

24. 공부를 잘 해서 대학에 입학했고, 결국 좋은 직장에 들어갔습니다.

25. 산 너머 남촌에는 누가 살기에 ➜ '살길래, 살관대'는 비표준어이다. 이와 비슷한 것으로 '당신은 누구시길래(누구시관대) 함부로 들어옵니까?' 같은 것이 있다. '누구시기에'로 바꾸어야 한다.

26. 정신 사납게 날뛰지 말고 강가에는 아예 가지 마라.

27. 남북 적십자 회담이 재개되었다.

28. 그 영향이 다른 회사까지 확대되었다.

29. 결승전이 진행되고 있습니다.

30. 잠을 세 시간밖에 못 잤다.

31. 돈이 천 원밖에 안 남았다. (남은 돈이) 천 원뿐이다. 천 원밖에 없다.

32. 그 사람은 원래 변변치 못하였다. ➔ 본용언, 보조 용언 사이에 격조사를 넣지 못한다.
33. 아무래도 예사롭지 않아 마음을 놓지 못했다.
34. 아주 기분 좋아. 이러면 안 되는데.
35. 동수에게 빵과 과자를 주겠다.
36. 나는 대책이 거의 없었다.(종잡을 수 없었다, 요령부득이었다, 요령을 몰랐다 따위) ➔ '도대체' 뒤에는 의문형 어미를 붙인다.
37. 그렇게 할는지도 모른다. 그러나 하든지 말든지 나는 모른다. ➔ '-ㄹ런지, -던지, 몰른다'는 발음하기 편하니까 '말'로 그렇게 많이 쓴다. 시제를 넣어 보면 '먹었는지-먹는지-먹을는지(먹을지), 갔는지-가는지-갈는지(갈지)'처럼 바뀐다. '무엇이나 가리지 않는'으로 쓸 때는 '-든지'가 어미가 된다.
38. 공부하려면 똑바로 앉아라. 개똥도 약에 쓰려면 없다. ➔ '의도, 목적'을 나타내는 어미는 '-려면, -려고'이다. (예 공을 차려면, 부탁을 거절하려면, 꼭 그러려면, 집에 가려고, 바람따라 가려고)

제1장 4절 복수접미사 '-들' 바로 쓰기

1. 이웃 여러 나라를 위협했다.
2. 인간이 지닌 욕망이 큰 일을 그르친다.
3. 텔레비전에는 수많은 프로그램이 있다.
4. 많은 사건 속에 한 해가 저물어 간다.
5. 정치가의 여러 행위는 도덕적으로 검증된다.
6. 천재는 남보다 더 열심히 노력하는 사람이다. ➔ '을'도 빼고.(1장 8절 '을/를 바로 쓰기' 참조.)
7. 박쥐, 도롱뇽 따위가 우리 주변에서 점점 사라지고 있다. ➔ 여기에서 '등'은 복수 접미사가 아니라, '의존 명사'이다. 우리말로 바꾸었다.
8. 열심히 사는 것이 성공으로 가는 지름길이다.
9. 제품 속에 유해 물질이 쌓여 있다. ➔ 굳이 '제품들'이라고 쓴다면 서로 다른 제품 여러 개가 있다는 것을 뜻한다. (예 제품 속에 — 두부 속에, 제품들 속에 — 두부, 콩나물, 간장 속에)
10. 여자라는 이유만으로 태어나기도 전에 어린 생명을 살해한다.

11. 실업자의 절반쯤은 실직 뒤 한 달 안에 새 직업을 찾는다.
12. 지금도 신문의 상업적 기회주의는 여전하다.
13. 우리 신문에서 정치 보도의 판단 기준이 모호하다.
14. 사회 전체보다 개인에게 도움을 주는 정보를 제공하는
15. 나랏일은 첩첩이 쌓이는데 정치 상황은 더욱 나빠지고
16. 그 사람이 지은 시는 어떤 싸움의 기록이다. 그 사람은 그 싸움에서 생긴 상처로 만든 누더기 옷을 걸치고 있다.
17. 우리 사회 곳곳에 고여 있는 문제에 대해 다양한
18. 오늘날 이 (여러) 지역의 투표율이 승부를 가를 것으로 보인다. ➔ 관형사 '이'에 있는 '들'을 뺀다. 굳이 복수로 표현하고 싶으면 '여러 지역'으로 표현한다.
19. 이 부부는 남몰래 수많은 사람을 돕고 있었다. ➔ 혼자서 부부가 될 수 없다. '부부들'은 '여러 부부'를 의미하는 말이다.
20. 모두 그 사람을 바라보았다. ➔ '모두' 자체가 복수 개념을 담고 있다. '모두들'은 '모두'의 복수가 아니라, '사람들 모두'라는 뜻이 강하다.
21. 사람들이 지금 정말 행복할까? ➔ 의미가 겹치는 단어 '많은, 들'을 빼고.

제1장 5절　숫자 바로 쓰기

1. 다섯 살 먹은 어린아이가 한 달 동안 잡혀 있었다.
2. 2,500년 동안 침묵하며 살았다.
3. 1,500만 인구가 굶주림 속에
4. 소 30마리가 나흘이나 굶었다.
5. 예산 332억 34만 5,734원이 통과되었다.
6. 돈 겨우 얼마로 신발 열 켤레를 샀다.
7. 한 세대 네 사람을 기준으로 환산하면
8. 술 한 잔을 마시고 바가지 두 개를 차고
9. 쌀 한 되, 나무 두 그루, 비단 세 필
10. 고개 하나(한 고개)를 넘으면 또다른 고개가 있다.
11. 지난 6일로 출범 여섯 달(육개월)째인 정부가 성과를 강조한다.
12. 85년 44만 4천 톤에서 94년에는 138만 톤으로 증가하였다. ➔ '만' 단위로 바꾸어 주어야 이해하기 쉽다.

13. 수송비 7920, 포장비 2580이 들었다. (단위 1억) ➡ '만진법'에 따라 단위를
'만, 억, 조'로 끊을 것.
14. 영업용 승용차 1억 4362만 9천, 자가용 승용차 3억 1591만, 철도 5366만 1천,
항공 5만 8천. ➡ 비교할 대상의 격차가 커서 단위로 통일할 수 없으면, 본문
숫자 안에 한글을 섞어 표시하면 이해하기 쉽다.
15. 15~16세기에 들어 해외 무역이 활발해지면서 하루에 200~300개씩 들여 왔
다. ➡ 말을 그대로 숫자로 표기하면 원래 의도와 달라진다.
16. 인구 3500만이 넘어서면서 서로 다른 두 모습이(모습 두 개가) 나타났다.
17. 사람들이 거의 대부분 먹었다니, 도대체 빵을 모두 몇 개나 먹은 것이냐? ➡
'대부분의 사람들'은 영어식 표현. '대부분'을 부사로 하여 뒤에 있는 서술어
를 꾸며 주는 것이 옳다.
18. 비가 많이 오지 않고 다행히 조금 왔습니다.
19. 홍보 기간 약 2주를 거쳐(약 2주 동안 홍보하고), 문화 예술인 26명이 참여하였다.

제1장 6절 '의' 줄이기

1. 작가가 창작 활동할 수 있는 여건이 나빠졌다.
2. 학생들이 가치관을 형성할 때 학생이 겪는 이성 교제는 큰 영향을 준다.
3. 암기 위주로 공부하니까, 선의로 경쟁하자던 본래 의도에서 벗어난다.
4. 일부 청소년들은 학교에서 국영수 중심으로만 공부한다.
5. 광고에서 성을 상품화하는 것이 심각하다. 상대방이 놓인 상황을 고려하지 않
는다.
6. 그 사람은 나치가 저지른 학살과 관련이 없다.
7. 10년 뒤에 제약업계가 겪을 상황을 예측할 수 있다.
8. 공사를 잘 계획하고 잘 설계해야 한다.
9. 생활 수준이 향상되고 생활 양식이 변하여 주택 품질에 대해 관심이 높다.
10. 자기들 땅에서 돈을 벌어야 했으니, 약육강식하는 원리가 지배하고 있었다.
11. 유럽에 있는 대부분 나라는 여가 선용이 활발한 편이다. ➡ '대부분의 나라'는
영어식 표현.
12. 경쟁력을 확보하여 비료를 싸고 안정되게 공급해야 합니다. ➡ '싼값의 비료'
는 영어식 표현.

13. 교사가 학생을 체벌하는 사건이 몇 차례 있었다.

14. 내 실망스런 행동이 더 이상 남 일이 아니다.

15. 앞으로는 기업과 현장에서 일어나는 문제를 정확히 알아야 한다.

16. 일제가 통치하여 일본인 이름으로 된 토지가 많았다.

17. 정치판이 예측할 수 없는 혼전 양상을 보이고 있다.

18. 반성하고 비판하는 목소리를 높여야 한다.

19. 효과적으로 읽는 방법을 익혀야 한다.

20. 우리 형편에 외환을 완전히 자유화하(자)는 것은 아주 위험한 생각이다.

21. 새 정부가 들어서면서 재야가 벌인 논의는 '이쪽이냐, 저쪽이냐'라는 차원을
넘었다.

22. 새로운 운동 방향을 모색하는 근본적 결단이라는 차원으로 바뀌었다.

23. 결단하는 시간을 마련하여, 학생들이 마음 다짐을 발표할 수 있었다. ➔ '시간
을 갖다'는 영어 직역체. 관형절을 없앤 것은 2장 16절 '관형절 줄이기' 참조
할 것.

24. 각종 민원을 해소하고 주민 처우를 향상하는 일환으로

25. 경비원들이 심신을 단련하는 곳으로 발전하기를 바랍니다. ➔ '-의 장'은 일
본말 표현법.

26. 직업 훈련 교사가 가르치는 것을 하나도 놓치지 않겠다.

27. 이웃이 겪는 어려움을 내 일로 알고 서로 지닌 고통을 나누는

28. 감사하는 자리를 마련하였으니, 이곳이 토론하는 곳으로 발전했으면 좋겠다.

제1장 7절 조사(토씨) 바로 쓰기

1. 너 때문에(너부터) 문제가 생겼다. ➔ 원인

2. 거머리 침샘에서 항생제를 뽑아낸다. ➔ 처소

3. 내가 모든 국민에게 사랑을 받으려면 ➔ '모두'는 부사어. 출발점 조사 '에게'
를 붙여서. '모든 국민이 나를 사랑하게 하려면'처럼 능동형으로 바꿀 수 있다.

4. 그때부터 우리의 고생이 계속되었다.

5. 부모한테 많은 재산을 물려받았다. 부모가 많은 재산을 물려주었다.

6. 인류를 파멸할 수 있는 위협도 크다. ➔ '또한'은 문장과 문장을 연결하는 부사
임. 조사가 아님.

7. 당신을 사랑하는 사람이. ➡ 주격으로.
8. 디디아르를 통해 청소년한테 독특한 문화를 찾아볼 수 있다. ➡ '외래어 표기법'에 따라 R은 '아르'로, L은 '엘'로 적어야 한다. 그러므로 '를'을 붙여야 옳다.
9. 밤길의 공포에서 벗어나려 한다.
10. 학생들한테도 배워가며 가르친 것이다.
11. 기초 교육이 끝나면 다음으로 고급 과정을 배워야 합니다.
12. 신세대에게 새로운 가치관을 제시하고➡ '에'는 처소, '에게'는 행위의 귀착점.
13. 학생들이 물에 익숙하도록 하였다.
14. 이 물건을 저것과 비교할 수 없다. ➡ 비교 부사격 조사로.
15. 이 세균 때문에 병에 걸린다.
16. 기계는 많은 먼지로 덮여 있었다. ➡ 원인
17. 돈으로 가득 찬 금고가 없어졌다.
18. 끝내 국민이 등을 돌려 그 사람이 물러서고 말았다. ➡ 단체 뒤에만 '에서'라는 주격 조사를 붙인다. (예) 학교에서 부모님을 오라고 하십니다.)
19. 바라건대 청소년에게 인기가 있어야 한다. ➡ 부사에 붙은 '는'을 빼고.
20. 그런 사람들은 고등 정신 능력이 없다.
21. 여당이(여당은) 지금까지 아무런 언급이 없었다. ➡ '(으)로서'는 자격을 가질 때.
22. 학생에게는 심각한 문제가 아닐 수 없다.
23. 오늘날 우리가 모두 서로 힘을 모아야 한다.➡ 부사어 '모두, 서로'에 있던 격조사를 떼어내고.
24. 우리가 술에 많이 취해서 넘어졌다. ➡ '원인'
25. 우리가 스스로 서로 위하고 (서로) 도와야 합니다. ➡ 부사어 '스스로, 서로'에 격조사를 붙이지 말 것.
26. 학생들이 생활을 서로 존중해야 한다. ➡ 부사어 '서로'를 피수식어 앞에.
27. 어떤 일을 할 때 서로 자기 이익만 챙기기 쉽다.
28. 정부는 러시아가 넘겨 준 한국 전쟁 관련 자료를 공개하였다. ➡ 피동을 능동으로 바꾸어.
29. 더욱 사랑 받으려고 맛과 모양이 아주 좋아졌습니다.
30. 각자의 개성과 다양성이(도) 중시되고 있다.
31. 필요한 정보를 찾아내는 일도 필수적이다.
32. 책은 부피와 무게라는 한계에서 벗어나기 힘들다.

33. 기재 사항을 정정하거나 취급자 도장이 없으면 무효입니다. ➜ '과' 앞에 있는 '기재 사항의 정정'이 구이고, 뒤에 있는 '취급자 도장이 없다'가 절(문장)로서 대등한 성분으로 연결되지 않았다.

34. 자연 과학의 한계를 지적하고 그 방향을 제시하였다.

35. 기술 발전에 대해 경고를 하며 사람들에게 경각심을 불러일으킬 수 있다. ➜ '경고, 사람들'을 같이 묶을 수 없다.

36. 해결책은 노동 생산성 제고를 위한 노사 관계의 개혁과 임금 안정에서 찾아야 한다. ➜ '과'는 '임금 안정, 노사 관계의 개혁'을 연결해야 옳다. 그 말 사이에 다른 말이 많이 들어가는 바람에 '과'가 어떤 것들을 연결하는지 모호해졌다. 이 말을 꼭 다 써야 한다면 '임금 안정'을 뒤로 보내면 된다.

37. 자기만 잘 살면 된다고 생각하는 사람과 자기가 무조건 옳다고 생각하는 사람들에게 창조성이 필요하다. ➜ '과'로 '생각, 사람들'을 같이 묶을 수 없다. 앞뒤 성분을 맞추어 주어야 한다.

38. 사회 간접 자본이 양적으로 부족하여 지속적으로 확충하고 있으나 우리 경제의 애로 요인이 되고 있다. ➜ '와'를 넣어 문장을 간단히 한다는 것이 지나쳐 문장 성분을 너무 무리하게 생략하였다.

39. 상대적으로 낙후한 지방에는 기반 시설에 투자하고 투자 기회를 증가하기도 하여 ➜ '와'로 압축한 문장을 풀어서.

40. 창조를 하려면 소양을 쌓아야 하며, 그것을 바탕으로 창조 활동을 열심히 해야 한다. ➜ 문장이 길어지면서 앞 성분과 짝을 못 맞추고 '와' 뒤에 가서 잊어버렸다.

제1장 8절 '을/를' 바로 쓰기

1. 길을 마구 건너지 마시오. 차조심해라. ➜ 우리말답게 풀어서.

2. 몸이 좋지 못하다. 약을 이틀 동안 먹었다. ➜ 본용언과 보조 용언 사이에 격조사를 넣지 말아야 한다. 말로 할 때 '-가, -를' 따위를 넣고 그 단어를 강조한다.

3. 영희가 예쁘지 않다. 나는 노래를 듣고 싶다.

4. 그가 나에게 더 좋은 것을 주었다.

5. 현관에서 접수하고 있습니다.

6. 학교에 가기 싫다. 우리는 피곤하게 생활하고 있다.

7. 그때 모습을 그대로 보여 주고 있습니다. ➜ '그대로'는 부사.

8. 승차를 거부하지 맙시다.

9. 음성이 곱지 않다. 꽃이 아름답지 않다.

10. 30분 걸리는 거리를 두고 집에 늦게 가다가

11. 두 시간 동안 잤다. 나는 (잠을) 더 자고 싶다.

12. 쓰다 달단 말도 없이 기차에서 내렸다. ➜ 기차를 들어올려야 기차를 내릴 수 있다.

13. 예술 작품에 농산물처럼 서슴지 않고 등급을 매긴다.

14. 이런 용어가 어떻게 쓰이게 되었는지 알 수 없었다.

15. 현 사옥으로 이사하면서 가동하기 시작했다. ➜ '이사하다'가 옳다.

16. 여자는 주당 평균 18시간 동안 시청하는데 이 시간의 64%를 연속극 보는 데 쓴다. ➜ '시간을'이 '시청하다, 보다'의 목적어가 될 수 없다.

17. 가장 큰 고민은 한 달 과외비가 20만 원이 넘는다는 것이다.

18. 해당 지역 주민 의견을 무시한 일로써 비난받아 마땅하다. ➜ 앞에 있는 '을'을 바꾸면 안 된다.

19. 제대로 토스하지 못해 다른 선수와 터치한 뒤 코트 밖으로 나갔다.

20. 활짝 핀 장미로 집 내부를 장식해 놓았다.

21. 그 사람은 자기를 일컬어(스스로 자기를) 군자라 하였다. ➜ 부사어에 붙은 격조사를 떼고.

22. 곧이 들으려 하지 않는다.

23. 서명 운동을 전개하고 있다.

24. 빨리 달리지 못한다. 많이 먹지 못한다. ➜ 부사에 '을/를'을 붙이지 말 것. 본용언과 보조 용언 사이에 '을/를'을 넣지 말 것.

25. 가지 마오. 나를 두고 가지 마오.

26. 점심상에서 물러나 앉았다.

27. 나비가 밭 위에서 작은 날개를 펄럭였다.

28. 크게 성공한 이들을 부러워하였다. ➜ '성공을 이루다'는 영어식 표현.

제1장 9절 외래어 적기

1. 슈퍼마켓에 가서 컬러 텔레비전을 봤다.

2. 네트워크를 확충하여 비스킷, 디디아르를 보급했다. ➔ L은 '엘'로 적어야 하며, R은 '아르'로 적어야 한다.
3. 우리 생활 속에 음향 기기(전축)와 콤팩트디스크가 많이 퍼졌다. ➔ 외국어를 우리말로 바꾼 것이 있으면 바꾼 말로 쓰되, 없으면 '외래어 표기법'에 따라 한글로 써야 한다.
4. 19세기부터 20세기까지 우리 나라 1인당 에너지 소비 증가율이 높다.
5. 텔레비전 프로그램에서 중국인 쑨원과 장제스를 소개하였다. ➔ '프로'라고 줄여 쓰는 것은 일본식이다.
6. 커피숍에서 엔지오(비정부 기구) 연대에 대해 워크숍(연구 발표회)을 열었다.
7. 캐비닛이 고장나서 서비스 센터에 보냈다.
8. 그 사람은 패션에 대한 감각이 있다. 항상 단순한 디자인을 좋아하지만, 가끔 화려한 색을 이용하여 강조하기도 한다. ➔ 외래어 표기법대로 하면 '센스, 컬러, 악센트'가 옳은 말이다.
9. 1갤런으로 30마일쯤 간다고 스티커에 인쇄했다.
10. 인터체인지 주변에서 컨테이너 차가 사고를 냈다.
11. 사이버(가상 현실) 시대에는 엔세대가 주인공이다.

제1장 11절 보조사 붙이기

1. 청소년들이 질서를 꼭 지켜야 했다. ➔ 감정을 절제하여.
2. 후진국은 경제적으로 어려우며 인권에서 소외되고 있다. ➔ 격조사만 남기고.
3. 성실해야 칭찬 받는다는 것을 청소년들이 알아야 한다. ➔ 약하게 누그려뜨려서.
4. 그렇게 하면 안 된다는 것을 재벌이 깨달아야 한다.
5. 비평가는 현대 사회를 약육강식 사회라고 혹평하였다.
6. 영희가 나를 도와주지 않고 방해한다. ➔ '오히려'에도 마음속으로 정한 기준이 담겨 있다.
7. 엔세대는 새로운 사회에 적응할 사람들이다.
8. 학교에서 그런 단어를 쓰면 안 된다. ➔ 학교말고는 다른 데에서 써도 될 것처럼 이야기했다.
9. 그 동작을 익히면 누구나 새로운 힘이 솟을 것이다. ➔ '꼭, 반드시'라는 기분을

죽여서.

제1장 12절 보조 용언 붙이기

1. 그 동안 남성 중심으로 살아 왔다. ➔ 마지못해 시인하는 말투를 확실하게.
2. 여성들도 많이 배우면 그 일을 할 수 있다. ➔ 은혜를 베풀어 여성들에게 배울 기회를 준 것처럼 언급하였음.
3. 신념을 잃은 사람이 불쌍한 사람이다. ➔ 안타까움을 담았다.
4. 실수로 잘못을 저지른 사람들에게 기회를 계속 줄 수 없다. ➔ 잘못을 '어쩔 수 없이' 저지른 사람들에게 나는 계속 '기회를 준' 사람이라는 뜻이다.
5. 여러 가지를 알수록 우리 사회에 활기가 넘친다는 것을 깨달을 것이다. ➔ '한 번 알아보아라. 내 말이 틀리지 않을 테니…'와 같은 뜻을 담았다.
6. 사건이 일어날 때마다 잘 준비해야 무슨 일이든 처리할 수 있다.
7. 떠드는 사람을 혼내니까 분위기가 썰렁해졌다. ➔ '너무 단호했나? 좀 미안한 데…'라는 의미를 담았다.

제1장 13절 존칭 쓰지 않기

1. 교사들이 학생에게 충고한 것이 대개 옳았다.
2. 프랑스 어느 여배우가 우리 나라 대통령에게 편지를 보냈다.
3. 그 사람이 나라를 위해 일하다가 죽은 것이 1977년이었다.
4. 철도에 근무하는 사람들이 고생이 많다는 것을 알고 있다.
5. 기성 세대부터 반성해야 한다.
6. 그런 사실을 안다면 놀랄 것이다.
7. 김 교수가 밝힌 대로 하면 된다.
8. 장관이 이미 여러 번 지적했다.
9. 부모는 자식을 위해 헌신적으로 일하고 있다.
10. 돈이 한푼도 없어서 난감해 하였다.
11. 문학의 순수성에 대해서 예전부터 많은 논란이 있었다.
12. 글이란 사회를 비판하는 정신을 잃지 말아야 한다. ➔ '나는 ~ 생각합니다.'

368

라는 말은 군더더기이다. 이 말을 안 붙여도 이 문장이 쓰는 이의 생각을 담은 것이다.

13. 학생을 체벌하여 말썽이 되자 어느 여교사가 괴로워하다가 스스로 목숨을 끊었다.

제1장 14절 객관적인 단어로 바꾸기

1. 의학계에서도 쳐다보지 않는다.
2. 정치인들이 ➡ '-를 한다는 사람/-이라는 사람'이라는 말은 '자격'을 부여하기 때문에 자격에 미치지 못하다는 뜻을 담고 있다. (예) 장사를 한다는 사람이/선생이라는 사람이)
3. 그런 사람과 사귀지 말아야 한다. ➡ '상종'은 서로 친하게 지내는 것을 말함. (예) 유유상종)
4. 그 사람을 믿을 수가 없어서 ➡ 듣는 이가 알고 있는 것을 전제로, 모르면 안 되는 것처럼 듣는 이에게 강요하였다.
5. 정부는 세계화라고 하지만(하나)
6. 골 결정력이 없는 것이 큰 문제다. 골 결정력이 없어 큰일이다.
7. 통일에 상관없이 나 혼자만 잘 살면 된다.
8. 10만 원을 쓰고 세 번 만났다.
9. 사건이 끔찍했다.
10. 경우(옳고 그름)도 모르는 사람이 그런 행동을 하니 힘들게 산다.(사정이 잘 풀리지 않는다. 형편이 나아지지 않는다. 어렵게 산다.)
11. 강대국에 기대어 외교하는 것을 이해할 수 없다. 강대국에 기대어 외교하지 않았으면 좋겠다. ➡ '매달려'를 '기대어'로 바꾸어.
12. 약소국이 강대국에 맞서는 것을 상식적으로 받아들이기 어렵다. ➡ '일개'에는 '아주 작고 적다'는 선입관이 담겨 있다.
13. 가치 없는 삶에 매달려 돈 때문에 살인을 하였다.(사람을 죽였다.)
14. 이 더운 여름에 금장식이 달린 정장을 하고 다니다니 이해할 수 없다.
15. 우리 사회가 영어를 배우자는 분위기를 타고 조기 교육이라며(일찍 가르쳐 보겠다며) 한 살짜리 아기에게 영어 공부를 시키고 있다. ➡ '꼬부랑, -랍시고'에는 대상을 나쁘게 보는 마음이 담겨 있다.

16. 지도자들이 함부로 행동하여서는 안 된다.

17. 그 사람들은 전임자에 대해 <u>거의 매일 비난하였다.</u>(거세게 비난하였다) ➡ '감히'를 붙인 것은 '마음에 있는 어떤 기준'을 넘었기 때문이다. '-처럼, -같이'는 시간과 관계 있는 말에 붙여 의미를 강조할 때 쓰이기도 한다. (⑩ 새벽처럼 달려와 벼락같이 해치웠다.)

제1장 15절 시제를 편하게 쓰기

1. 자동차 속도가 많이 떨어졌습니다. ➡ 과거로도 '진행'을 나타낼 수 있다.

2. 가장 큰 문제는 신뢰를 잃은 것이었다. ➡ 절대 시제만 확실하면 상대 시제는 저절로 결정된다.

3. 울창한 산에서 나무가 뽑히고 있다. → 울창한 산에서 나무를 뽑고 있다. ➡ '~어 가다, ~고 있다'에서 '진행'이 겹침. 피동을 능동으로 바꾸었다.

4. 여러 면에서 문제점이 자주 제기되었다. ➡ 의미를 강조하려고 주로 말에서 '었'을 두 번 겹쳐 쓴다.(1장 16절 참조하시오.)

5. 협상단이 평양을 떠나고 있다. ➡ '~고 있다'와 '~는 중이다'라는 현재 진행이 겹쳤다.

6. 빠짐없이 참석하시기 바랍니다. 빠짐없이 참석하십시오. ➡ '겠'은 시제와 관련이 없다. 1인칭이 지닌 '의지'를 뜻하는데 '바라다'와 의미가 겹친다.

7. 결과가 좋았으면 좋겠습니다. 그 일이 잘되었으면 좋겠습니다.

8. 우리 생각과 상관없지 않았다. → 우리 생각과 상관이 있었다.

9. 국영 기업과 세제에 대한 개혁을 <u>추진하고 있다.</u>(추진 중이다.)

10. 북부역 사거리까지 차가 밀립니다. 도로가 정체되고 있습니다. ➡ 현재로 표시해도 동작이 지속되고 있다는 것을 뜻한다.

11. 사람들이 그 사람을 보고 모두 '산 부처'라고 불렀다. ➡ 현재 시제로도 '현재까지 이어지는 습관이나 속성'을 표현할 수 있다.

12. 지금 중국은 경제 성장에 필요한 개방 정책을 지속적으로 추진하려고 계획하고 있다. ➡ '계획으로 있다'는 우리말답지 않다. 영어식 물주 구문이다.

13. 지난 겨울에 있었던 일이다. 라디오에서 '자기 상품화'라는 낱말을 들었다. 나는 그 말에 솔깃했다. ➡ '지난 겨울'이라는 말이 있어, 절대 시제를 현재 시제로 표현해도 헷갈리지 않는다.

14. 우리말은 높임법이 발달하여 높임말이 나오면 긴장하게 된다. ➜ 우리말에는 '-어 있다' 같은 현재 진행 형태가 없다.
15. 같은 시간에 차가 몰리기 때문에 도로가 자주 막힌다.

제1장 17절 이름/용어 줄여 쓰기

1. EU
2. IT
3. M&A
4. NPT
5. 교개위
6. PKO
7. 밴, 또는 VAN
8. NTC
9. VDT 증후
10. OA
11. CD
12. 유엔 안보리(UN 안보리)
13. 님비(NIMBY, 지역 이기주의)
14. 남아공, 아파르트헤이트
15. 신세대, X세대, N세대
16. 에이즈(AIDS)
17. CM
18. WTO, 가트(GATT)
19. 수능 시험
20. CP
21. MVP
22. CEO
23. G8
24. BSI
25. TFT-LCD

26. 레임덕 현상 ➔ 정치학 서적에 나와 있으나 보편적인 단어는 아니다. '다리를
절뚝거리는 오리'라는 뜻이다. 이 문장 뒤로는 '레임덕 현상'이라고 해도 된
다.
27. MS
28. 『채근담』에서 "어버이가 자식을 사랑하고 자식이 부모에게 효도하는 것은 마
땅히 그래야 하는 것이다(父慈子孝 是合當如此)."라고 했다.

제1장 18절 어휘, 용어를 정확히 쓰기

1. 뇌물('돈봉투', '촌지', '검은돈', 이른바 돈봉투)을 건네는 사람을 벌주어야 한다. ➔
'돈봉투'는 사전적으로 '돈을 담는 봉투'라는 뜻이지만 이 문장에서는 사전적 의
미로 쓰지 않았다. 일반적으로 '촌지, 검은 돈'이라고도 하는데, '돈봉투'라는 단
어 양쪽에 작은따옴표를 하면 '이른바'라는 뜻을 담을 수 있다.
2. 수익금 7만 원을 동사무소에 보내 불우 이웃을 돕도록 하였다. ➔ '납부'는 세
금 따위를 낼 때 쓰임.
3. 우리 나라에 오신 손님을 잘 대접합시다. ➔ '저희'는 '우리'를 겸손하게 일컫
은 말이다. 그러나 남들에게 '나라'를 낮출 필요는 없다.
4. 영화가 며칠 전 개봉되었다. 극장에 새 프로그램이 며칠 전 개봉되었다. 극장
(영화관)을 며칠 전 개관하였다.
5. 아무도 이 일을 해내지 못한다. ➔ '누구'는 의문문의 주어나 관형어로 쓰인다.
(예) 그 누가 이 일을 해낼 수 있을까?)
6. 맨발로 뛰었다. 양말(신발)을 벗고 뛰었다. ➔ 이와 비슷한 것으로 '종아리를 걷
어라, 옷을 털어라, 머리를 자르다'가 있다. 이 문장은 '(종아리가 보이게) 바지를
걷어라, (옷에 묻은) 먼지를 털어라, 머리를 깎다'로 바꾸어야 한다.
7. 우리 학교는 자율 학습 지도가 철저하다. ➔ '자율'과 '감독'이 대립함.
8. 남북 핵(무기 개발 금지) 협상이 드디어 타결되었다. ➔ 구체적으로 범위를 좁혀
서.
9. 배가 아파 지사제(설사를 그치게 하는 약)를 먹었더니 설사가 멈추었다.
10. 이번 달에 전기 요금, 수도 요금이 많이 나왔다. ➔ 사회적으로 약속한 말.
11. 얼마든지 먹어도 좋다고 생각하며 음식을 권했다. "얼마든지 먹어도 좋다."라
고 생각하며 음식을 권했다. ➔ 우리말에서 직접 인용하여 따옴표로 묶을 때

는 '-라고'를 쓰며, 따옴표 없이 간접으로 인용할 때는 '-고'를 쓴다.

12. 조선 말엽 명성황후가 국정에 참여하였다. 그래서 일본은 경술국치 이후…… ➜ 약속한 학술어로 통일하여.

13. 정부는 일본 문화를 받아들이기로(수용하기로) 하였다. 정부는 우리 문화 시장을 일본에 개방하기로 하였다. ➜ 주체의 혼란. 일본이 자기 문호를 '개방'하면 우리는 '수용'하는 것이다. 일본이 결정할 문호를 우리가 판단하지 못한다.

14. 버스에 탄다. 버스 안쪽으로 들어간다. ➜ 언어 관례.

15. 후문을 이용하는(후문으로 다니는) 사람들이 많다. ➜ '도구'는 사용, '시설'은 이용.

16. 사람이 칠칠하지 않아서(못해서) 품행이 방정맞다. ➜ 긍정적인 뜻으로는 '칠칠하다, 방정하다'로 씀. (예) 사람이 칠칠하고 품행이 방정하다.)

17. 후보자는 자기를 찍어 달라고, 국회에 보내 달라고 호소했다. ➜ 요청할 때. (예) 나에게 다오. 많이 달라.)

18. 환경 미화원이 출입문을 닫았다.(출입구를 막았다.) ➜ '문'은 닫고, '입구'는 막고. '불자동차 아저씨, 쓰레기 아저씨' 따위는 어린애가 쓰는 말임.

19. 신흥 종교가 계속 번성하는 편이다. ➜ 안 쓰는 용어는 삼가고.

20. 홍수, 가뭄 같은 자연 재해와 전쟁 같은 인위적(인적) 재해 사이에서 ➜ 불분명한 용어.

21. 지금부터 운동장 열바퀴를 돌아라.(돈다, 도십시오) ➜ 군대에서 쓰던 말버릇인데, 지금은 일반 사회에도 많이 퍼졌다. 즉, '책을 읽겠습니다.'라고 하면 될 것을 '책을 읽어보도록 하겠습니다.'로 표현하고 있다. 원래 '-도록'은 '-때까지'라는 뜻으로(예) 죽도록 사랑한다.), '-게 하려고'라는 뜻으로(예) 건강해지도록 열심히 운동한다.), '-ㄹ 수 있게'의 뜻으로(예) 내일 같이 가도록 준비하시오.) 쓰이는 말이다.

22. 미국도 패트리어트 미사일의 뒤떨어진 성능을 개량(개선, 보완)하려고 ➜ '개발'은 '새로운 것을' 만들 때.

23. 지하수는 땅 속 깊은 곳으로 구멍을 뚫고(관을 박아) ➜ '파다, 뚫다'를 구별.

24. 전문가의 조언을 듣고(전문가에게 여쭤 보고) 고쳐 나가겠습니다. ➜ '자문'은 윗사람이 아랫사람에게 묻는 행위이다.

25. 초저녁에 제등 행사가 있을 것(예정)이다. ➜ '행렬(줄)'이 행동의 주체가 되어 출발할 수 없다.

26. 옷도 깔끔하게 차려 입었다. 복장도 깔끔하였다. ➜ '복장'은 '옷차림'이라는

뜻.

27. 지금 우리 나라는 한글만 쓰기가 거의(100% 가까이) 정착되었다. ➤ '거의'와 '100%'가 서로 맞섬.

28. (일반인이) 철도 선로 내를 출입하면 철도법에 따라 벌받습니다. ➤ '누구든지'를 빼야 한다. '누구든지'라면 철도를 보수하는 사람이 정상적으로 업무를 볼 때도 벌주어야 한다.

29. 누가 이 사람을 아세요(아십니까)? ➤ '알고 있다, 알지도 모른다'는 것을 전제로 물어야 한다.

30. 나는 어렸을 때 아주 좋은 책상을 갖고 싶었다. ➤ 과거에 있었던 사실이다. 지금과는 상관이 없으므로 '지속'을 담을 필요가 없다. 희망을 뜻하는 형용사 '-고 싶다'가 어울린다.

31. 네가 잘 모르는구나. 내가 가르쳐 줄게. ➤ '배우다'의 주체는 상대방이다. '내가 상대방에게 혜택을 베풀다'라는 뜻을 가진 보조 용언 '-어 주다'를 붙일 수 없다. '배워 줄게'라는 말에는 두 주체의 의지가 섞였다.

32. 우리를 도와주셔서 (정말) 고맙습니다. ➤ '-하고 싶다'는 미래에 대한 희망을 표현하는 말이다. 그러므로 이 말은 지금은 아직 고맙지 않으니, 고마울 날이 왔으면 좋겠다는 뜻이 되었다.

33. 그 사람은 지금 술을 마시려고 한다. ➤ '지금'과 '싶어한다(지속)'의 시제가 맞지 않는다.

제1장 19절 쉬운 말로 쓰기

1. 북한의 다른 지역도 비슷할 것이다.
2. 그런 일이 자주 벌어진다.
3. 우리는 그 소식을 듣고 깜짝 놀랐다.
4. 통신망이 거미줄같이 깔린 시대가 왔다.
5. 쓸모없는 나무로 국토를 뒤덮었다.
6. 일본은 북쪽 섬 4개를 돌려 받으려고 협상에 들어갔다. ➤ '북쪽 4개(의) 섬'으로 고치면 안 된다. 그것은 영어식 표현법이다.
7. 정부는 보리 300만 섬을 사들이기로 결정하였다.
8. 핵무기는 엄청난(두려워할 만한, 무서운) 파괴력을 지녔다.

9. <u>말썽을 일으킨</u>(잘못을 저지른) 사람은 퇴학시킨다.

10. 값은 500원<u>에서</u>(부터) 600원 사이에서 싸게 결정할 것입니다.

11. 그 사람은 절벽을 잘 탄다. ➡ '여반장'은 '손바닥을 뒤집는 것처럼'이라는 뜻으로, 일을 아주 쉽게 처리할 때 쓰는 말이다.

12. 그것 때문에 진실이 <u>환히</u>(확실히, 빤히) 드러날 것이다.

13. 오래 살려면 잠을 많이 자야 한다.

14. 이대로 그냥 넘어가며 받아들이겠다.

15. 일본에 사과를 처음으로 수출하게 되었다. ➡ '처녀'에도 '처음으로'라는 뜻이 있지만, '일제의 정신대 만행'이 떠올라서 끔찍한 생각이 든다.

16. 중국은 현재 농촌 인구가 8억 5천만 명<u>이다.</u>(명쯤 된다.) ➡ '많다'는 뜻을 넣으려면 '8억 5천만 명이나 된다.'로 바꾸자.

17. <u>곧바로</u>(까놓고) 말하면 수입하는 사람이 커다란 손해를 보아야 한다.

18. 우리는 텔레비전을 보면서 매일 많은 사람을 만난다.

19. 일상 생활에서 프레온 가스를 많이 쓰며 살고 있다.

20. 위기를 만나 어려움에 부닥친 사람일수록 온 힘을 다해 참고 견뎌야 한다.

21. 일부에서 <u>개방화나 세계화</u>(개방하자든가 세계 속에 자리잡자)를 부르짖는 속셈이 <u>이상하다.</u>(의심스럽다.)

22. 경찰관을 위협하거나 경찰관에게 해를 끼쳐서는 안 된다.

23. 시간을 내주십시오.

24. 함부로 외출하는 것을 강력히 단속합니다. ➡ 또는 '함부로 외출하지 마십시오.'로.

25. 받는 사람이 도장을 찍어야 하니, 도장을 꼭 가지고 오십시오.

26. 시중에 설탕이 모자랐으나, 들여오는 양이 많아지면 곧 해결될 것이다.

27. 이 어려움을 헤쳐 나갈 수 있도록 <u>힘껏 노력합시다.</u>(최선을 다합시다.)

28. 그 단체를 무너뜨리겠다고 하여, 우리는 열심히 지켜보고 있다.

29. 호랑이가 있다는 것을 느낀 짐승들이 몸부림을 쳤다.

30. 김 대표가 총재직을 안 맡는다고 하면서, 총재를 누가 맡을지 알 수 없었다.

31. 과학자의 연구는 윤리에 어긋나지 않아야 한다. 과학자는 윤리에 어긋난 것을 연구해서는 안 된다.

32. <u>새벽에</u>(아침 일찍) 모여 떠나려고 온 힘을 기울였다.

33. 이번 통일 방안은 이념을 포기해야 통일할 수 있다는 것을 밝힌 셈이다.

제1장 20절 띄어쓰기 규정

1. 즉/김/박사는/그/사람들의/행동이/1년/내내/거의/맹목적이라는/것이다./다마
고치가/유행했을/때/그/사람들은/어린아이/및/노인들이/아무나/그것을/가지
고/다니는/것을/당연하게/여겼다.

2. 컴퓨터야말로/없으면/시대에/뒤떨어진다고/생각한/것은/물론이고,/다른/사람
은/다/갖고/있는데/혼자만/갖고/있지/않다는/것을/이상하다고/생각했기/때문
이다.

3. 어쩌니저쩌니/떠들면서도/수/킬로미터/떨어진/거리를/마다하지/않고/갔다./
그리고/거기에/도착한/지/사흘/만에/잘/있다고/연락을/하였다./그것도/전화
가/있었기에망정이지/그렇지/않았으면/망신당할/뻔하였다.

4. 어제같이/한줄기/비가/쏟아지면/그만큼/날이/시원할/텐데/라디오에서는/시원
한/소식을/들려주기는커녕/열시/삼십분쯤에/고장이/나버렸다.

5. 조금더/빨리/이만/사천/원에라도/살/수/있었으면/좋겠다./그러나/이곳/저곳
을/모두/뒤져도/찾지/못해/헛수고를/했을/뿐이었다./하다/못/해/그것과/비슷
한/것도/없는/것/같았다.

6. 16세기/초/우리/나라에/맨/처음/온/사람들은/이렇게/순박한/사람이/있을까/
싶었다고/한다./그런데다가/아무/꾸밈/없는/삶에서/더욱더/매력을/느꼈으며/
내것/네것을/가리지/않고/서로/부둥켜안듯이/사는/것이/신기했다고/한다.

7. 철수는/될/성싶지도/않은/일을/하느라고/돈이/될/만한/것을/다/팔았으나/결
국/쓸데없는/자존심/탓에/전/사업체를/남에게/넘기고/그것도/모자라/여기저
기에/빚덩어리를/남긴/채/물러났다.

제2장 1절 문장을 짧게 쓰기

1. 이제서야 개발하고 경쟁하는 것보다 보존하며 공존하는 것이 더 존귀하다는 사
실을 깨달았다. 그래서 아주 오래 전부터 그런 모습으로 있어 왔을 바닷속 세계
를 보면서 나는 인간이 겸허해야 한다는 것을 배웠다. ➔ 전달하려는 내용이 뚜
렷하지 않다. 글의 흐름으로 보아 '바닷속을 보면 겸허해질 수밖에 없다'는 뜻
이다.

2. 96년에는 경제 안정 기조를 조성하려고 재정 및 통화 정책을 실시할 것 같다.

설비 투자가 위축되고 엔고가 퇴조하여 양적 확대가 무디어지고 있다. 그래서 경제 성장률은 7%선으로 하락할 것이다. 그러나 이것을 대부분 불황으로 보지는 않는다. 실제 성장률이 잠재 성장률과 일치하는 것(연착륙)으로 보고 있다.

3. 이는 지난해 하반기부터 공공 부문에서 수주액이 크게 증가했으나, 민간 부문에서는 감소했기 때문이다. 다시 말해 중앙 정부는 사회 간접 자본 시설에 대해 발주를 크게 늘렸다. 그러나 기업에서는 설비 투자가 뜸해졌다. 게다가 주택 수요도 부진했다. 그 때문에 민간 부분에서는 8월 이후 일부 산업을 제외하고 대부분 수주액이 감소하였다.

4. 국가 또는 공공단체말고도 때로는 사기업도 수용권자가 될 수 있다. 그러나 그 사업이 공공의 이익에 적합하고 필요해야 한다. 기업의 사익을 보호하려는 것이 아니다. ➔ '공공의 이익(공익)'이라는 말이 여러 번 반복되었다.

5. 외부 강사를 ~ 개별 상담하고 있다. 또 정신적 치료 ~ 힘쓰고 있다. 소년 수용자의 ~ 많은 편이다. 그래서 연령상 ~ 수용자부터 희망 신청을 받았다. 그리하여 신청자 20명이 1주간 교육을 받았다.

6. 우리 부대는 내무반별 그룹 활동을 통해 한자를 교습하고 있다. 즉 내무반별로 한자책을 구입 비치하여 휴식 시간에 꾸준히 한자를 공부하였다. 그 결과 전 부대원의 한문 실력이 향상되었다. 게다가 우수자를 포상하여 부대원의 사기와 근무 의욕을 고취시켰다. 한자 교습은 부대원들의 인성 발달에 도움을 많이 주므로 꾸준히 실시하려고 한다. 그래서 내년에도 한문 경시 대회를 개최하여 더 나은 결과를 얻을 수 있도록 할 예정이다.

7. (우리 회사는) 현대인이 바쁜 생활 속에서도 조리를 간편하게 할 수 있도록 냉동 가공 식품을 다년간 연구해 왔습니다. 연구비를 대고 시설에 투자하여 많은 메뉴를 각 영업체의 특성에 맞게 개발했습니다. 일반 통닭 영업소나 대리점과 같이 통닭 원육이나 파우더 및 부자재를 공급하는 사업체가 아닙니다. (우리 회사는) 체인점 유통뿐만 아니라 각 업체의 특성에 맞게 영업할 수 있도록 다양한 메뉴를 냉동 가공하였습니다. ➔ 행위 주체를 드러내지 않아 뜻이 모호하다.

8. 그냥 이게 내 운명인가 보다 하고 순응하며 살지 말아야 한다. 자기가 원치 않던 일이 닥치거나 이것은 내가 받아들일 숙명이 아니다 여겨질 때엔 과감히 자신의 뜻대로 선택해야 한다. 다시 밀고 나갈 수 있는 자신감이 필요한 것이다.

9. 서구인들은 물질적으로는 풍요롭지만 정신적으로는 그렇지 못하다. 그래서 정신적인 해탈과 마음의 평화를 얻기 위해 종교에 귀의한다. 이것은 물질적인 행복 추구만으로는 인간이 만족할 수 없다는 것을 의미한다.

10. 충동적이고 호기심이 많았다. 세상사와 사람들이 모두 모호해 보였다. 어른도 아이도 아니었다. 책임은 많되 할 수 있는 행동은 제한되어 있었다. 자칫하면 범죄의 늪에 빠질 수도 있었다. 그러나 무사히 그 시절을 건너뛰어 정상적인 어른으로 변신할 수 있었다. 지금은 그 시절을 아슬아슬하게 돌이켜보게 된다.

제 2 장 2 절　문장 끝을 짧게 하기

1. 불쾌하였다.
2. 벅찹니다.
3. 그렇습니다.
4. 우리 사회의 보수성과 관련 있다.
5. 누구나 그 사실을 인정한다.
6. 크게 잘못되었다.
7. 인색할 이유가 없다.
8. 우리도 핵무기를 가져야 합니다.
9. 의원 입법에도 문제점이 있다. ➜ '또한'은 문장을 연결하는 부사어.
10. 사람은 성실해야 한다.
11. 아이들의 말을 빨리 바로 잡아야 한다.
12. 아주 쉬웠고 무척 보람있는 일이었다.
13. 여성이 거의 모든 곳에 진출하였다.
14. 정부가 못 하도록 했을 것이다.
15. 대비책을 생각했으나 어쨌든 손실이 엄청났다.
16. 그에 따른 물적 피해가 아주 클 것이다.
17. 그 소식을 듣고 우리는 놀랐다.
18. 의원들이 현명하게 판단할 것이다. ➜ '믿다, 의심치 않다'에서 의미가 겹친다.
19. 사람은 성실해야만 한다. ➜ 보조사 '만'을 붙여 강조했다. 영어식 표현이다.
20. 해당 지역 주민의 의견과 여론을 무시했으니 비난받아야 한다.
21. 옛날에 좋았던 추억의 재미를 느끼는 이도 있다.
22. 주어진 처지에서 빠져 나오려고 현실에서 언제나 도피하였다.

23. 새 시대의 업무 처리 방식도 구 시대와 다르지 않다고 한다.

24. 정책 당국자는 이런 예산을 소비로 생각해서는 안 된다.

25. 현 정부가 과거 군사 정권과 다를 바 없다.

26. 낙태와 같은 간접 살인은 이 땅에서 반드시 사라져야 할 비도덕적인 행동이
    다. → 낙태는 간접 살인이며 비도덕적인 행동으로 이 땅에서 반드시 사라져
    야 한다. ➡ '간접 살인'이라는 말이 있어서 '비도덕적인 행동으로'를 빼도 된
    다.

27. 그래도 사람은 일을 해야 진정 사람다울 수 있다.

28. 나날이 발전하기 바랍니다. 나날이 발전하세요.

29. 이 회사가 나날이 발전하시길 빕니다.(빌겠습니다.) ➡ 지금까지 한 것이 축사
    였다.

30. 정말 끔찍했다.

31. 그 사람 때문인 것 같았다.(때문인 듯하였다.)

32. 그게 사실이지? 밥 먹어도 되요? ➡ 우리말에서는 부정 의문문을 잘 안 쓴다.

33. 옛날보다 더 위험한 생각이라는 의심을 받았다.

34. 그 사람은 비로소 나를 인정했다.

35. 이 방안이 최선이며 급선무이다.(급선무일 것이다.)

36. 그래도 이런 마음씨가 예쁩니다.

37. 그 귀찮은 일에서 일단 벗어난 것이겠지?

제2장 3절 수식어를 피수식어 가까이 붙여 놓기

1. 젊은 우리의 기쁜 날 ➡ 반점(,)을 어디에 찍느냐에 따라 뜻이 달라진다.

2. 우리 것을 더 알려고

3. 비밀 절대 보장, 다른 차 출입 절대 금지, 거짓말을 절대로 하지 않는다.

4. 차선 급 변경, 서비스 완전 공짜

5. 큰 혼잡이 계속된다.

6. 내가 좋아하는 언제나 말이 없는 아버지 ➡ 문장을 그냥 놔두고 고치려면 '말
   이 없는' 다음에 반점을 찍으면 된다.

7. 건물과 재산 피해를 엄청나게 입었다. 건물과 재산 피해가 엄청났다.

8. 아마존에 사는 거대한 거머리 침샘에 항생제가 함유되어 있다.

9. 강대국의 돈을 많이 번 재벌들은 다국적 기업으로 변신하였다.

10. 청소년 비행이 어른들이 없는 집에서 대부분 발생한다.

11. 교통 수요 증가를 감안할 때 앞으로도 지금보다 더 나빠질 것이다.

12. 재고를 처리하려고 상설 할인 매장을 처음으로 개설하였다.

13. 지난번에 즐거웠던 일이 생각나서 나도 모르게 웃음이 나왔다.

14. 비로 패이고 꺼진 도로를 따라 철수가 씩씩거리며 올라오고 있었다.

15. 한자를 말과 따로 떼어 배우는 것으로는 문제를 정말 해결할 수 없다.

16. 여당의(여당이 보여준) 합리를 훨씬 벗어난 비상식적인 태도가 매우 실망스럽다. ➔ '합리적이지 않은 여당'이 아니라 '여당의 합리적이지 못한'으로.

17. 김 사장은 환영 나온 사람들과 밝은 표정으로 일일이 악수하였다.

18. 이 사업을 추진할 때 좀더 합리적으로 이바지하고자 합니다.

19. 언론사부터 더 늦기 전에 빨리 변해야 합니다.

20. 그 사람은 젊은 사람 못지않게 꾸준히 운동하였다.

21. 덕희는 줄을 힘껏 당겼다.

22. 정보를 신속히 획득해야 한다.

23. 우리 조상들이 살았던 비옥한 터가 물에 잠기게 되었다.

제2장 4절 구조어 바로 쓰기

1. 그 사람은 비록 바보였으나 심성이 착했다. ➔ '비록' 뒤에 조건을 뜻하는 연결 어미를 붙여.

2. 어느 누가 기분이 좋으랴? ➔ '의문 어미'를 붙여서. 예외가 없다는 것을 강조함.

3. 그것이 별로 좋지 않았다. ➔ '별로'는 '이렇다 할 것이 없다'는 뜻이니, 뒤에 부정어를 붙여서.

4. 깜짝 놀라서 차마 말할 수 없었다. ➔ '차마' 뒤에는 부정어를 붙여야 함.

5. 그 일은 아마 벌써 끝났을 것이다. ➔ '추측'의 뜻을 담은 서술어를 붙여서.

6. 1등을 하여 아주 기뻤다. ➔ '너무'는 '넘다'에서 파생된 말이다. 마음속으로 정한 상식적인 기준을 넘었다는 뜻이다. 그러므로 좋지 않은 상황에 붙여야 한다. 예를 들어 '그 사람 너무한다. 그 사람 너무 불쌍하다.'라고 써야 옳다. '기분이 너무너무 좋아요.' 같은 말도 잘못 쓰인 말이다.

7. 그 사람을 보고 정작 가라고 하면 가지 않는다.
8. 어찌 가슴이 많이 아프지 않았으랴? ➡ 반의와 감탄 서술어를 붙여야 한다.
9. 왜냐하면 사람이 만물의 영장이기 때문이다.
10. 사람들이 오죽하면 바보라고 하였을까? ➡ 의문형 어미를 보태어.
11. 여러 친구들이 권했다. 아내는 오히려 더 보챘다. ➡ '기대하고 있던 것과는
반대'인 상황이므로.
12. 중앙 은행은 마치 심장 구실을 하는 것과 같다.(심장과 같은 구실을 한다.) ➡
'마치' 뒤에는 '듯이, 처럼, 듯한, 듯하다, 같이, 같은, 같다'처럼 비교할 수 있
는 서술어를 붙여야 한다.
13. 나도 못하는 일인데, 하물며 네가 할 수 있으랴?

제2장 5절 '것' 줄이기

1. 문제점이 있다고 한다.
2. 기분 나빴다. ➡ 강조가 지나치다.
3. 한마디로 말해 경쟁이 붙었다.
4. 범죄와 같은 어리석은 짓을 안 하겠다.
5. 대단히 크다.
6. 청소년들이 자기 앞날을 계획해 보아야 한다.
7. 학생들은 문제를 더 많이 풀고 지식을 더 많이 외워야 한다. ➡ '것' 대신 구체
적인 단어를 넣어서.
8. 청결한 생활을 하지 않으면 자기를 오염시킨다. ➡ '~하는 것은 ~하는 것이
다'는 영어 동명사식 문장임.
9. 일부 학교에서 책을 구입하도록 학생들에게 권유하고 있다고 한다.
10. 왜라는 질문에 대답이 너무 간단했다. 도저히 수지 타산이 맞지 않는다고 했
다.
11. 실용 정보 및 오락 정보 제공을 언론의 주요 기능으로 인식하고 있다. ➡ 사람
을 문장의 주체로 내세워.
12. 정말 답답한 일이었다.
13. 사람의 힘으로 막을 수 있었던 사고라서 더 안타까웠다.
14. 물론(말할 것도 없이) 커다란 사랑을 의미합니다.

15. 도시 규모를 어느 정도로 할 것인지는 도시를 건설하는 목적에 따라 다양할 수 있다.
16. 근대화 과정에서 인정받지 못했던 가치들이 세계화 과정에서 주목받고 있다.
17. 핵무기를 개발해서 보유하자. 핵무기를 점점 갖기 힘들다. 핵무기가 지구에서 없어지지도 않는다. 그러므로 최후의 카드로 쓸 수 있다. 더 늦기 전에 핵무기 개발을 서둘러야 한다.

제2장 6절 명사문 줄이기

1. 보리차가 가장 좋습니다.
2. 그것 때문에 그 사람이 늘 분주하다.
3. 그것이 우리가 해결해야 할 과제다.
4. 그런 사람이 많다.
5. 사람이 사는 게 재미없다.(어렵다, 힘들다 따위) 돈이 없기 때문이다. ➔ 또는 두 문장을 합하여 '돈이 없어서 사람 사는 게 재미가 없다.'로.
6. 더구나 기름진 농토도 없다. ➔ '주제'에는 편견이 담겼다.
7. 비행기가 차보다 비싸다.
8. 나도 그런 아이를 낳을 수 있다.
9. 우리들 자신의 모습이라는 것을 부정할 수 없다. ➔ 명사절 '~모습임'을 우리 말답게 바꾸고, 뒤에 있는 '없음'을 풀어서.
10. 물론 불법 시비가 잇따랐다.
11. 학생이 대부분(대부분 학생이) 그렇다. 청소년은 괴롭다.
12. 알아서 먹겠다는 식이다.
13. 정부가 재미 교포에 대해 무관심하기 때문이다. ➔ 주술이 호응하지 않는다. '~때문이다'로 끝나야 한다. 한자어 나열한 것을 풀어서.
14. 영철이는 꾸어다 놓은 보릿자루 같았다.
15. 그 사람들은 과격하다는 나쁜 선입관을 지니고 있다. ➔ '선입관'과 '편견'에서 의미가 중복되고 있다.
16. 내가 학교에 다닐 때 이성 교제로 고민했다. ➔ '~중의 하나'도 영어식.
17. 나는 그 둘 사이에서 안타깝기만 하였다.
18. 관급수 불화 사업은 많은 구강 보건 선진국에서 시행하고 있다. ➔ 서양식 강

조 용법을 우리말답게. 말하려고 하는 것을 앞에다 놓아야, 듣는 이가 대상을 알고 다음 이야기를 이해한다.

19. 40대는 이 사회에서 무언가 보람찬 일을 해야 한다.
20. 그 사람이 다섯 살 적에 어머니가 처음으로 부흥회에 데리고 갔다. ➔ 엄마가 다섯 살은 아니다.
21. 어느 주택가 놀이터에 갔을 때 이보다 더 놀랐다.
22. 문제는 장애자들을 위한 직업 교육이 없다는 것이었다. ➔ 주술 호응하지 않음. 우리말로 쉽게 풀면 해결된다.
23. 필요한 사람들이 싼값에 살 수 있게 하려고 알뜰 시장에 내놓았다.
24. 어른들이 관심을 두지 않는다. 비행 청소년이 늘고 있다.
25. 포도나 대추를 심으려고 농부들이 들판을 1만평이나 파헤쳤다. ➔ '도치' 문장이다. 결과를 먼저 이야기하고 원인을 나중에 이야기하고 있다. 글보다 말에 많다. 글로는 얼마든지 다듬을 수 있다.
26. 이런 비극적 상황을 이미 지니고 있어서 문제가 심각하다.
27. 가정 교육의 부재, 부모의 책임 회피가 걸림돌이었다. ➔ 영어식 강조 문장임.
28. 우리 대학의 국제 경쟁력이 떨어지는 것이 가장 심각한 문제이다.
29. 지금 이 시점에서 이번 사건을 보는 대통령의 시각이 가장 주목받고 있다.
30. 그 사람은 혼자서가 아니라 2백 명으로 구성된 팀을 꾸려서 많은 사람의 가슴을 두드렸다.
31. 사람들은 종합 유선 방송 시대가 언제 올 것인지 궁금해 한다.
32. 사람들이 열심히 돈을 번다. 그 일에 힘을 보탤 수 있어서 보람이 컸다.
33. 엄마가 어려운 살림에 성의껏 도시락을 싸 주어서 고마웠다.
34. 우리는 희망의 상실을 두려워한다. 남북한 우리 민족은 깊이 반성해야 한다.
35. 꼭 참석해야 합니다. 먹어 본 것 중에서 최고로 맛있습니다.
36. 여야가 지루하게 공방을 펼쳐 더욱 무더운 여름이 될 것 같다. ➔ 서술어 '전망이다'의 주어가 불분명. 능동의 주체(나)를 확실히 만들어서.
37. 협상은 결렬되었다. 지금은 위기라 할 수 있으나, 힘들었던 삶을 보상하려는 것이니 좀더 참자.
38. 대통령이 고민하겠지만, 내줄 수밖에 없을 것이다.
39. 그런 사정으로 보면 명단이 바뀔지도 모른다. ➔ 주체를 사람으로 내세워.
40. 오늘날 많은 사람이 영상매체를 더 선호하고 있다. 활자 매체가 살아 남지 못할 것이다.

41. 정부가 보여 준 비상식적인 태도에 매우 실망하였다.

42. 가난한 것이 불만스럽다. 그 사람이 주책을 부렸다. ➔ 주책은 '일정한 주견이나 줏대'를 뜻한다. 그러므로 '주책없다, 주책을 떨다'라고 해야 옳다.

43. 이런 타성에서 벗어날 때도 되었다고 생각한다.

44. 이러한 조치는 크게 환영할 만하다. 그러나 좀더 근본적으로는 획기적인 정책을 마련해야 한다.

45. 주택 시장 개방은 한국 주택 산업 전체를 긴장시키는 큰 요인이 되고 있다.

46. 주택의 개념이 소유에서 거주로 전환되고 있다.

47. 국민들의 기대가 무색하게 되었다. 잘 풀렸으면 좋겠다.

48. 일반적으로 목적에 따라 지역을 고려하지 않고 별개로 지정한다.

49. 이때부터 우리 문화가 없어졌다. 이래서(이런 까닭에, 이런 연유에서) 토지 투기가 심각하게 나타난다.

50. 기반 시설 규모가 절대적으로 부족하다. 수많은 사고가 일어나고 있다.

51. 마주하는 것보다 편지로 쓰는 것이 나을 것 같았다.

제2장 7절 주어, 목적어, 서술어 호응시키기

1. 운동하는 사람과 독서하는 사람으로 나누어라. ➔ 두 요소를 같은 성질로 만들어서.

2. 단체가 난립하고 경쟁하여 문제가 발생했다. ➔ '단체가 ~발생했다.'가 되어 주술이 호응하지 않는다. 뒤 서술어의 주체를 한 번 더 밝힌다.

3. 간접 경험을 확충하게 하고 산 지식을 얻게 한다. ➔ 두 서술어를 같은 성질로 만들어서.

4. 손을 많이 다쳐 피를 아주 많이 흘렸다. ➔ 주체를 사람으로 하여.

5. 적어도 이번 일로 업무 정지를 초래하고, 유통 질서를 마비시킨 책임을 져야 한다. ➔ 구면 구, 절이면 절로 연결한다.

6. 목화, 과수, 뽕나무, 기타 원예 작물을 이 지역에서 재배한다. ➔ '면화, 과수, 기타 원예 작물'과 '양잠'이 같은 개념으로 쓰일 수 없다. '양잠'을 따로 분리하여 '양잠을 하는 곳도 있다.'로 바꾸어야 한다.

7. 나이를 먹을수록 팔짱을 끼고 싶다. ➔ 주체를 사람으로 통일하여.

8. 노인은 아침을 심호흡과 단전 운동으로 시작한다. ➔ '아침은 ~시작한다'가

되어 주술이 호응하지 않음.

9. 이 상표는 지난해부터 우리 회사에서 개발하여 모든 상품에 부착한 것(상표)입니다.

10. 너나없이 텔레비전을 끄고 신문을 감추어 버리고 싶었을 것이다. ➡ 서술어를 바꾸지 않으려면 '너나없이' 대신 '나는'을 넣을 것.

11. 이 사진은 거미가 체액을 빨아먹는 장면을 찍은 사진이다.

12. 어린이들 중에 어떤 어린이는 단것만을 즐겨 먹어 건강을 해치기도 한다. ➡ 또는 '어린이들 중에는 단것만을 ~ 해치는 어린이도 있다.'로 써도 된다. 주어를 생략하여 뜻이 모호해졌음. 한 번 더 쓸 것.

13. 큰 차는 뒷바퀴가 앞바퀴보다 안쪽으로 들어와 교통 사고를 일으키기 쉽다. ➡ 본디 문장을 그냥 놔두려면 '교통 사고' 앞에 '사람들이'를 넣을 것.

14. 우리 직원이 격일로 배달하거나, 단독 주택이라 배달을 하지 않으면 고객께서는 다음 전화로 우리에게 연락하십시오. ➡ 주어를 모두 생략하여 각 행위의 주체가 모호함.

15. 각종 사안에 대해 기자들이 질문할 때마다 '할 말이 없다'는 대답말고는 기자들이 대변인한테 다른 말을 듣기 어려웠다. ➡ 주체를 만들어서.

16. 민주당은 이 중매인들을 도매법인화하는 대신 현행 지정 도매 법인을 해체해야 한다는 것이다. ➡ '민주당은 ~해체한다는 것이다.'가 되어 주술이 호응하지 않음.

17. 이 사진은 임시로 설치한 복권 판매대에서 행인들이 즉석 복권을 사 당첨 여부를 확인하고 있는 모습을 찍은 사진이다. ➡ 주술 호응하지 않음.(사진은 ~ 확인하고 있다, 행인들이 ~설치한)

18. 설탕이 전혀 들어 있지 않은 아이스크림입니다. 몸에 유익한 자연 꿀과 유밀, 유당을 분해하여 그 단맛을 자연 그대로 단맛이 나게 조절하였습니다. ➡ 앞 뒤 문장의 주체가 다른데 문장 하나로 만들었다. 앞 문장에서 주체는 '이것은 (생략)'이며 뒤 주체는 '우리는(생략)'이다. 접속 부사 '그리고'를 문장 중간에 넣지 않는다.

19. 왜냐하면 중앙 행정부와 지방 자치 단체가 각자 나름대로 연구하고 있기 때문이다. 게다가 사업계와 언론계, 일반 학교와 대학교에서도 연구하고 있다고 한다. ➡ 대상만 계속 늘어놓다가 뒤에서 한 번 서술하는 것은 내용을 빨리 전달하지 못한다.

20. '확실한 것은'을 없애거나, 그렇지 않으면 마지막 서술어를 '살아가야 한다는

것입니다'로 바꾸자.

21. 그 규격에 꼭 맞춘 새로운 이 병은 어머니가 어느 젖꼭지 용구를 사용하더라
도 우유가 새지 않습니다. 어머니가 아기에게 우유를 안심하고 먹이실 수 있
도록 (우리 회사는) 여러 가지를 고려하여 만들었습니다. ➔ 서술어 '만들었습
니다'로 보면 이 문장에서는 '병은'이 주어가 될 수 없다. 목적어가 마구 섞이
고, 주체가 불분명하여 문장 내용을 정확히 알 수 없다.

22. 바다에서 불어오는 시원한 바람이 내 옷자락을 씻으며 스며들어, 나는 내 가
슴 구석구석을 바닷바람으로 정갈하게 씻고 싶었다. ➔ 문장을 길게 쓰다가
혼란스러워짐.

23. 대출을 잘 해주지 않던 은행들도 주택 자금 대출 상품을~ ➔ 또는 '사람들이
대출 받기 어려웠는데, 은행들이 주택 자금 대출 상품을~'로. 이 전체 문장의
주어는 '은행'이며, 대출 받기 어렵다고 느끼는 주체는 '사람'이다. 앞뒤 주어
를 일치시키거나, 독립시킬 것.

24. 또다른 특징은 인간종을 변형할 수도 있다는 것이다.

25. '보이는'을 '여기는'으로 바꾸어야 한다. ➔ '다른 사람들'이 '경시하고, 하찮
게 여기므로'.

26. 그런 편견 때문에 회사뿐만 아니라 사회도 그렇게 여기고 있다.

27. 우리가 싸움에 진 이유는 그쪽을 너무 가볍게 <u>보았다는 것이다.</u>(보았기 때문이
다.)

제2장 8절　주어, 목적어를 서술어 가까이 붙여 놓기

1. 교육시키지 않고 직업을 갖게 한 자식들이 그 사람의 생계를 유지하였다.
2. 현철이가 어렸을 때부터 자라는 것을 내가 지켜봤다.
3. 평소 직무 때문에 쌓이는 스트레스를 취미로 해소할 수 있어야 한다.
4. 부모님 기대에 따라 자녀가 직업을 선택하는 경향이 심하다.
5. 신분의 귀천을 결정하고 인격을 판단하는 기준으로 그 사람의 직업을 꼽는다.
6. 동양 사람들이 개고기 먹는 사실을 서양에서는 야만스럽다고 비난하고 있다.
7. 국어에 대해 많이 알지 않거나 국어 사전을 펴보지 않고도 우리가 살아갈 수는
있다.
8. 석유가 안 나는 한국에 그 나라는 석유 탐사를 의뢰하여 경제 협력을 다지고 있

습니다.

9. 넓은 마당에서 벌어지는 판놀음 끝에 부르는 것에서 판소리라는 이름이 유래되었다.

10. 훈장을 탄 덕에 개인 택시를 받아 가족들 생활을 책임지고 있는 남편을 박씨는 존경하고 있다.

11. 학생들이 편한 상태에서 의견을 자유롭게 이야기할 수 있도록 소장이 애쓰는 모습은 취임 뒤 처음인 것 같다.

12. 기업들이 자기에게 불리한 자료를 숨기려고 애쓰는 것을 우리는 평소에 느껴 왔다.

13. 배가 아프다고 소리를 지른 사람에게 나는 구급약을 건네주었다.

제2장 9절 어휘를 겹치지 않게 쓰기

1. 이사하는데 고생했다니 손뼉을 쳐주십시오. ➡ '이(移)'에 '옮기다'라는 뜻이 들어있으며, '박(拍)'에 '치다'라는 뜻이 있다.

2. 들리는 말(소문)과는 판이하다.(다르다.)

3. 머리를 깎고(삭발하고) 앞으로 나가겠습니다.(전진하겠습니다.)

4. 조용히 해주세요(해주시기 바랍니다). ➡ 말하는 이가 '바라다, 겠'에 '희망'을 겹쳐 담았다.

5. (장관이) 모범 공무원에게 상장을 수여합니다. 모범 공무원이 상장을 받습니다. ➡ '수여(授與)하다'는 '준다'는 뜻이다. 뒤에 있는 '받다'를 피동으로 보면 서양식 문장이 되고, '주는 것을 갖는다'라는 뜻이라면 의미가 겹친다.

6. 본격적인 농번기가 되었다. ➡ '기, 철'이 겹침.

7. 뇌염을 예방하려면 접종해야 한다. 뇌염 예방 주사를 맞아야 한다. ➡ '접종, 주사'를 혼동. '접, 맞다'가 겹침.

8. 아주 좋은 평을 받았다. 호평을 받았다.

9. 만날 때마다(만날 때 꼭) 인사를 했다. ➡ '마다, 꼭'이 겹침.

10. 태어나면서(태어날 때부터) 천재는 아니다. ➡ '-면서, 부터'가 겹침.

11. 피해자가 속출하고 있습니다. 피해자가 계속(잇달아, 자꾸) 나오고 있습니다. ➡ '속'이 두 번 쓰임.

12. 토지를 매매하려고 계약하는데 이 계약을 어기면 ➡ '계약하기'가 '행(동)하는

것'이다.

13. 가장 큰 문제점으로 생각하는 것은 없다.
14. <u>다소 부족하지만</u>(부족한 점도 있지만) 성실한 사람이다. ➔ '다소, 점'이 겹침.
15. <u>가사</u>(집안 일)에서 여성들이 벗어나야 한다. ➔ '사, 노동'이 겹침.
16. 여러 모로 준비하여 <u>김장하였다</u>(김치를 담갔다). ➔ '김장'이란 단어에는 '(김치, 각두기를) 담그다'처럼 행위가 담겨 있다.
17. <u>과반수</u> 사람들이 찬성하였다. 사람들이 반 이상 찬성하였다. ➔ '과, 이상'이 겹침.
18. 컴퓨터가 빠르게 늘고 있다. ➔ '보급, 늘다'가 겹침. 문법적으로도 맞지 않는다.(보급을 늘릴 수는 있지만, 보급이 늘지는 못한다.)
19. 내 책을 읽은 사람이라며 나에게 가까이 다가왔다.
20. 해외 여행 동안에 많은 것을 보았다. 해외 여행 기간에 많은 것을 보았다.
21. 가능성은 누구에게나 있다. 누구나 그럴 수 있다.
22. <u>이래서</u>(이런 결과로) 경제가 어려워졌다. ➔ '로, 인하여'가 겹침.
23. 정부는 세계화라는 <u>명분</u>(미명, 허울, 핑계 따위)을 세우지만 ➔ '미명, 명분'이 겹침.
24. 대부분 학교에서 학생들이 교복을 입는다.
25. 다른 사람들이 한 것까지 <u>참견</u>(간섭)하지 마시오. ➔ '기타, 다른', '참견, 간섭'이 겹침.
26. 작년에는 전출하신 분이나 전근하신 분이 아주 많았다. ➔ '전(轉), 출, 가다'가 겹침.
27. 빈 곳으로 치고 나가더니 먼저 점수를 얻었다.
28. 아직 정신적으로 미숙한 학생들은 자신을 통제할 ➔ 앞에 있는 '성숙'을 뒤에 있는 '미숙'에 포함시켰다. '자기, 자신'이 겹침.
29. 술을 많이 마신 사람들끼리 싸우고 있었다. ➔ '서'는 주격 조사로 군더더기.
30. 이른바 오렌지족들이야말로 사회의 암적 존재이다.
31. 전혀 질서가 없는 속에서 <u>이곳저곳</u>(우왕좌왕) 옮겨 다니고
32. 이래서 <u>'뜨거운' 쟁점</u>(핫 이슈)으로 등장하였다. ➔ '원인, 으로, 말미암다, 때문, 에' 다섯 개가 모두 '원인'을 뜻한다. 해도 너무 했다.
33. 이 제품은 <u>용도</u>(쓰임)에 따라 다양하게 바꿀 수 있습니다.
34. 한 여름에 물 때문에 생기는(수인성) 전염병에 걸리지 않도록 해야 한다.
35. 겉으로 나타난 사회악을 <u>완전히 없애야</u>(근절하여야) 한다.

36. 커다란 손해를 보고도 가까운 사람(측근)에게 알리지 않았다. ➤ '피, 입다'가 겹침.

37. 신문은 날마다(매일) 배달되었으나 월간지는 달마다(매달) 사보았다.

38. 실무적인 수준에서 성공적인 평가를 받았다. ➤ '적(的)'은 '그런 정도가 있다'는 뜻이고, 우리말로는 '-답다'가 있다. '성공적'은 '100% 성공'이 아니다.

39. 폐수를 밤중에 남몰래 방류하는 기업을 처벌해야 한다. ➤ '폐수를 밤중에 남몰래 방류하는 것'이 '불법, 악덕'이다.

40. 일반적으로 산업의 전문화란 제조업 부문을 5백여 항목 이상으로 분류했을 때 ➤ '일반적으로, 대체로'가 겹침.

41. 불행한 일이 다시 벌어지지 않기를 바라는 마음도 실려 있을 것이다. ➤ '바라다, 기대하다'가 겹쳤으며, '도, 또한, 함께'가 겹침.

42. 어떤 이는 50평도 더(50여 평이나) 되는 아파트에서 혼자 살고, 한쪽에서는 10평 남짓(10여 평) 되는 집에 여러 세대가 살기도 한다. ➤ '여, 더, 남짓'이 겹침.

43. 고소득을 올리려고 작품을 내더니 드디어 결실이 있었다.

44. 탈출한 사람들이 다시 산다는 기분으로 살아야 수확을 합니다.

45. 보람있게 살기가 어렵다고 하면서도 한 쪽으로는 실천하고 있다. ➤ '삶, 살기'와 '쪽, 편'이 겹쳤으며, '살기가 어렵다'가 '주장'이므로 안 써도 된다.

46. 문법에 안 맞고 맞춤법에 어긋나며 띄어쓰기가 틀렸다. ➤ 같은 말을 조금씩 바꾸어서.

47. 남의 문화도 받아들여야 하고 남의 말에서도 좋은 것은 들여와야 한다. 우리 문화와 우리말에 보탬이 되는 것일수록 많이 가져오자. 하지만 남의 것 때문에 내 것을 버려서는 안 된다. ➤ 같은 단어를 반복하여 지루하다. 변화를 주어서.

48. 무궁화가 우리의 국화(나라꽃)라는 것은 알면서 무궁화의 뜻을 아는 이는 별로 없다.

49. 장점을 계속 살리는 정책이 필요하다. ➤ '장점을 살리거나, 단점을 억제하거나' 뜻이 같다.

50. 우리 아이가 어제 승용차에 치었습니다.

51. 관광객 20명이 다치거나 죽었다.(○) 관광객 가운데 사상자가 20명이나 되었다.(△)

52. 우리가 존경할 만한 어른들도 많다. ➤ '존경, 따르다, 본받다'가 겹침.

53. 타고난 본능 때문에 50%를 훨씬 넘어서고 있습니다.

제2장 10절 구체적으로 쓰기

1. 아침에 가속기를 밟아 엔진을 억지로 데우지 마십시오.(또는 '아침에 시동을 걸고 2~3분쯤 엔진을 데우십시오.') ➔ 아래에 있는 '모범답'은 예시일 뿐이다. 얼마든 지 다양하게 표현할 수 있다.
2. 고위 공직자들이 반성하지 않아 큰일이다.(기분이 나쁘다.) ➔ '정치적으로, 외 교적으로' 말하는 방식이다. 이와 비슷한 말로 '정부의 도덕 불감증이 우려된 다.(→정부가 대수롭지 않게 여기니 아주 큰일이다.)' 같은 것이 있다.
3. 농담으로 한 말이었다. 농담이었다. 생각없이 한 말이었다. ➔ '비슷하게, 조 로'는 같은 뜻이다. 말을 해놓고 대충 얼버무릴 때 쓴다.
4. 나는 편애하지 않았다. ➔ 상대방이 한 말을 인정하고 싶지 않아서.
5. 이 세상은 살 만한 가치가 있는 곳이다. ➔ 아주 상징적이다. 무슨 내용인지 모 르겠다.
6. 그 계획을 실천해 볼 사이도 없이
7. 수녀는 신비로운 아름다움(순결함, 고귀함 따위)을 감추고 있다. ➔ 말하는 이가 잘 몰라 '무엇인가'로 표현한다면 듣는 이는 더 모른다.
8. 두 개 이상 먹으면 몸에 좋지 않다. ➔ '두 개인지, 세 개인지, 네 개인지' 알 수 없다.
9. 얼굴이 못생겼다.(얼굴이 마음에 들지 않는다, 날씨가 흐리다, 기분이 씁쓸하다 따위) ➔ '그렇다'를 구체적으로.
10. 존경받는 인물(학식이 풍부한 사람, 부자 따위)이 되려면 책을 많이 봐야 한다. ➔ '큰 인물'의 기준이 사람마다 다르다.
11. 다섯 살 이전에(취학하기 전에, 초등학교 졸업 후 따위) 영재 교육을 받게 하자.
12. 그 사람을 보면 때려 주고 싶은(품에 안고 싶은, 죽이고 싶은 따위) 생각이 든다.
13. 여당은 국정 수행 능력이 떨어져(여론을 읽지 못해, 보수적인 인물들 때문에 따위) 개혁에 소극적일 수밖에 없다. ➔ '한계'라는 표현은 너무 막연하다.
14. 신과 인간 사이에 절대적인(일방적인, 순수한 따위) 사랑으로 맺어졌다.
15. 청소년은 지금(더 기다리지 말고, 15세 이전에 따위) 빨리 깨달아야 한다.
16. 청소년의 성도덕(성병, 성교육 따위) 문제를 너무 소홀히 취급하였다. ➔ '성 문

제'라는 단어의 범위가 넓다.

17. 그것은 학교(평생, 직업 따위) 교육이 나아갈 길이 아니다. ➔ '교육'의 범위가
넓다.

18. 깨끗이 씻어 보관하였다가 재활용해야 한다. ➔ 단호하게.

19. 3년 전(내가 어렸을 때, 1주일 전 따위)만 해도 산골짜기에 있는 물을 그냥 마셨는
데 ➔ '얼마 전'을 구체적으로.

20. 여성들이 쓰는 물건을 여성이(여자가 어깨를 드러내는 정도로, 남자가 벌거벗은 뒷
모습을 드러내고, 젖먹이가 성기를 드러내고 따위) 광고하는 것은 이해가 되지만
➔ '약간'이라는 기준이 사람마다 다르다.

21. 관변 단체는 말못할 고민(즐거움, 어려움, 스트레스 따위)이 많다.

22. 국무총리는 이날 100만 원을 성금으로 냈다고 한다. ➔ 이런 '보도'는 '낸' 것
에 비중을 두고 있다.

23. 서독 축구도 수비할 때 수비하는 선수끼리 호흡이 안 맞는 때가 있다.

24. 인류 역사로 지속하여 왔다. ➔ 단호하게.

25. 그 문제에 국민들이 불만이 많아 올해 안으로 드러낼 것이다.

26. 삶을 지탱시켜 주던 희망(아이들, 고집 따위)이 모두 사라져 버렸다.

27. 정부의 정책이 일관성 없이 흔들린다.

28. 미제 상품이 물밀듯이 쏟아져 들어오고 있다.

29. 그 약이 많이 팔려 우리 동네 돈 사정이 나빠졌다. ➔ '불티나게'는 불티가 날
리듯 물건이 팔리는 모양을 뜻한다.

30. 사회 분위기가 아주 자유스러워져 민중의 억눌렸던 자유를 일깨웠다.

31. 쌀을 수입하게 되었다. 농산물 개방 협상에서 우리 나라가 대폭 양보하였다.

32. 오락실에 가는 것만 보고 무조건 나쁜 사람으로 대해서는 안 된다.

33. 국유지를 사용하게 하는 국가적 지원이 따라야 한다. ➔ 단호하게.

34. 생활에는 여러 가지 불편이 따르고, 그 불편이 좀 힘들더라도(어렵더라도, 참기
힘든 것이라고 하더라도 따위) ➔ 단호하고 뚜렷하게.

35. 60년대 독재 정치(군사 풍토, 관료 의식 따위)의 영향을 받은 교육자들이 불합리
한 교육에 앞장서 왔다. ➔ '정치 사상'이라는 단어의 범위가 넓다.

36. 대륙간 미사일을 개발하지 않겠다고 하지 않고서는 미국과 우호적으로 지낼
수 없을 것이다.(미국과 친하게 지내기 힘들 것이다.) ➔ '미사일 의혹'의 범위가
넓다.

37. 모호한 법을 근거로 청년들을 구속하는 이 정권은 물러나라.(법을 개정하라, 반

성하라, 잘못을 시인하라 따위.)
38. 요즘 신문에 광고를 크게 내거나 신문 갈피에 광고 전단을 넣기도 하여 광고를 많이 한다. ➜ '사이'와 '갈피'는 뜻이 완전히 다르다.
39. 충고는 상대방의 가치나 능력을 존중하는 쪽으로 가야 한다.

제2장 11절 부풀리지 않기

1. 나는 너를 믿는다.
2. 살림하는 것이 점점 힘겨웠다.(힘겨워졌다.)
3. 나는 피곤하여 길가에 아무렇게나 누웠다.
4. 사회에 깡패(조직 폭력, 사기꾼 따위)가 많이 늘었다.
5. 우리는 늘 성실을 강조한다.
6. 더 많이 늘어났으면 좋겠다. ➜ '희망하다'는 '바라다'가 옳다. 그러므로 명사형은 '바람'이라야 옳다.
7. 오후 내내 근심(걱정)하였다.
8. 내 발을 움직일 수 없었다. 입도 열 수 없었다. ➜ '나'를 주체로 만들어서.
9. 도대체 누구인지 알 수 없었다.
10. 해외 방문을 못하게 한다. ➜ '~에 다름 아니다'는 일본말.
11. '오대양 사건'이야말로 광신의 본보기였다.
12. 게다가 학교에도 등록하지 않아 어려움이 많다.
13. 이 사람은 비싼 수업료를 내고 경영 전반을 배우고 있다.
14. 지금은 온통 남의 말글 속에서 살고 있다.
15. 품질이 좋으면 우리 나라 제품을 씁시다.
16. 어른들이 이런 면을 조언하였다. ➜ '생각의 흔적'이라는 말은 아주 문학적이다.
17. 생명의 시작은 아무도 알지 못했다. ➜ '-에 있어서'는 일본말 버릇이다.
18. 농약이 몸 안에 쌓이면 죽기도 하는 무서운 약이다. ➜ 주술이 호응하지 않았다.
19. 긍정적인 자세로 다가가 적극 이용할 수 있어야 한다. ➜ '발짝'은 사투리이다. '걸음'이 옳다.
20. 처음부터 끝까지 정성 들여 읽으며 다듬었습니다. ➜ 강조하려고 했지만 뜻이

겹친다.

21. 나는 거의 관련이 없던 두 사물 사이에서 공통점을 찾아냈다.

22. 지하철은 국민의 대표적인 대중 교통 수단이 되었다.

23. 편견은 인간 관계 유지에 방해 요소가 될 뿐이다.

24. 사람의 진정한 존재 가치는 노동을 한다는 것이다.

25. 죽음이라는 한계를 피할 수 없어 인류는 오늘날까지 신을 믿고 숭배해 왔다.

26. 특별 활동 시간을 형식적으로 운영하거나, 아예 무시하고 교과 보충 시간으로
   전환하고 있다. ➜ 주체를 만들었다. '적당, 형식'이 겹친다.

27. 바위틈 사이로 얼굴을 내밀고 처음으로 세상을 바라보았다.

28. 하느님을 통해 우리가 새로운 것을 깨닫게 되어 아주 기뻤다.

29. 모든 한국인은 모국어를 사랑해야 한다.

30. 내 인생관에 결정적으로 영향을 준 인물이 없었다.

31. 철수가 어제부터 우울해 하였다.

제2장 12절 번역체 문장 버리기

1. 국회 본회의에서 야당 총재가 대표 연설을 하였다.

2. 그런 (종류의) 시위를 여러 번 보도했다. ➜ 주체를 만들어.

3. 우리 사회에서 소시민이 지닌 한계도 알아야 한다. ➜ '-에 값하다'는 일본말
   글버릇이다.

4. 고민을 많이 한다. 고민이 많다. 기분이 좋지 않다.

5. 나는 네가 있어야 한다. ➜ 너를 '소유'하지 않고 '존재'로서 인정하니까.

6. 리얼리즘에서 대중들이 감동을 느낀다. ➜ 물주 구문. '하여금(使)'은 영어식,
   중국어식 글버릇.

7. 교수라는 이름에 걸맞게 부단히 노력하였다. ➜ '~라는 이름에 값하다'라는
   표현은 일본말 글버릇이다.

8. 우리 학생들에게 관심이 많습니다. ➜ 별다른 까닭 없이 '-에 대하여, -에 관하
   여'를 붙이는 것은 영어 'about'를 직역하는 버릇이다.

9. 모든 사람이 도와주셔서 성공하였습니다. ➜ '아무리 ~해도 지나치지 않다'는
   영어식 표현이다.

10. 여러 성향이 섞여 있었는데, 그 중에는 온건파도 있었다.

11. 한갓 허수아비일 뿐이다.

12. 위법 사항을 여러 차례 지적해도 개선하지 않는다고 한다.

13. 집행부에서 종합적인 청사진을 제시하지 못했다는 것이다. ➜ '-(이)라는 것이다.'라는 서술어가 '지적'하고 있는 것이다.

14. 그 사람은 미국 남부에서 소 75마리를 기르고 있었다.

15. 우리 조상들은 지혜롭게도 꿀물을 마셨습니다.

16. 정부에서 결정적 호기를 잡지 못한 것이 큰 실수였다. ➜ 문장의 주체를 만들어.

17. 이 문제는 이런 상황을 안고 있었다는 것이 심각한 문제였다.

18. 학교 생활에 적응하여 학습 태도가 좋도록 적극 협조하여 주시어서 감사합니다. ➜ '-데 대하여'를 빼고.

19. 기저귀나 비누 광고가 '공공 홍보'가 아닌 것처럼 이 광고도 '공공 홍보'가 아니다. ➜ '~이 ~인 것은 마치 ~이 ~인 것과 같다.(마찬가지다.)'는 영어식 표현이다.

20. 사회 간접 자본 확충에 비용이 많이 들지만 그래도 발상을 전환해야 한다. ➜ '필요로 하다'는 영어식.

21. 국민을 불안에 몰아넣은 사람들이 마땅히 반성하고 사죄해야 한다.

22. 우리 산업 구조가 경쟁력을 높이려면 대대적으로 구조를 개혁해야 한다.

23. 우리 사회는 지도자가 신속하게 결단해야 한다.

24. 나는 고민이 많았는데, 진학이 가장 큰 고민거리였다.

25. 그 사실에 나는 실망하였다. ➜ 문장의 주체는 '나'이다.

26. 그 사람은 대중들을 가르치고자 생명을 버려, 대중들에게 큰 감명을 주었다.

27. 대부분 청소년에게는 사랑이 가장 필요하다.

28. 텔레비전 때문에 덜 성숙한 시청자가 폭력적으로 행동한다. ➜ 행위의 주체를 사람으로 하고 관형어 '폭력적인'을 부사어 '폭력적으로'로 바꾸어.

29. 다음 보기를 공부하고 주관식 문제는 정답을 주관식 답란에 적으시오. ➜ '-에 대하여, -에 대한, -에 관하여, -의 경우'는 영어식 표현.

30. 정부 부서인 시청에서 불법을 바탕으로 하여 만든 규정에 따라 단속하고 있다는 것을 잘 드러내고 있다.

31. 따뜻하게 토론하는 시간을 마련하여 서로 이야기(대화)를 하였다.

32. 이러한 현실을 극복하려면 무엇보다도 종업원의 해고를 줄여야 한다.

33. 수많은 지지자들이 80%가 넘게 투표하였다.

34. 현대를 살아갈 때 경제적 자립을 바탕으로 하는 자유야말로 아주 소중하다.
35. 기계론적 세계관을 반성하고 있다.
36. 사랑을 하던 사람이 그 소식을 듣고 충격이 컸다(큰 충격을 받았다). ➤ '~에 빠지다, ~에 사로잡히다' 같은 문장은 영어식 문장.
37. 신랑이 들어옵니다. 신랑이 입장합니다. ➤ 주체를 신랑으로 하여.
38. 한국과 러시아 문화를 활발히 교류해야 하며, 발상을 전환해야 한다. ➤ '교류가 이루어지다, 전환이 있다'는 영어식. 우리말답게 '교류하다, 전환하다'로 써야 한다.
39. 선거를 통해 정권을 교체해야 한다며 긴급히 모여 대책을 논의하기로 하였다. ➤ '교체가 이루어지다, 모임을 갖다'는 영어식. '교체하다, 모이다'로 써야 한다.
40. 글쓴이 성격이 어떤가를 확인하여 회원 가입을 고려해 보아야 한다.
41. 모든 사람이 경제 위기에 조금씩이라도 책임져야 한다.
42. 운영위원들이 만나서 사회적 임무를 놓고 진지하게 토론하였다.
43. 그런 것을 기억하는 사람들은 자기 자신에게 만족하지 않는다.
44. 유교 사상을 철저히 이론적으로 정립하고 실천해야 한다.
45. 그것을 언론 탄압이라고 하는 것은 (언론을) 불신하고 있기 때문이다.

제2장 13절 문장에서 주체 세우기

1. 건물을 여기저기 많이 세우는데 ➤ 주어('사람들이') 생략.
2. 모든 사람이 결국 신뢰하지 않을 것이다.
3. 형이 편지를 보냈다.(형이 보낸 편지를 받았다.) ➤ 주체를 형으로 하든가, 나로 하든가.
4. 고장난 차를 치웠습니다.
5. 지금 기대를 많이 하고 있습니다.
6. 공부방을 이사했다.(옮겼다.) ➤ '공부방'이 문장의 주체가 될 수 없다.
7. 요즈음 글 쓰기가 무척 어려웠다.(힘들었다).
8. 이 어려움을 극복해야 한다. ➤ '되다, -어지다'가 겹친 '이중 피동'이다.
9. 꼬마들이 자주 거짓말했습니다. ➤ 아무데나 '-시키다'를 붙이는 버릇.
10. 독서는 미래 사회에서도 더 절실하게 필요할 것이다.

11. 붕괴한 건물 틈에 사람이 <u>매장되었다.</u>(파묻혔다.) ➔ 뒤에 있는 '이중 피동'에서 피동 하나를 빼고서.
12. 정부는 교육을 개혁할 만한 힘이 없었다.
13. 잘 익은 벼를 수확할 것입니다.
14. 위급한 상황인 것 같습니다.
15. 김 선생님이 이 단체를 이끌어 왔다.
16. 내 얼굴이 화면에 나오면 엄마가 알 거예요.
17. 도서관에 읽을 만한 책이 많다는 생각이 든다. ➔ '생각, 판단, 예상, 전망'은 자기 의지로 가능한 행동이다.
18. 지금은 중국에 쉽게 갈 수 있다.
19. 결국 틀에 박힌 사회가 될 것이다.
20. 그 문제를 해결할 수 없었다.
21. 이 문제를 다시 검토해야 한다. ➔ '~할 필요가 있다'는 영어식 문장.
22. 일부 사람이 사이비 종교를 믿고 있다.
23. 끓여 마시니까 애들이 먹어도 안심할 수 있어요. ➔ '안심하다'의 주체는 '나(말하는 이)'이다.
24. 그런 행동은 민족 자존심을 훼손할 뿐이다.
25. 국민 불안을 해소하여 편안하게 살게 해야 한다.
26. 타종교를 비방할 수 없다.
27. 환자의 건강을 염려해서 의료적 차원에서 이렇게 결의하였다. ➔ 물주 구문을 바꾸어.
28. 지금도 논산에서 부르는 민요입니다.
29. 많은 사람이 그래서는 안 된다고 의견을 제시했다고 한다.
30. 지역 주민들이 거세게 비난하고 있다. ➔ '지역 주민'을 주체로 내세워.
31. 예전 같으면 당원들에게 봉투나 수건을 돌렸다. ➔ 능동의 주체를 '후보자(생략)'로 만들어서.
32. 계획대로 내년에 시작할 수 있을지 우려하고 있다.
33. 오늘날 각 경제 주체가 고통을 분담해야 한다.
34. 농촌의 피폐를 더욱 <u>가속할</u>(부추길) 것으로 우려하고 있다. ➔ 의미로 보면 '화'는 피동, '시키다'는 사동이다. 한자어를 써서 나빠졌다.
35. 속아 산 불법 건물이 끝내 말썽이 되었다. ➔ 문장의 주체를 '나(생략)'로 내세워.

36. 차분히 검토하여 입체적으로 접근해야 한다.

37. 1주일 뒤에 제네바에서 열릴 것이 확실하다고 내다보고 있다.

38. 승용차로 오토바이를 들이받아 사람을 숨지게 했다. ➔ 승용차는 무생물임. 주어를 '운전자(생략)'로 하여.

39. 그런 정신으로(정신에 따라) 계획한 과학 기술 정책이 어떻게 변할까(달라질까)? ➔ '변화가 오다'는 물주 구문.

40. 공해 물질로 일컫는 각종 쓰레기를 사람들이 여기저기에 버렸다.

41. 성실한 자세로 지내 온 것을 설문 결과를 보아 알 수 있다. ➔ 물주 구문이다. 주체를 사람으로 내세워.

42. 목청을 가다듬으려고 폭포를 찾는 모습을 많은 이가 목격했다.

43. 이러한 사례로 보건대 광역 상수도를 더욱 확충해야 할 것이다.

44. 삽살개 보존회가 현재 삽살개 200여 마리를 기르고 있으며, 정부는 삽살개를 천연 기념물 368호로 지정하였다. 삽살개는 천연 기념물 368호로 지정되었고, 삽살개 보존회가 현재 200여 마리를 기르고 있다. ➔ '의해'는 영어 'by'의 직역인데 일본말에서도 아주 많이 쓰이고 있다. 앞뒤 문장의 주체가 다른데, 문장 주체를 '삽살개'로 통일하려고 억지로 피동문을 만들었다.

45. 여러 모로 어려웠으나 지금은 해결하였다. ➔ 물주 구문이다.

46. 사람들 모두 두꺼비에 있는 항생 물질에 착안하고 있었다. ➔ '이것이 ~를 말해 주고 있다'는 영어식 글틀이다. 주체를 사람으로 하여.

47. 기자 30여 명이 열띤 취재 경쟁을 벌였다고 한다. ➔ 쓸데없이 피동문을 만들었다.

48. 잠시 후 교장 선생님이 말씀하시겠습니다.

49. 유권자들을 감싸안도록 변신해야 한다.

50. 이 약은 피로를 풀어 주며 주근깨가 생기지 않게 하며, 피부를 부드럽게 합니다.

51. 부상한 신부를 구속한 현 정권에게 책임을 묻고 싶다. ➔ 현 정권이 구속하였지, 현 정권이 제삼자(다른 정권)를 시켜 구속한 것이 아니다.

52. 그 사람은 사람들이 자기 글을 여러 모로 비판하는데도 굽히지 않았다.

53. 자연 과학 덕분에 많은 기술을 개발할 수 있었다.

54. 이런 조건으로 일반인들의 신청을 받는다. ➔ '말하는 이'를 주체로 하였다. 주체를 '일반인'으로 하면 '이런 조건으로 일반인들이 신청할 수 있다.'가 된다.

55. 가격이 바뀐 우표에서 그 당시 통화 사정을 알 수 있다. ➜ 사람을 주체로.
56. 산업 사회에서 정보 사회로 바뀌는(이행하는) 것이라고 할 수 있다.¹ ➜ 피동을 만드는 데 '-되다'도 붙이고 '-지다'도 붙였다.

제2장 14절 서술성 살리기(1) 압축한 문장 풀기

1. 떨어진 돌을 주의하시오. 떨어질지도 모르는 돌을 주의하시오.
2. 내가 중학교에 다니던 때에는
3. 사고(탈)나지 않도록 조심하시오. 희망원을 빨리 내주십시오. 건강을 회복하는 약.(피로를 풀어주는 약)
4. 관리가 소홀하고 시설이 낡아 문제가 많았다.
5. 다른 방법을 찾아 엄청난 소식을 찾아낸 기자에게 비행기 표(항공권)를 주겠음.
6. 가까운 장소를 골라 주차하십시오.
7. 운전을 조심스럽게 하여 사고가 많이 줄었다.
8. 되도록 농안법을 개정하지 않기로 하고, 농성 중인 사람들을 검거하지 말라고 지시했다.
9. 해외 영업을 늘리려고 새로운 계획을 세웠다.
10. 이번 부조리 없애기 대회에서 구치소를 부조리가 전혀 없는 곳으로 만들자고 단단히 약속(결의)하였다.
11. 공무원이 풍기던 딱딱한 인상에서 벗어나게 하려고
12. 오래 쓰게 되면 색도 바래고 모양도 변하여 보기에 좋지 않고
13. 이날 행사는 시작할 때부터 끝까지 분위기가 내내 따뜻하였다.
14. 머리와 머리칼을 보호하며 자연이 베푸는 신선한 향기까지 느낄 수 있습니다.
15. 쓰임새에 따라 재료를 구입하여 누구나 쉽게 조립할 수 있습니다.
16. 사회에 불만을 품기 때문에, 사회에 적응하려고 하지 않고 범죄로 눈을 돌린다. ➜ 풀어서.
17. 최근 자주 발생하고 있는 비리를 없애려면 기관장들이 아주 열심히 노력해야 한다.
18. 도시 한가운데에 있는 보안 시설물을 바깥에 드러내지 않으면서도 친근한 인상을 주도록
19. 낡은 시설을 없애고 현대식 시설을 새로 지을 수 있도록 온힘을 다하겠다.

398

20. 학습 의욕을 불러일으키며 생각을 바꿔 올바른 시민으로 살아갈 수 있다.

21. 이 기계는 사용 설명서가 없으면 움직이기 힘들다.

22. 대표를 비롯하여 부장과 과장이 참석하였다. ➜ '비롯하다'는 '처음으로 시작하다'라는 뜻의 동사이다. '비롯'과 같은 식으로 홀로 쓰일 수 없다.

23. 토지 가격이 불안정하거나, 투기 심리 때문에 땅값이 불합리하게 형성되거나, 땅값이 급격히 오르면 자원을 효율적으로 이용하기 힘들다.

24. 소득이 늘고 생활 수준이 높아져 생활 환경 쪽으로 국민들의 욕구가 높아지면서 도시 환경을 쾌적하게 조성하자는 소리가 커졌다.

25. 물질적 행복은 생산력을 늘리고 부를 고루 분배하여서 실현할 수 있다.

26. 외국 유명 상표를 붙인 간편한 신발이 유행하였다. ➜ '슈즈가 ~ 붐을 일으키다'는 물주 구문이다.

27. 수출입 화물을 나르며 가장 힘든 것은 항만 시설이 부족하여 통관이 늦어지는 것, 수출입 화물을 컨테이너로 나르는 데 필요한 내륙 화물 기지가 모자라는 것이다.

28. 새내기들이 책상에 놓인 쪽지를 보고 회의에 참가했다.

29. 이것은 공해를 느끼지 못하며, 오염 물질을 모르는 데서 비롯하였다. ➜ '무엇에 대한 무엇'이 겹침. 우리말로 풀면 모양이 예쁘다.

제2장 15절 서술성 살리기(2) 조사 풀기

1. 민족 통일이라는 희망이 담긴 곳. 민족 통일을 희망하던 곳.
2. 이 길은 고향길(고향으로 가는 길).
3. 그 학생과 한 약속이 깨졌다.
4. 더 이상 불의와 타협하지 않겠다.
5. 사랑에 집착한 욕망이 불러들인 비극이었다.
6. 선거에서 패배한 것을 되도록 빨리 잊고 싶다.
7. 도덕 높은 종교인으로 살기가 어렵다.
8. 어려움에서 얻어낸 자유를 맘껏 누리자.
9. 한인과 흑인 사이에 있었던 갈등이 커졌다.
10. 공공 장소에서 노름을 삼가자.
11. 야권으로 표를 모으기가 어렵다.

12. 이 흐름을 막는 것은 역사를 거스르는 짓이다.
13. <u>오래된</u>(오래 묵은, 오래 쌓인) 억울함을 떨쳐 버리려면
14. 내 인생에서 진정한 친구는 누구인가?
15. 그 사람이 소설가로 살아온 생애가 화려하다.
16. 단순하게 만든(연출한) 연극이 성대하게 끝났다.
17. 그런 현실에서 살면 자신을 바보로 볼 수밖에 없다.
18. 이것이 위 같은 주장이 나오게 된 배경이었다. ➜ '되다'가 겹침.
19. 대학 교수로서 학자 양심에 따라 강의하였다. ➜ 연결 어미로 잇지 않고, 관형 어로 만들려는 버릇이다.
20. 외국인 노동자들이 우리 나라에서 받는 차별을 견디고 있다.
21. 친구와 대화하는 것을 가볍게 보는 생각으로 꽉 찼다.
22. 성인 영화를 새로 만들 때에 참고할 것이 확실하다. ➜ '用, 時, 視'를 풀어서
23. <u>성인 만화</u>(성인이 보는 만화)를 구입하려고 출장 갔을 때 서점에 들렀다. ➜ '用, 次, 時'를 풀어서
24. 행정 제도로 만들어 분리 수거하지 않으면 그 속에 있는 수은은 ➜ '행정상, 제도하'를 '행정 위에서, 제도 아래에서'로 바꾸지 마시오.
25. 오늘이 내 인생에서 가장 기쁜 날이었다.
26. 사람은 저마다 처지와 목표가 다르므로 <u>전과자에게도</u>(전과자도 전과자 나름대로, 전과자에게도 저 나름대로) 애환이 있다.
27. 그것을 꺼림칙하게 본 것은 우리 현대 정치사의 불행이었다. ➜ '등한시하다, 질시하다'는 각각 '대수롭잖게 여기다, 밉게 보다'로 쉽게 바꾸어서.
28. 억압에서 벗어나기까지 고생이 많았다.
29. 그 사람은 회사에서 노동하는 것과 집에 와서 공부하는 것이 생활의 전부였다.
30. 이해가 얽힌 사람들을 형식으로라도 설득하려는 자세를 갖지 않으면 그 반대 쪽도 극단적인
31. 수도권으로 인구와 산업이 너무 집중하는 것을 억제하고

제2장 16절 관형절 줄이기

1. 독자들이 많이 참여해 주십시오. ➜ '참여해 주십시오'가 부탁이다.
2. 직업 훈련에 정부 투자가 적은 편이다.

400

3. 실력자 사이에 싸움이 소리 없이 벌어졌다.

4. 증인으로 채택되면 정치 생명에 적지 않게 타격을 받는다.

5. 마감 시간 전에 문의하지 않았다고(않았다며) 접수하지 않았다. ➜ '-다고(-다며)'에 '이유'라는 의미가 담겨 있다.

6. 애가 뭘 먹었는지를 기억하지 못하는데, 혼내면 뭐해? ➜ 수식하는 관형절을 피수식어(애) 뒤로 보내면 된다.

7. 우리는 만화에 선입관을 갖지 말아야 한다.

8. 남녀 차별로(차별 때문에) 피해를 받지 않으려면

9. 이런 교육을 받고 학생이 적성과는 상관없이 직업을 선택한다.

10. 교통이 통제되어 정체가 심합니다.

11. 학교는 가장 중요한 위치에서 이런 폐단을 없애야 한다.

12. 적성을 개발할 수 있도록 힘껏 지도해야 한다.

13. 이런 협상이 쉽지 않을 것이다.

14. 나는 젊은 사람 못지않게 봉사 활동에 꾸준히 매진하였다.

15. 한 남자가 정원에서 살해되었는데, 경찰이 사체를 확인하였다.

16. 금년 들어 연금 대부를 전면 중단했는데 2월 25일부터 다시 시작한다.

17. 오늘 하루도 건강하시기 바랍니다.(건강하십시오.) ➜ 영어식 문장이다. '하루'가 건강할 것이 아니라 '사람'이 건강해야 한다. 이와 비슷한 것으로 '즐거운 주말 되시기 바랍니다'가 있다. '주말을 즐겁게 보내십시오.'로 고쳐야 한다.

18. 민간 투자 여건이 좋아, 수요를 많이 창출할 수 있다. ➜ 수식어 3개(많은, 창출할 수 있는, 좋은)를 피수식어 뒤로 보냈다.

19. 이 단체는 현 체제를 바꾸기 원하지 않아 그 문제에 관심을 두지 않는다.

20. 월드컵 대회 출전을 기념하려고 체육 복권을 발행하였다. ➜ '-려고'에 '목적'의 의미가 담겨 있다.

21. 내신 제도는 다른 과목을 소홀히 하는 것을 방지하려고 만든 것인데, 문제점이 많다. ➜ 또는 '다른 과목을 소홀히 하는 것을 방지하려고 내신 제도를 만들었는데, 문제점이 많다.'로.

22. 한국중공업은 자본금의 84.7%를 정부 기관이 소유하고 있으며, 대표적인 기간 산업 시설로 우리 나라 발전 설비를 독점하고 있다. ➜ 명사문을 동사문으로 바꾸어서.

23. 당 지도부는 증인 채택을 절대 받아들일 수 없다며 태도를 완강히 고수하였는데 변화하는 조짐이 나타났다.(조금 바뀌었다.)

24. 국민 정치 세력으로서 깨끗하고 신선하게 거듭 태어나려고 신당을 시작하니, 새 당명을 지어 주시기 바랍니다.

25. 지난해 나는 부산에서 근무를 하게 되어 14년 만에 다시 바다에 뛰어들 수 있었다.

26. 바다는 어떠한 움직임도 거칠 것이 없었고, 어머니의 자궁 같았다. 그 바다에서 나는 새롭게 태어나는 것 같았다.

27. 교내 식당에서 판매하는 음식이 질이 떨어진다며 문제점을 제기해도 개선되지 않아 항의 표시로, 교내 식당을 상대로 불매 운동을 벌일 계획이다.

28. 민간 기업은 국경 없는 무한 경쟁 시대에 놓여 있는데, 세계 초일류 기업만이 살아 남을 수 있으므로, 세계화 경영 능력을 키워야 한다.

29. 미 중앙 정보국(CIA)은 미국 국가 보안법에 따라 창설되어, 소련의 KGB와 함께 냉전 시대의 상징이었다. 냉전이 사라진 후 이 거대한 정보 조직을 개편 해체하라고 사방에서 압력이 쏟아져 들어와 크게 시달리고 있다.

30. 북한이 자세를 바꿀 수 있도록 기회를 줘야 한다.

31. 이 특강에 많이 참여하고 호응해 주시어 감사합니다. ➜ 관형절을 없애고 풀어서.

32. 생활을 위해 산업 활동을 하다가 환경이 파괴되는 것을 어느 정도 인정하고 있다.

33. 우리는 면허증 2천만 명 시대에 접어들며 자동차 시대를 본격적으로 맞이하였다.

34. 심사 위원을 민간 전문가로 구성하여 신지식 공무원을 선발하고 훈장을 수여한다.

35. 수원시청에서 15분짜리 홍보 비디오를 제작하여 시민들에게 보여 주었다.

36. 안전 운전 의식을 고취하여 교통 사고를 예방해야 한다.

37. 공직자로서 개혁의 선봉이 되어 국가적 난국을 타개해야 한다.

38. 졸업생들에게 건전한 국민으로 생활하며 사회에 헌신할 것을 당부하였다.

제2장 17절 명사절 없애기

1. 누군가를 기다리는 것은 아름답다. ➜ '~는 것'을 써서.

2. 그래도 사람은 일을 해야 한다.

402

3. 당국자는 재난을 예방하려 하지 않고 사건을 은폐하려고만 한다. ➡ 명사절에 조사 '보다, 에'를 붙였다.
4. 이런 위법 상태를 해소하려고(바로 잡으려고) 해당자들이 ➡ '우리는 그 사람을 위해'같이 '위하다' 앞에 체언이 오면 '잘 되도록 해주다, 이롭게 하다'라는 뜻을 갖는다. 그러나 '위하다' 앞에 용언의 명사형이 오면 서술성을 죽인다.
5. 물고기가 물을 떠나서는 살 수 없듯이 사람도 사랑 없이는 못 산다.
6. 소매치기가 도주하였으나 곧 승객들에게 붙잡혔다.
7. 그것으로 따져 보면 먹으려고(먹자고) 사는 것 같다.
8. 당신에게 말을 걸어오는 것은 당신과 친해지고 싶기 때문입니다.
9. 그 사람은 무의식중에 발생한 실수라는 것을 강조했다.
10. 민주 발전에 이바지하고자 한다. ➡ '-하고자'에 목적의 뜻이 담겨 있다.
11. 한 고위 당국자는 별다른 문제가 없다고 주장했다.
12. 그래서 술 제조가 어려웠다.
13. 배 저장이 어려워 제 값을 받지 못했다.
14. 감동을 주지(주려 하지) 않고 흥미를 끌려고만 한다. ➡ 명사형 '주기'에 조사 '보다'를 붙인 형태이다.
15. 낱말을 연결한 것들이 서로 달라서 뜻이 달라진다.
16. 비난을 계속 받았으면서도 그런 행동을 서슴지 않는다.
17. 요구가 받아들여지지 않아서 손해 배상 소송을 제기했다.
18. 우리는 운명적으로 태어났으니 내일을 위해 살아야 한다.
19. 국제적 승인을 얻으려고 서둘러 움직일 것이다.
20. 끊임없이 노력했으나 어려워서 그 일을 포기했다. ➡ 관형어를 부사어로 바꾸고.
21. 새 회사를 설립하여 이때 겪었던 경영 위기를 간신히 극복했다.
22. 이번 행사를 통해 대원들의 사기를 진작시켰으며, 부모님들을 위안할 수 있었다.
23. 이 제조 기술을 활용해 술을 만들 수 있어 농가 소득이 오를 것 같다.
24. 사랑으로 감싸고 이해하면 모든 걸 극복해 나갈 수 있으리라(있다는 것을) 굳게 믿었다.
25. 한국 도자기가 세계에서 가장 으뜸이 되어(으뜸이라서) 어깨가 절로 으쓱해졌다.
26. 사람들이 그렇게까지 하지 않았으면 좋겠다. ➡ '바램'은 '(색깔이) 바래다'의

명사형이다. '희망하다'는 '바라다'여야 한다.

27. 거제도 지역은 물이 부족하지 않았다.(모자란 적이 없었다.)

28. 하천을 개수하고, 용수 공급 체계를 구축하고, 경제 규모를 확대하자 이 지역이 바뀌었다.

29. 모든 공무원이 쓰레기를 치워도(치우지만) 어림도 없다는 것이다.

30. 한 연구 위원이 사견이라며 이를 허용해야 한다고 주장하였다.

31. 일본 제국은 한민족의 민족성을 비판하고, 각 개인이 행동했어야 할 역사적 사명을 다른 사람에게 돌려 자기 책임을 회피하게 하였다.

32. 교통을 원만히 소통하려고 21미터로 조정해 공사를 진행했다. 그리고 병목 현상이 생길까봐 도로 폭을 축소했다. ➔ '-ㄹ까봐'에 '우려'의 의미가 담겨 있다.

33. 토론회를 너무 많이 개최하여 효율성을 떨어뜨렸다.

34. 이런 특징에 대해 살펴보는 것은 상투적인 수법일 뿐이다. ➔ '살펴보기로 하다'는 '살펴보다'로 줄여 써야 한다. '-에 다름 아니다'는 일본말 버릇이다.

35. 피해를 줄이려고 투자를 많이 하였으나 매년 피해가 반복된다.

36. 대출 절차가 변하자 토지 취득이 어렵지 않았다.

37. 여건이 조성되지 않아 책을 읽을 기회가 없어 어려웠다.

38. 기쁜 마음으로 생활할 수 있는 은혜를 받아 고마웠다.

제2장 18절 평서문으로 쓰기

1. 한국 사람은 정말 좋은 사람들이다.

2. 아주 이상적인 삶이다.(삶일 것이다.)

3. 송장이나 다름없다. 죽은 것과 같다.

4. 아주 귀한 삶이 될 것이다.

5. 이제는 사회보다 국가에서 이 운동에 나서야 한다.

6. 현 사회가 과거 봉건 사회와 다를 바 없다.

7. 엔세대라는 말은 일상 생활에서 낯설지 않은 말이 되었다.

8. 그런 학생은 많지 않다. 믿을 수 없다. 그렇게 생각하는 사람도 없을 것이다. 내가 너무 많은 것을 요구하는지도 모른다.

9. 분단은 열강들의 세계 지배 구도에서 왔다. 우리 의사와는 상관이 없었다.

10. 많은 사람이 비참하게 살해되었으니 증오가 생길 수밖에 없다. 심하게 당하면 증오가 생긴다. 이런 경험을 가진 사람이 많다.

11. 위세를 떨치며 <u>살았을 것이다</u>(살았을지도 모른다).

12. 하고 싶은 일을 해서 번 돈을 쓸 때 그 기쁨은 아주 클 것이다.

13. 인간이 자연 생태의 일부라는 생각은 생태주의자만의 생각은 아니다.

14. 어른들은 반성해야 한다.

15. 하지만 주민들의 반대 때문에 아직은 멀었다.

16. 푸른 빛 바다 속에 춤추는 피조물들이 아름답다. 찬연히 빛나는 햇살에 눈부시다.

17. 나는 그 사람이 겪은 여러 가지 어려움을 듣고 싶었다.

18. 바뀌어 버린 역사적 위치에 혼돈을 느끼며 시민들도 변하고 있었다.

19. 안전이 문제라면 횡단 보도를 설치하고, 탈선이 문제라면 유해 시설을 이전해야 한다.

20. 내가 최선을 다해야 살아갈 수 있다고 생각하며 노력했다.

21. 겉만 멀쩡하고 속이 썩어 빠진 사람과 겉은 뒤틀렸지만 고운 감정을 가진 사람이 같을 수 없다.

22. 그래서 여자들도 피해 의식에서 벗어나야 하며 그래야 당당할 수 있다고 늘 주장했다.

23. 장애인을 죄인으로 취급하려 드는 사람들을 볼 때마다 김씨는 마음이 무척 아팠다.

24. 전액 면제해 주기로 했는데도, 다시 통보서가 나왔다. 특히 같은 처지에 있는 다른 사람은 안 나왔다고 한다.

25. 서민들은 늘 피해 의식에 젖어 살 수밖에 없다. 남이 시키면 시키는 대로 살아야 했다. 내 집을 장만하려고 뛰었던 날도 많았다. ➔ '집을 갖다.'는 영어식.

26. 제2차 대전에 사용했던 원자 폭탄 때문에 아직까지 그 후유증으로 고통을 겪는 사람이 많다.

제2장 19절 내용에 객관성 주기

1. 그 사람은 막내로 귀여움을 받고 커서인지 붙임성이 있었다. ➔ 추론으로 바꾸어.

2. 한글만 쓰기가 <u>시대의 대세이다.</u>(시대의 대세일 것이다.) ➜ '자기 가치관'을 '주장'으로 바꾸어.

3. 많은 사람들은 좋은 자동차를 부의 척도로 삼는다. ➜ 사람이면 '당연히'가 아니라 사람들이 '대개 그렇게'로.

4. 명연설가가 대개 그렇다고 하듯, 그 사람도 타고나지는 않았다. ➜ 명연설가가 '꼭' 그렇지는 않고, '사람들이 말하기를'로.

5. 이런 음란 테이프는 대개 일본에서 몰래 들여온 것이 많다고 한다. ➜ '단정'을 근거를 대고 '판단'으로 바꾸어.

6. 많은 남자가 동물을 단지 고기라고만 <u>생각한다.</u>(생각하는 편이다.) ➜ '단정'을 '추론'으로 바꾸어.

7. 고교 시절을 <u>오직</u>(겨우, 단지) 대학에 가는 과정으로 생각하고 있는 사람도 많다.

8. 폐수 방출 업체를 무겁게 벌주어야 한다. ➜ '단호한 주장'을 '공감할 수 있는 견해'로.

9. 대입 제도는 내신 성적, 수능 고사, 본고사를 기본 뼈대로 하고 있다. ➜ 다른 내용도 끼울 수 있도록 '융통성 있게' 주장하여.

10. 물질 문명이 발달할수록 윤리적으로 타락할지 모른다. ➜ 누그러뜨려서.

11. 반대쪽에 서야 할 학생들이 이런 행위를 그대로 보고 있다니 이해할 수 없다. ➜ '독단과 선입관'을 '자기 견해'로.

12. 대개 찬성하는데 혼자만 반대하고 있다. 이해하기 힘든 사람이다. ➜ '극단'을 빼고, 비판받을 수도 있지만 자기 생각을 서술하여.

13. 허생은 이인으로 나오며 돈과 권력에 관심을 두지 않았다. ➜ '이인이면 당연히'라는 선입관을 빼고, 있는 사실 그대로.

14. <u>지구 온난화로</u>(지구가 뜨거워져) 남극의 얼음이 녹는다고 한다. 해수면이 상승하여 육지 곳곳이 바다에 잠긴다고 한다. ➜ 자기 주장을 다른 학자의 말로 처리하여.

15. 과학은 객관적인 판단으로 사실을 관찰하는 학문이다. 그러므로 이론적으로는 가치가 중립이어야 한다. ➜ '객관적인 판단'이라는 것이 이론적으로만 가능하니까.

16. 생명의 시작은 아무도 알지 못한다. 그래서 그 미궁에 있는 진리를 파헤치고자 노력해 왔다. ➜ 지금도 '생명의 시작'을 모른다. 과거 시제로 쓰면 안 된다.

이렇게 해야 바로 쓴다

ⓒ 한효석 1994

초판 1쇄 발행 1994년 9월 22일
증보판 1쇄 발행 2000년 11월 10일
개정증보판 28쇄 발행 2023년 1월 12일

지은이 한효석
펴낸이 이상훈
편집인 김수영
본부장 정진항
인문사회팀 최진우 김경훈
마케팅 김한성 조재성 박신영 김효진 김애린 오민정
사업지원 정혜진 엄세영

펴낸곳 (주)한겨레엔 www.hanien.co.kr
등록 2006년 1월 4일 제313-2006-00003호
주소 서울시 마포구 창전로 70 (신수동) 화수목빌딩 5층
전화 02-6383-1602~3 **팩스** 02-6383-1610
대표메일 book@hanien.co.kr

ISBN 979-11-6040-761-7 13710

• 값은 뒤표지에 있습니다.
• 파본은 구입하신 서점에서 바꾸어 드립니다.